国际学术论丛 第**12**辑

差异
Difference

主编 金惠敏

四川大学出版社
SICHUAN UNIVERSITY PRESS

图书在版编目（CIP）数据

差异．第 12 辑／金惠敏主编．— 成都：四川大学
出版社，2022.12
ISBN 978-7-5690-5956-4

Ⅰ．①差… Ⅱ．①金… Ⅲ．①社会科学－丛刊 Ⅳ．
① C55

中国国家版本馆 CIP 数据核字（2023）第 007587 号

书　　名：差异 第 12 辑
　　　　　Chayi　Di-shi'er Ji
主　　编：金惠敏

选题策划：陈　蓉
责任编辑：陈　蓉
责任校对：毛张琳
装帧设计：墨创文化
责任印制：王　炜

出版发行：四川大学出版社有限责任公司
　　　　　地址：成都市一环路南一段 24 号（610065）
　　　　　电话：（028）85408311（发行部）、85400276（总编室）
　　　　　电子邮箱：scupress@vip.163.com
　　　　　网址：https://press.scu.edu.cn
印前制作：四川胜翔数码印务设计有限公司
印刷装订：成都市新都华兴印务有限公司

成品尺寸：170 mm×240 mm
印　　张：15.25
字　　数：249 千字

版　　次：2022 年 12 月 第 1 版
印　　次：2022 年 12 月 第 1 次印刷
定　　价：68.00 元

扫码查看数字版

四川大学出版社
微信公众号

编委会

编辑部投稿信箱：

scdx-cy@163. com

目　录

● 读来读往

国际理论研究前沿

现代哲学实在论的缘起、演变与革新

丁子江①

摘　要： 现代哲学实在论无论在形式还是内容上，都与古希腊和中世纪经院哲学所鼓吹的实在论根本不同。从根本上说，20 世纪的整个现代实在论思潮是来源于经验主义传统的，它也是罗素等所引导的现代分析哲学的一个重要来源。现代经验主义和形式主义因走向极端而发生了深刻的危机，因此，现代哲学实在论思潮也在不断地完善自己。本文主要阐述"现代哲学实在论"发展出的几类新形式，即"新实在论""批判实在论""物理实在论""科学实在论""结构实在论""思辨实在论""信息实在论"等。

关键词： 现代哲学实在论；古典实在论；宗教实在论；新实在论；批判实在论；物理实在论；科学实在论；结构实在论；思辨实在论；信息实在论

现代哲学实在论无论在形式还是内容上，都与古希腊和中世纪经院哲学所鼓吹的实在论根本不同。总体而言，实在论强调世界以物质的形式存在，并独立于精神。它可归结为这样一种观点，即物质对象的"实在"，也可能是抽象概念的"实在"，存在于一个独立于人们思想和感知的外部世界中。从历史上看，实在论是关于这个独立存在的世界的形而上主张。自亚

---

① 作者简介：丁子江，美国普渡大学哲学博士，美国加州州立理工大学教授。

里士多德的形而上学以来，本体论和认识论，即存在什么和如何知道存在什么，也被相继提出。实在论大致可分为古典、宗教和现代三个阶段。亚里士多德的思想属于古典实在论。古典实在论认为物质是真实的，它与人们的感知分离。作为柏拉图的学生，亚里士多德继承和发展了其老师的哲学思想。柏拉图认为，抽象的事物，如数字、完美的几何图形，以及其称之为形式或思想的其他事物，尽管并非物质对象，但它们却是真实和独立的存在。对亚里士多德来说，这些"普遍性"只存在于具有某些共同属性的具体对象中。例如完美圆的普遍概念乃自然界中许多实际圆的共同属性。基督教中的宗教实在论由阿奎那创立。他假定上帝是纯粹的推理，这是万物的真理。他相信存在的唯一目的是让灵魂与上帝重聚。

现代实在论主要由培根和洛克创立。培根试图将实在论的结构从演绎推理转变为归纳法。归纳法将实在论者的思维从物理世界中的特定想法转变为更普遍的假设，忽略先入为主的概念。培根确定了人们观念的起源，鼓励人类无视这些观念。洛克推测，人们所知道的一切都来自经验和对经验的反思，并非天生就有或先入为主的想法，而原本是一张"白板"。洛克和休谟都认为，我们对感官数据的感知"给予"仅限于所谓的"第二性质"（secondary qualities）在观察者的感官中产生感觉——颜色、味道、气味、声音和触觉。来自第二性质的知识并不能提供事物"自身"的客观事实。康德将这些第二性质描述为"现象"（phenomena），它无法告诉我们关于"本体"的任何信息，而经验主义者称为"第一性质"（primary qualities）的是物体所具有的独立于任何观察者的属性，如坚固性、延展性、运动性、数量和图形。这些属性存在于"物自体"（*Ding an sich*）。康德认为，其中一些性质可以确定为"综合的先验真理"（synthetic *a priori* truths），一些性质是分析真理，由语言术语的逻辑意义界定。例如，圆不能是正方形。

实在论应是科学推理的基础，它鼓励人们从周围的世界中得出观察和结论，而非局限于分析自己的想法。从根本上说，20世纪的整个现代哲学实在论思潮是来源于经验主义传统的，它也是罗素等所引导的现代分析哲学的一个重要来源。由于现代经验主义和形式主义因走向极端而发生了深刻的危机，所以，现代实在论思潮也在不断地完善自己。本文主要阐述"现代哲学实在论"演变出的几类新形式，即"新实在论""批判实在论"

"物理实在论""科学实在论""结构实在论""思辨实在论"等。

一、现代哲学实在论的"直接认知化"——新实在论

19 世纪末，英国的罗素和摩尔在哲学领域发动了一场对新黑格尔主义的反叛。他们复兴了英国经验主义的传统，并开创了一个新的哲学运动，即新实在论（new realism）。正如罗素所指出的："常识的假设是：确实有着不依赖于我们而独立存在的客体，这些客体对我们所起的作用就是我们的感觉发生的原因"①；"凡常识认为是真实的任何事物，就一定是真实的，它并不受哲学和神学的影响。我们怀着一种逃离监狱的心情自在地认为，青草是绿的，即使没有任何人意识到太阳和群星，它们也应存在，同时还有一种柏拉图式的永恒而复杂的理念世界"②。

罗素等人的新实在论表现了一种多元的世界观和分析的方法论，主张外在关系说，并承认共相的存在。它虽然具有某些唯物主义的色彩，但从根本上说是柏拉图主义和马赫主义的混杂物。罗素的《哲学问题》就是英国新实在论运动的思想总结。

20 世纪初的美国出现了一种更强大、更普遍的新实在论思潮。1911 年，霍尔特（Edwin Holt，1873—1946）与培里（R. B. Perry，1876－1957）③等人的《六位实在论者的方案和起始纲领》（"The Program and First Platform of Six Realists"）一文的发表，就说明美国新实在论已形成一种有组织的运

---

① 罗素：《哲学问题》，北京：商务印书馆，1999 年版，第 14 页。

② 罗素：《我的思想发展》，丁子江译，载《哲学译丛》，1981 年第 5 期。

③ 作为威廉·詹姆斯的学生，培里曾于 1912 年推出《当前的哲学趋势：对自然主义、唯心主义、实用主义和实在主义的批判性调查，以及威廉·詹姆斯哲学的概要》（*Present Philosophical Tendencies：A Critical Survey of Naturalism，Idealism，Pragmatism，and Realism，Together with a Synopsis of the Philosophy of William James*. New York：Longmans，Green & Co.，1912）。培里成为新实在论运动的领导者之一。培里主张自然主义的价值理论和新实在论的感知和知识理论。他写了一部詹姆斯传记，从而获得了 1936 年普利策传记或自传奖，并着手修订他对自然知识的批判性方法。作为美国新实在主义哲学家的活跃成员，他在 1910 年左右制定了新实在论的纲领。然而，培里不久就反对道德和精神本体论，转向幻灭哲学（a philosophy of disillusionment）。

动。在此文中，他们指出了哲学探究应该采取的方向，断言合作考察将促进发展，该纲领的起草仅是确认这一信念的第一次尝试，并宣称会在更大的范围内继续。2012 年，这些学者又出版了一本很有影响力的代表作《新实在论》（*The New Realism：Cooperative Studies in Philosophy*）。①

美国的新实在论者公开声明："新实在论主要是研究认识过程和被认识的事物之间的关系的学说。"② 他们一般承认外界物理客体的存在，坚持认为被认识的事物是真实独立的，而反对唯心主义和一些实用主义的主观主义认识论。他们也像罗素那样主张多元论、外在关系说、分析方法和柏拉图式的"共相"，但他们强调一种直接呈现说，认为不用通过任何摹写和媒介就可以直接认识外界事物本身，被认识的事物受到意识的作用就会直接变成意识的内容。因此，他们往往称自己的理论为"直接实在论"。③

新实在论拒斥洛克的认识论二元论（the epistemological dualism）和旧形式的实在论，对它而言，当一个人意识到或认知某一对象时，认为对象

---

① See Edwin B. Holt, Walter T. Marvin, William P. Montague, Ralph B. Perry, Walter B. Pitkin, Edward G. Spaulding, *The New Realism：Cooperative Studies in Philosophy*. New York：The Macmillan Company, 1912. 此书内容包括：引言部分；新实在论的历史意义；素朴实在论；二元论；贝克莱式主观主义；康德式主观主义；新实在论；实在的论战；以自我为中心的困境论证的谬误；伪简单的谬误；排他性的特殊性谬误；初步预测的定义谬误；推测的教条；口头暗示的错误；非法重要性的谬误；改革的现实计划；谨慎使用词语；定义；分析；考察逻辑形式；问题划分；明确一致；哲学研究与哲学史研究的分离；作为一种建设性哲学的实在论；拒绝主观主义的含义；暗示；拒绝反智主义；一元论和多元论；知识及其对象是对象的独立性；内容和已知事物的同一性；柏拉图实在论；实在论和特殊科学；实在论对特殊科学的一般态度；实在论与心理学；实在论与生物学；实在论与逻辑和数学科学的关系；作为合作基础的实在论；从认识论中解放形而上学；教条主义与批评之间的问题；认识论在逻辑上被视为一门科学；在逻辑上先于所有其他科学；认识论被视为限制；知识可能性的科学；认识论被视为实在的理论；教条主义者反对批评的主张；在逻辑上不是基础知识的思想；批评者的论点中怀疑存在两个错误；逻辑并非思想规律的科学；逻辑的主题；此主题是非精神的；逻辑不是正确思考的艺术；我们在思考中使用逻辑的方式；词的歧义；认识认识过程和已知事物；命题的存在；等等。
② 霍尔特等：《新实在论》，伍仁益译，北京：商务印书馆，2013 年版，第 8 页。
③ 丁子江：《罗素与分析哲学：现代西方主导思潮的再审思》，北京：北京大学出版社，2017 年版，第 286 - 287 页。

本身和人们关于对象的认识是两个不同的事实是错误的。倘若我们知道某头奶牛是黑色的，那头奶牛身上的黑色是黑这种颜色还是观察者头脑中的黑色？霍尔特提道："外界事物的那种颜色是意识中被神经系统的特定反应（specific response）所选择而包含在内的。"① 意识在物理上与神经系统并不相同：它与牛"在外面"，遍及整个视觉（以及嗅觉和听觉）领域，并且与它在任何时候知道的一组事实相同。神经系统只是一个选择系统。这一立场属于更广泛的观点类别，有时被称为中立一元论，或者按照詹姆斯的说法，是"激进的经验主义"（radical empiricism），在随后的一个世纪里并没有很好地适应，部分原因是抽象概念的性质问题。例如黑色，将黑色定位为头脑中的一个抽象概念，对于处理世界很有用，这似乎是很自然的。新实在论者根本不想承认再现主义（representationalism），但后来接受了类似于亚里士多德的实在论形式的东西：黑色是许多物体共有的普遍品质，神经系统不仅选择物体，而且选择共同性作为事实。对于新实在论来说，科学中与真理和实在的终极衡量无关的假设并不意味着我们应该放弃实在、真理或客观性的概念，正如20世纪哲学所假设的那样。相反，它意味着哲学以及法学、语言学或历史，对世界有一些重要而真实的说法。在这种情况下，新实在论主要表现为一种消极实在论（negative realism）：外部世界对我们的概念方案构成阻力不应被视为方案的失败，而应被视为一种资源——独立世界存在的证明。然而，倘若如此，这种消极的实在论就变成了积极的实在论（positive realism）：在抵制我们的过程中，实在不仅设置了我们不能越过的界限，还提供了机会和资源。这就解释了在自然世界中，不同的生命形式如何在相同的环境中相互作用，而无需共享任何概念方案，以及在社会世界中，人类的意图和行为如何通过首先给出的实在而成为可能，且只有在稍后才可能会被解释，并在必要时进行转换。

有意义的是，进入21世纪后，尤其最近10年，一批后起的新实在论者崭露头角。"80后"德国哲学家加布里尔（Markus Gabriel，1980—　）号

---

① Edwin B. Holt, Walter T. Marvin, William P. Montague, Ralph B. Perry, Walter B. Pitkin, Edward G. Spaulding, *The New Realism: Cooperative Studies in Philosophy*, New York: The Macmillan Company, 1912, p. 354.

称哲学新实在论杰出代表之一。① 他倡导新启蒙计划，其畅销书《为什么世界不存在》《我不是大脑：21世纪的心灵哲学》《思想的意义》《黑暗时代的道德进步：为21世纪的普世价值》等书在阿根廷、巴西、智利、英国、日本、墨西哥、韩国、美国、中国等众多国家流行。他力图让所有人都能理解哲学，相信新启蒙的光芒，相信人们有能力借助哲学和人文学科的概念工具让这个世界变得更美好。

加布里尔试图在海德格尔与分析哲学之间实现研究突破，但有学者对此还是比较怀疑。也有学者认为，在某种意义上，海德格尔也是新实在论者，或者说是其鼻祖。2018年，在一次采访中，加布里尔如此抱怨道：大多数当代形而上学者在描述他们的主题时都随意使用"世界"和"实在"（reality）这样的词，并常加以互换，却未做进一步的澄清。在他看来，这些词并不是指任何能够具有存在属性（the property of existence）的东西。加布里尔接着解释道：他本人试图复兴与康德不同的元本体论（metaontology）和元形而上学（metametaphysics）的传统。正如人们所注意到的，海德格尔引入了"元本体论"这个术语，还明确指出康德的哲学是"关于形而上学的形而上学"（metaphysics about metaphysics），而他则将之称为"元形而上学虚无主义"（metametaphysical nihilism），这种观点强调，并不存在"世界"这样的东西，而关于其最终性质、本质、结构、构成、范畴、轮廓等的问题都缺乏预期的概念内容。因此，一件大事绝对包含了一切，这样的想法是一种幻觉，尽管这既非自然的幻觉，也非理性本身不可避免的特征。加布里尔指出，当然，在当代的辩论中，也有一个颇具影响力的新卡纳皮亚（Neo-Carnapian）学派得出了类似的结论。"我同意这一研究领域正在发生的许多事情，并试图将其与康德哲学和后康德哲学的元本体论/元形而上

---

① 加布里尔曾在波恩、海德堡、里斯本和纽约学习，29岁时他就成为德国最年轻的哲学教授。自2009年起，他就职于波恩大学，教授认识论、现代和当代哲学，并担任国际哲学中心主任。他还是科学与思想中心的主任，致力在哲学和自然科学之间进行跨学科交流，以便为当今最紧迫的问题找到富有成效和可持续的解决方案。他曾在巴西、丹麦、法国、意大利、日本、葡萄牙和美国担任客座教授。自2020年以来，他一直担任纽约市新社会研究学院哲学和新人文学科的讲师，与来自不同学科的同事一起建立一个新研究所。2021年，他成为汉堡新研究所的研究员，研究与实践哲学相关的问题（专注于价值理论，即应用背景下的伦理学和政治哲学）。

学传统相结合。"①

《为什么世界不存在》（德文原本：*Warum es die Welt nicht gibt*；英文译本：*Why the World Doesn't Exist*）这本书是加布里尔于 2013 年推出的著作。这本哲学畅销书挑战了我们关于存在什么以及存在意味着什么的概念。加布里尔声称："在这本书里，我试图发展一种新哲学，它遵循一种简明和根本的思想，即世界并不存在的观念。"② 加布里尔质疑存在一个包含容器生命、宇宙和其他一切事物的世界的想法。这个包罗万象的世界不存在，也不可能存在。因为在世界上找不到世界本身。甚至当我们思考世界时，我们思维中的世界确实不同于我们在其中思维的世界。因为，当我们在思考世界时，这只是世界上一个非常小的事件。除此之外，还有数不清的其他物体和事件：阵雨、牙痛和世界杯。加布里尔根据最近的哲学史，断言世界根本不存在，因为在世界上找不到它。然而，除了世界之外，其他一切都是存在的，甚至在月球背面穿着警服的独角兽。加布里尔陶醉于诙谐的思想实验、文字游戏和挑衅的勇气，展示了质疑思维的必要性以及幽默在与人类存在的深渊达成协议方面可以发挥的作用。

二、现代哲学实在论的"激进改良化"——批判实在论与物理实在论

20 世纪 20 年代，从新实在论中分裂出一个新派别"批判实在论"（critical realism）。它的主要代表人物有桑塔亚那（G. Santayana）和德雷克（D. Drake）等。他们强调自己的实在论并不是物理的一元实在论和逻辑的实在论，因而既避免了那些妨碍新实在论得到普遍接受的各种困难，也避免了洛克及其继承者早期实在论的许多错误和含混之处。他们主张物质对象是独立实在的，却深信直接反映在知觉中的东西不是客体本身，而是"一种感觉材料（sense data）所显现出来的东西，即我们的材料（感觉材

---

① Marcus Gabriel, "Why the World Does not Exist but Unicorns Do—Interview at 3AM Magazine," 3：*AM Magazine*, Sunday, May 10th, 2015.

② Markus Gabriel, *Why the World Doesn't Exist.* Cambridge：Polity, 2015, p. 1.

料、记忆材料、思想材料等等）仅仅是性质复合体、逻辑实有体，而不是要为它们在存在世界中寻找一个位所的另外一套存在体"①。这种材料可能给观察者提供客体存在的证据，但绝不是客体的一部分或客体的特性，也就是说，物理客体不能直接被认识，而只能通过推理。这个派别坚持一种认识论的二元论，即必须在感觉材料和客体之间作严格的区分。他们之所以称之为批判的实在论，并不是因为其与康德的"批判的"哲学有关，而是因为要批判新实在论"认识的直接呈现说"。他们认为新实在论虽然在反对唯心主义方面有功，但仍然表现得很不彻底。

第二次世界大战后，实在论思潮出现了另一种新的形式，即以 R. 塞拉斯为代表的物理实在论（或称进化的唯物主义和进化的自然主义）。R. 塞拉斯自称是一位新唯物主义者，是新实在论和批判实在论中唯一的左派，他的重要代表作有《进化的自然主义》（1922 年）、《物理实在论的哲学》（1932 年）等。他认为：新唯物主义承认无限多样的物理世界，而且完全承认它的实际形式，"无论是星辰、烈日的原子，还是地球表面的原始黏质和人脑的复杂组织"②。他指出，轻视唯物主义的倾向应该被纠正，为了避免唯心主义和现象论，就必须坚持感觉是由被感知的事物从外界控制的。他认为，虽然自己的唯物主义与辩证唯物主义都反对唯心主义、现象主义和实证主义，但它们是不同的类型。唯物主义必须以实在论为前提，但不等同于实在论，因为前者是本体论，而后者是认识论。R. 塞拉斯认为自己在本体论上是唯物主义，而且是一种非还原的唯物主义，即它不主张把物质的高级形态还原为低级形态。他还把知觉问题看作认识论的中心问题，而且主张间接呈现说。

三、现代哲学实在论的"完整真理化"——科学实在论

科学实在论（scientific realism）是 20 世纪英美实在论思潮的又一个重

---

① 德雷克等：《批判的实在论论文集》，北京：商务印书馆，1921 年，第 23 页。

② R. Sellars, *The Philosophy of Physical Realism*. New York：The Macmillan Co.，1932, p. 6.

要演变形式，也是现代西方科学哲学的一个重要分支。科学实在论产生于20世纪60年代。自20世纪70年代以来，对西方，尤其是对英语国家的哲学界和科学界产生了很大的影响。现代西方科学哲学新历史派的夏皮尔（D. Shapere）和萨普（F. Suppe）等人就坚持科学实在论的立场，还有不少著名的科学家也接受了科学实在论的许多观点。

对科学实在论的争论几乎充斥于科学哲学的所有领域，因为其关注的是科学知识的本质。科学实在论表现了对科学最佳理论和模型及其内容积极的认知态度，引介了科学描述中对可观察和不可观察客体的二元划分。这种认知态度具有形而上学（玄学）本体论和语义方面的重要意义。对这些方面的争议，造成了现代哲学实在论与反实在论的分野。① 美国科学实在论的主要代表人物是 W. 塞拉斯（W. Sellars）。W. 塞拉斯是美国著名哲学家、物理实在论者 R. 塞拉斯的儿子。他一方面受到老塞拉斯思想以及整个美国实在论思潮的影响，另一方面又受到以罗素、维特根斯坦为代表的英国分析哲学思想的极大影响。W. 塞拉斯在美国和其他英语国家的哲学界颇有名气，曾在许多大学授课，1970年在美国哲学协会东部分会担任主席，1977年被选为美国形而上学学会主席。他撰写过不少著作和论文，主要有：《科学、知觉与实在》（1963年）、《哲学的前景》（1967年）、《科学和形而上学》（1968年）、《哲学及其历史论文集》（1974年）等。此外，他还与著名的分析哲学家费格（H. Feigo）合编了两部具有很大影响的文集：《分析哲学读本》和《分析哲学新读本》。总体来说，分析哲学家们对科学实在论有着某种特别的青睐，因他们都认为对实在的性质来说，科学方法乃是一种可靠的导向。

在一定意义上，W. 塞拉斯的思想受到罗素的科学观以及《心的分析》与《物的分析》的影响。1963年，W. 塞拉斯在其主要代表著作《科学、知觉与实在》中断言："在描述和解释世界方面，科学是万物的尺度，即判定什么东西存在或非存在的尺度。"② 也就是说，任何物理对象和任何主体

---

① "Scientific Realism," Apr. 27, 2011, *Stanford Encyclopedia of Philosophy*, http://plato. stanford. edu/entries/scientific-realism/.

② W. Sellars, *Science，Perception and Reality.* Atascadero：Ridgeview Pub. Co.，1991，p. 173.

都仅仅是科学的对象，科学为人们提供了有关世界的描述和解释，也只有被科学描述和解释的存在才是真正的存在。这一主张就等于正式宣告了科学实在论的诞生。W. 塞拉斯强调说，一切常识的图像都可以被科学的图像替代。人们在认识世界时，会产生明显的（或称常识的）与科学的（或称假设的）两种不同的映像。前者是指人们对一切可以直接观察和感知的存在物的经验概括系统，其对象包括人、动物、生命的低级形式以及像河水、山石那样的纯粹有形的东西，一切没有超越直接观察范畴的科学如牛顿力学，也都属其中；后者则指对一切不可直接观察和感知的存在物经过特殊的科学推理所得来的概念构架。

W. 塞拉斯的这种看法在某种意义上反映了人类在科学史上的认识过程：当科学还处在牛顿经典力学阶段的时候，它在人们的认识中的确是明显的和常识性的，但当爱因斯坦的相对论使科学认识从低速到高速、普朗克的量子论又使之从宏观到微观的时候，人们就不能局限于直接观察和经验的概括，而要运用复杂的逻辑思维和想象力。W. 塞拉斯认为，明显的映像只不过是对原始映像的精致化，而科学映像则是从假设的理论构造得来的，它是一种完善的映像，即规定了某种完整真理构架的映像，而且可以担负起常识映像的全部作用，其中包括观察或感知的作用。有关科学或假设映像的概念是一种理想化的概念，它是某种具有能动性概念构架的实施。与常识映像有关的那些常识的物理客体不应存在，因为它们本身就是不实在的。只有那些与科学映像有关的微观客体才是实在的，因而才会存在。这种观点正反映了 W. 塞拉斯的唯心主义倾向。但他也注意到由于从方法论的角度看，任何科学理论都是在人们可以了解的可感事物的世界中从不同的程序和不同的位置建立起来的结构，因此，从某种意义上说，科学的映像也可以是来自常识或为明显世界所支持的某些映像。

W. 塞拉斯主张必须把本体论的承诺（ontological commitment）从常识映像转移到科学映像，而科学所提供的映像就是实在的对象，只有它才是真实存在的。本体论的承诺是美国当代最著名的实用主义分析哲学家奎因（W. V. O. Quine）经常使用的哲学术语，他认为，一门科学理论或一种说话方式通常包含着"本体论的承诺"，例如，当说红房子、红花、红日有一个共同的红色特性时，就做出了本体论的承诺，即承担了一种含有性质的本体论。总之，某人的本体论就是他用来解释一切经验的概念系统的基础。但 W. 塞拉斯给这一术语赋予了不同的意义。在 W. 塞拉斯看来，任何感官对象的存在都只像科学所描述的那样存在着，任何日常经验对象都可以用科学的实体来替代，故西方有人也把科学实在论叫做替代实在论。W. 塞拉斯还提倡一种层次说（level），认为可以从不同的层次来看世界，在某个层次上可以承认有感知的特性，如可以为色、香、味在世界上安排位置，而在另一个层次上，这种感知的特性又可以被替代，但这种特性并不是客观对象的特性，而只是感觉材料的特性。

　　W. 塞拉斯的科学实在论不同意直接呈现说，它和批判的实在论一样主张洛克式的间接实在论。W. 塞拉斯在讨论科学概念的构架时指出：当某人看到眼前的一个物理对象是红颜色和三角形时，真正发生作用的一部分东西是红和三角形这些感觉材料，换言之，感觉材料就是最好的知觉论和外部世界的一个组成部分，它既关系到外部世界的性质，又关系到人们在感知这种外部世界时所构成的关系。科学实在论与洛克的素朴实在论、康德的实在论有异曲同工之处，那就是它们都主张外界对象独立于主体，不过，它并不完全同意洛克有关两种性质的学说，而认为第二性质的感觉材料与第一性质是类似的，它也不完全同意康德的不可知论，而认为至少外界对象有一部分是可感知的物理客体。科学实在论认为外界对象并不是直接被感知的，而是通过感觉材料。任何感知某种外界对象的人都是在感觉上认识至少某一种感觉材料，换句话说，一个人有关物理对象的全部知觉经验就在于从知觉上认识或经验了感觉材料。总之，科学实在论认为客观外界的万事和万物都是间接被感知的，人们所感知的只是感觉材料。这种感觉材料说受到了罗素早期思想的影响。①

有意思的是，W. 塞拉斯的得意门生丘奇兰德（P. M. Churchland）等，在新的社会与科学条件下，对罗素《心的分析》做了进一步的发展。丘奇兰德的新著《物质与意识》（*Matter and Consciousness*，1988）提供了重要的论证方法论和经验材料来研究心的哲学。他试图表明，只有认知科学的经验性才能解决基本的哲学问题。为此，他创造了一种把人工智能、神经科学与人品论（Ethnology）结合在一起的方法，并指出，人们有关心灵的思维将发生剧烈的变化。丘奇兰德对各种不同的智能进行广泛的探讨，并结合伦理学系统地讨论了心身的本体论、认识论、方法论以及句法等问题，其中包括意向性、他心、自我意识、认知方式等内容。

有关人的心与身、自心与他心以及内心与外物等的关系问题，也是 20 世纪末以来美国哲学界普遍关注而且争论不休的问题。人文哲思贯彻到底最终必然回到对人的本身及其精神现象、意识活动和主观能动性的探索。人总是试图了解宇宙和周围的世界，却并不真正了解自身的奥秘。人对人生与外界的态度、情感、价值观、精神状态、认识能力、逻辑思维以及理性的决策决定了社会关系的复杂性。20 世纪以来，原属哲学的心理学和行为科学从其母体脱胎出来，成为完全独立的学科，并以一种经验的、实验的、数理统计的和科技化的方式，得到研究和发展。甚至有人极端地预言，就连认识论也要从哲学中分化出去，成为心理学和行为科学的组成部分。信息时代的到来更是带来人的认知能力的巨大飞跃。人的认识一方面无限

---

① 西方科学实在论的另一位重要代表人物是澳大利亚的斯麦特（J. J. C. Smart），他具有一定的唯物主义倾向，其主要著作有《哲学与科学实在论》（1963 年）和《时空问题》（1964 年）等。斯麦特自称是一位物理主义者，认为用物理学可以解释一切科学领域的问题。与塞拉斯不同的是，他彻底摒弃了洛克的所谓第二性质。他认为，物理的世界是无色、无声、无嗅的世界，物理学家根本就不用"色、香、味"一类词，但他的思想带有浓厚的形而上学机械观的色彩，因而往往把物质的高级运动形式归结为低级运动形式，例如他把人看作一架精密的机器等。西方有人把他的思想叫作极端的"替代实在论"。实在论还有其他发展形式或变种形式，如冯弗拉森（B. C. van Fraassen）的反实在论，杰利（R. N. Giere）的建构实在论，哈金（J. Hacking）的实验实在论，萨普（F. Suppe）与詹宁斯（R. Jennings）的准实在论，法因（A Fine）与罗蒂（R. M. Rorty）的后实在论等。因篇幅限制，本文不作详细评述。

地向外——向自然界、宇宙太空以及一切最终本体或超自然的力量扩展；另一方面又无限向内——向自身心灵、精神活动和认知能力深入。由于人们并不了解自身和心的奥秘，宗教才可占据灵魂、静思及心的超度性问题等地盘。美国哲学家把心的研究当作哲学的一个分支，称之为"心的哲学"或"心理的哲学"。其实，从历史上看，古今中外的思想大哲们，无不对心的问题倍加重视，只不过今天的学者们在新的社会文化和科学条件下，对这一古老的论题有了新的解释罢了。

这种心本位化的哲学研究，实际上是试图揭示人对自然、超自然、其同类构成的社会所产生的精神活动和现象，并试图揭示作为万物之灵的人的主观能动性的性质、状态、结构、范围、限度、功用、过程和关系等。例如经验与理性、动机与行为、头脑与意识、意识与物质、自我与他我、自我与自由意志、精神活动的硬体与软体等问题。哲人们或继承和发展了某些旧的理论框架，如唯物论、唯心论、二元论、实在论、怀疑论、唯我论等；或是以新的方法论提出新的理论范式，如行为论、表达论、归元论、功能论、物理论、标准论、认同论、意向论等。这个研究方向在美国的主要代表人物有丘奇兰德（P. M. Churchland）、哈姆普谢尔（S. Hampshire）、纳格尔（T. Nagel）、普特南姆（H. Putnam）、登内特（D. Dennett）、希尔（J. Searle）、巴赫（K. Bach）、斯蒂奇（S. Stich）以及霍夫斯塔德特（D. R. Hofstadter）等。

科学哲学家普特南姆重构了认知科学。他把精神状态视作抽象数码电脑的功能性状态，正如电脑程序的操作，思维成为对某种抽象符号的"操纵"，而且，心灵由符号在世界中指示事物而获得意义。由此功能，哲学成为心的哲学的主导学说。然而，后来随着反对功能主义的经验证据越来越多，普特南姆也意识到功能主义有着逻辑的不一致，于是，他在著述《表述与实在》（*Representation and Reality*，1988）中揭示自己学说的哲学谬误，甚至指明为什么功能主义作为心之哲学必然失败。这种失败给语言学、人工智能以及认知与发展心理学带来了巨大的冲击。书中，普特南姆还探讨了意义与唯心论、意义与他人和世界、真理问题以及作为狭性内容可观察性的功能和概念作用等。罗蒂评价说，普特南姆以其新著为代表的后期思想，是在心的哲学中对归元主义所做的最彻底、最认真的批判，它将指导电脑与人类类比的研究。

作为心的哲学先驱者之一，登内特在其《内容与意识》（*Content and Consciousness*，1986）一书中，试图结合哲学与科学两种途径来研究心，把神秘的精神现象分解为数个独立现象，并把它们作为头脑物理行动的基础。他讨论了有关心的本体论问题，例如心的存在与认同、心之语言的内容、意向性、信息的理智用途、以目的为指导的行为及解释性人格与亚人格的层次，还讨论了意识的各种问题，如确定性、注意力、想象力、思维推理、意志力、意向行为及知与理解等。登内特还在与霍夫斯塔德特合著的《心之我》（*The Mind's I*，1981）一书中，结合宗教学来研究心，探讨了自我灵魂、心灵、自由意志以及"内视"（the inner eye）。

与此相关，斯蒂奇针对人们在信仰和欲望问题上的困惑，推出了一套理论架构，即把信仰看作精神的句型而加以分析。他还分析了信仰的内容观、信仰概念与认知科学的关系、心的强表述与弱表述理论、心的句法理论以及通俗心理学与认知科学的关系问题。丘奇兰德称斯蒂奇的《从通俗心理学到认知科学》（*From Folk Psychology to Cognitive Science*，1983），是研究内容及其作用的一个新的转折点。纳格尔的《无中生观》（*The View from Nowhere*，1986）一书从更具人文性的角度探讨了心身关系，如个人的认同与例证、客观自我、知识思想、自由价值、伦理原则、生存权利以及生死与生命的意义等。

塞拉斯明显地追随罗素所力图创制理想语言的设想。按照 W. 塞拉斯的观点，所谓真理就是在某一概念结构中由描述这个结构的语义规则所正确肯定的东西。由于概念结构是不断进化发展的，所以每一种后继的概念结构都比前一结构更完善。W. 塞拉斯主张，应该构想出某种语言，这种语言能让使用者勾画出对象的那种理想的完美图景，而且这种语言是由某种理想概念系统的语义规则所认可的。W. 塞拉斯把这种语言称为皮尔士式语言。在他看来，所谓真理就是皮尔士概念结构的语义规则所正确肯定的东西。某个命题为真就是与有关语义规则相一致，"真的"就是在语义上可以肯定的。某个陈述在语义上可肯定必须满足有关语义规则的全部需要。理想的概念结构是由理想的科学理论提供的，但理想的科学理论在原则上是不可能获得的。人们只有掌握了一个完整的概念系统，才能掌握它所包含的每一单个的概念。W. 塞拉斯的这种观点是不同于经验主义传统的。①

W. 塞拉斯的语言哲学还受到维特根斯坦思想的影响，他认为图像是与事实和真理的概念密切相关的语言项目，它也是某种单独的事实陈述，完善的图像是与语言的语义和用法规则相一致的。某个词的意义主要是指这个词与某种规则联系在一起并在这种规则的支配下所发生的作用。这种作用就是以语言行为各种层次和范围的词所造成的某种许可的移动系统。一种有意义的言词是与某种规则的逻辑地位相关的。通过阐述在语言中支配某个词作用的有关规则，就可以知道这个词的意义。W. 塞拉斯的《物理实在论的哲学》《科学、知觉与实在》《科学与形而上学》《自然主义与本体论》等著作，以及一系列重要论文，如《科学实在论站得住脚吗?》《论给与和解释的一致性》《意识是物理的吗?》《自然主义和进步》《阿基米德的方法》和《精神事件》等，从科学实在论的立场出发，进一步讨论了语义学、意向性、谓词和抽象实体之间的相互联系问题。

W. 塞拉斯把一种方法论的行为主义引入了意义说。他宣称，若想把有关意义的实在论观点同有关言词一致性的观点结合起来，就必须建立一座通向意义的行为标准的桥梁。进一步说，某个命题的表达是作为受规则支配和决定的某种行为项目的结果而获得意义的。W. 塞拉斯与经验主义传统相对立，认为词的意义是表示语言项目之间的某种关系，而并非表示词与外界对象的关系。他接着指出，要想表示语言与外界对象的关系，只有靠描述这一手段。W. 塞拉斯还认为，各种语言项目之间可以在同样的用法下互相转换或翻译，但它们不能转换或翻译为某种非语言的项目。美国著名的分析哲学家普特南姆于 1981 年出版了《理性、真理与历史》，该书着重阐述了科学实在论对意义和所指、心与身、事实与价值、理性与历史以及科学对现代推理能力的影响等问题。随后，他还在一篇题为《三种科学实在论》的文章中把科学实在论分为三种：(1) 唯物主义的实在论；(2) 形而上学的实在论；(3) 专门研究科学知识的实在论。他只承认第三种，即科学实在论对于科学知识的条理思维来说是必不可少的。

---

① 丁子江：《罗素与分析哲学：现代西方主导思潮的再审思》，北京：北京大学出版社，2017 年版，第 292 页。

　　20世纪80年代以来，不遗余力地发展科学实在论的恐怕要数 W. 塞拉斯的学生丘奇兰德了。丘奇兰德在他的著作《科学实在论与心灵的适应性》（1979年）中指出：科学实在论的眼界使我们找到了出路来摆脱当前认识论中的僵局和方法论中的困难。他认为，目前的概念构架是整个旧概念构架发展中的最后一步，人们可以在不同的基础上和更加有利的概念构架中创造新的概念。显然，最理想的是物理学、化学以及其他许多分支科学的概念构架。这些科学的概念构架是强有力的，而且它作为实在性的系统表现也是极其可靠的。总之，科学的作用将为我们提供一种优越无比的，而且从长远看来非常深刻的不同的世界概念。值得注意的是，一些科学实在论者试图把科学实在论与社会实践结合起来。他们认为，随着经验主义认识论的发展，人们也日益注意到了知识的社会决定因素及认识的实践活动在知识结构中的根本地位。因此，对于科学实在论来说，充分强调社会实践的作用是一项迫在眉睫的使命。①

　　作为新实在论第四代变种的科学实在论的特点可以概括为：（1）为了克服经验主义的狭隘性，试图把它与唯理论结合起来，但在认识论尤其在真理观上，却表现出更明显的唯心主义倾向；（2）在现代自然科学潮流的冲击下，更加注重打着科学的旗号，并试图对自然科学进一步做认识论和方法论上的哲学概括；（3）吸收了包括实用主义在内的其他一些哲学流派的观点，尤其更多地吸收了逻辑和语言分析的思想，对人类知识和科学理论的结构做了静态的分析；（4）某些代表人物在新形势下复活了17世纪和18世纪的机械观，并出现了庸俗唯物主义的倾向。

---

　　①　科学实在论者们出版或发表了许多著作和论文，其中比较重要的有冯弗拉森的《科学映像》、格利莫尔（C. Glymour）的《理论与证明》、布拉底（M. Bradie）的《模态、隐喻与科学实在论》、皮特（J. Pitt）的《图像、映像与概念演变》、沃拉尔（John Worrall）的《科学实在论与科学演变》、劳丹（L. Laudan）的《问题、真理与一致性》、弗尔德（H. Field）的《实在论与相对主义》、雷波林（J. Leplin）的《科学实在论的历史缺陷》、雷蒙（R. Laymon）的《科学实在论与不同层次违反事实的途径（从素材到理论）》及林根（J. D. Ringen）的《为科学实在论辩护》等。这些著作和论文从不同的角度对科学实在论进行了详细的阐述，从而使这个学派的思想对西方哲学界和科学界日益产生重大的影响。

四、现代哲学实在论的"认知重组化"——结构实在论

"当代不少实在论者或反实在论者都认为，结构实在论（structural realism）被视为科学实在论最雄辩的形式。"① 结构实在论与本体论、认识论、物理哲学和数学哲学都有密切的联系。作为当代分析哲学运动的一个支派，结构实在论曾受到罗素分析思想的相当程度的影响。②

科学实在论认为，我们应相信可以对不可观察实体做出最成功的科学理论假定。对科学实在论而言，最有力的论据是无奇迹论证，据此，倘若科学理论并非近似真实世界的描述，科学的成功将是奇迹。而这种说法常被引用来作为质疑不可观察实体理论的理由，可以说对科学实在论最有力的反驳就在于科学发生激烈理论嬗变的历史。

结构实在论是由约翰·沃拉尔（John Worrall）为了打破争论的僵局而引介给当代科学哲学界的。沃拉尔在 1989 年发表了《结构实在论：对两个世界都是最好？》一文，阐明了结构实在论的宗旨和方法，认为在科学理论变化时，只有内在的数学结构（形式），而非内容（实体）能够生存。沃拉尔断言："在从弗瑞斯内尔（J. Fresnel）到麦斯威尔（G. Maxwell）的转换中，有一个连续性的重要元素；这远非一个简单的问题，即将成功的经验内容置于新的理论之中。在相同的时间，它又是相当少地进行充分的理论内容或完全的理论机制（即使在'近似'的形式中）……在上述转换中，存在着连续或积累，但连续性是一种形式或结构，而非内容。"③

沃拉尔主张，我们不应该接受常规的科学实在论，因为它判定，我们观察那些引起现象的不可观察的客体性质曾被我们最好的理论正确地加以

---

① "Structural Realism", *Stanford Encyclopedia of Philosophy*, substantive revision Jan 10, 2014, http://plato. stanford. edu/entries/structural - realism/.

② 丁子江：《罗素与分析哲学：现代西方主导思潮的再审思》，北京：北京大学出版社，2017 年版，第 294 页。

③ J. Worrall, "Structural realism: The Best of Both Worlds?" *Dialectica*, 1989, 43, p. 117. Reprinted in D. Papineau（ed.）, *The Philosophy of Science*. Oxford：Oxford University Press, pp. 139 - 165.

描述。然而，我们不应该成为科学上的反实在论者。相反，我们应该采用结构实在论，并仅承认理论的数学或结构性的内容。由于保留变迁理论的结构，结构实在论一方面避免悲观的元归纳法，另一方面也不追求奇迹式的科学的成功（强调理论结构描述世界，而非其经验内容）。沃拉尔的论文被广泛引用，人们开始鼓吹不同形式的结构实在论。这些争论概括了当代一些最伟大科学哲学家的工作。沃拉尔称自己的结构实在论发端于庞加莱（Henri Poincaré）的结构主义，并结合了新康德主义的算术性质和组合论，以及有关时空几何的传统主义。2000 年，高尔（B. Gower）对结构实在论做了历史考察，并讨论了卡西尔（Ernst Cassirer）、石里克（Moritz Schlick）、卡尔纳普（Rudolf Carnap）以及罗素等人对结构主义的看法。结构实在论可看作科学实在论在认识论上的改良，即我们只相信科学理论所告知的不可观察的对象，并推迟判断后者的性质。结构实在论有各种各样的形态，包括：（1）我们无法知道那些实例化世界结构的个体，但可知道它们的性质和关系；（2）我们无法知道个体或其内在/非关系属性，但可以知道它们的一阶关系属性；（3）我们无法知道个体一阶性质或关系，但可以知道它们的关系性质的二阶结构。罗素和卡尔纳普采取了这种极端的看法，认为科学只告诉我们世界上纯粹的逻辑功能。[1]

裴罗斯（S. Psillos）指出结构实在论"上升之路"是从经验主义认识论原则起始，并到达外部世界的知识结构；"下降之路"能以弱化常规科学实在论的方式到达结构实在论，这是由沃拉尔倡导的。裴罗斯对两条路都进行了抨击。1927 年，罗素沿着那条向上的路行进[2]，他遵循了三个认识论原则：一是直接进入我们的知觉（艾耶尔的"自我中心困境"）；二是不同的效应有不同的原因（这被称为裴罗斯的亥姆霍兹－维尔原则［the Helmholtz-Weyl Principle］）；三是作为原因之间的关系，知觉之间的关系具有相同逻辑的数学结构。如此一来，罗素便主张科学只能描述世界的同构，因此对于上述第三条，我们仅能知道世界结构的第二阶的同构，而非（一

---

① 参见 Bertran Russell, *The Analysis of Matter*. London：Routledge Kegan Paul, 1927；R. Carnap, *The Logical Structure of the World*. Berkeley：University of California Press，1928.

② Bertrand Russell, *The Analysis of Matter*. London：Routledge Kegan Paul, 1927.

阶）结构本身。沃兹斯（I. Votsis）捍卫了罗素的这条上升之路。①

结构实在论是对传统科学实在论施以认识论的光泽，创始人麦斯威尔想让科学实在论与有关理论术语的概念经验论相容，并力图解释我们如何能认知不可观测的实体。他关注的问题是，理论讨论了各种各样我们并不熟知的实体和过程，而人们能否了解它们及其属性？追随罗素的方法，他所给的答案是我们可通过描述来认知这些东西，也就是通过其结构特性来了解它们。事实上，他认为，这是我们对它们认识的限度，即利用单纯的结构来获知理论术语的意义。

因此麦斯威尔同罗素一样，宣称不可观察领域的知识对于结构知识的作用是有限的，或对其高阶性质知识的作用是有限的。最纯粹的结构主义有可能实现，结构对理论的高阶属性来说是适用的，而它们仅能在纯粹的形式术语中得到表达。

德默普罗斯（W. Demopoulos）和弗里德曼（M. Friedman）得出结论，将某种理论归结为拉姆西语句（Ramsey sentences）② 等同于将它归结为其实证后果。③ 因此，"罗素的实在论坠入了某种版本的现象主义或严格的经验主义：所有具备相同观测后果的理论将是同样真实的"④。梅利亚（J. Melia）和萨兹（J. Saatsi）也认为，内涵的概念，如自然的因果意义，

---

① I. Votsis, "The Upward Path to Structural Realism," *Philosophy of Science*, 2005, 72, pp. 1361 – 1372.

② 拉姆西语句是一种理论命题的形式逻辑构造，用来划分语句与形而上学（玄学）之间的界限。

③ W. Demopoulos, and M. Friedman, "Critical Notice: Bertrand Russell's *The Analysis of Matter*: Its Historical Context and Contemporary Interest", *Philosophy of Science*, 1985. 52, pp. 621 – 639. Reprinted in C. W. Savage and C. A. Anderson (eds.), (1989), *Rereading Russell: Essays on Bertrand Russell's Metaphysics and Epistemology* (Minnesota Studies in the Philosophy of Science: Volume XII). Minneapolis: University of Minnesota Press.

④ W. Demopoulos, and M. Friedman, "Critical Notice: Bertrand Russell's *The Analysis of Matter*: Its Historical Context and Contemporary Interest", *Philosophy of Science*, 1985, 55, p. 635.

可适用于属性以保存拉姆西语句的形成。① 这使人回顾起当年罗素为驳斥纽曼（Max Newman）而对结构主义所做的辩解。② 德默普罗斯还认为罗素、拉姆西以及卡尔纳普各自看法迥异，但都具有结构主义的核心。③

沃拉尔引介结构实在论的动机仅仅是对悲观的元归纳法做出实在论的回应。弗任齐（French）和雷迪曼（Ladyman）在描述一种结构实在论的形式时，提出了另外两个问题：一是量子粒子、时空点以及联结点的认同与个性；二是科学的表现，特别是在物理中模型和理想化的作用。由此可见，当年罗素和卡尔纳普结构主义的版本在认识论和语义问题上，比从物理学角度所产生的本体问题具有更直接的动机。④

本纳斯拉夫（P. Benacerraf）认为，不能只有具有结构属性的客体。⑤ 这种对客体的想法被杜梅特（Dummett）谴责为"神秘主义"。⑥ 布什（J. Busch）在结构实在论的语境下对此进行了批判。⑦ 这些反对意见让人想起罗素的看法："……正如德得金特（R. Dedekind）所建议的，序数不可能只是作为构成某种进程关系的术语。如果它们是某种东西，那么一定是某种固有的东西；它们必须不同于作为点和瞬或色和声的其他实体。德得金特力图表明的是一种可能通过抽象原则的手段所得到的定义……但如此得

① J. Melia, and J. Saatsi, "Ramsification and Theoretical Content", *The British Journal for the Philosophy of Science*, 2006, 57, pp. 561–585.

② H. Hochberg, "Causal Connections, Universals and Russell's Hypothetico-Scientific Realism", *Monist*, 1994, 77, pp. 71–92.

③ W. Demopoulos, "Three Views of Theoretical Knowledge", *British Journal for the Philosophy of Science*, 2011, 62 (1), pp. 177–205.

④ "Structural Realism", *Stanford Encyclopedia of Philosophy*, substantive revision Jan 10, 2014. http://plato. stanford. edu/entries/structural–realism/.

⑤ P. Benacerraf, "What Numbers Could not Be", in P. Benacerraf and H. Putnam (eds.), *Philosophy of Mathematics: Selected Readings*, second edition. Cambridge: Cambridge University Press, 1983, pp. 272–294.

⑥ M. Dummett, *Frege: Philosophy of Mathematics*. London: Duckworth, 1991.

⑦ J. Busch, "What Structures Could not Be", *International Studies in the Philosophy of Science*, 2003, 17, pp. 211–225.

到的定义总是表明某些实体的类……即具有某种它们自己真正的特性。"①

五、现代哲学实在论的"高度科技化"——信息实在论

实在的终极本质是什么？信息实在论（information realism）分三个阶段对此加以答复。首先，在关于结构实在论的争论中，认知结构实在论（epistemic structural realism）和本体结构实在论（ontic structural realism）通过使用抽象层阶的方法论（the methodology of the levels of abstractions）是可以调和的。因此，从本体结构实在论与结构主义密切相关的立场来看是可以辩护的。其次，本体结构实在论也是合理的，因为并非所有相关对象在逻辑上都优先于所有关系结构。差异关系至少与任何关系一样重要（因为构成关系）。再者，结构实在论提出可以根据信息对象（informational objects）合理地开发本体结构实在论的结构对象本体，面向对象编程（object oriented programming）提供了一种灵活而强大的方法，可以澄清和精确地界定"信息对象"的概念。如此一来，结果就是信息实在论，即世界是动态交互的信息对象的总和。②

在哲学史上，人们经常争辩一个问题，即抽象概念的本体论与具体物质对象的本体论是否等同。信息哲学为这两种本体论问题提供了不同的答案。哈佛大学宇宙学家兼信息哲学家鲍勃（Bob Doyle）企图另辟蹊径探究自由、价值和知识问题，他希望展示信息哲学如何解决形而上学中的许多问题、谜题和悖论。2011 年，鲍勃出版了其首部哲学书——《自由意志：哲学中的丑闻》（*Free Will: The Scandal in Philosophy*）。此书阐述了自由意志问题的历史，当前自由意志立场的分类，反对自由意志的标准论据，自由意志的物理学、生物学和神经科学，问题最合理和实用的自由主义解决

① Bertrand Russell, *The Principles of Mathematics*. W. W. Norton & Company, INC., 1903, p. 249.

② Luciano Floridi, "Informational Realism", *in* J. Weckert and Y. Al-Saggaf (eds.), *Conferences in Research and Practice in Information Technology*, Vol. 37, 2004, p. 2.

方案，以及自由意志，等等。① 与今天主要是分析语言哲学家的形而上学家相反，在鲍勃看来，形而上学家可以证明信息是物理的，但非物质的；头脑中的思想是非物质的，但它们会由于因果联系影响作为物质的大脑和身体的行为。在一定意义上，鲍勃倡导并发展了信息实在论的思想。物质对象存在于时空世界中，它们是体现在物质中并与能量相互作用的信息结构。根据他的阐释，抽象概念是纯粹的信息，既不是物质也不是能量，尽管它们需要物质来体现，需要能量来交流。② 发明与发现之间的差异可以说明实物与抽象概念之间的对比。人们通过对物理对象的感知来发现它们。可以肯定的是，人们发明了关于这些物体的想法，对它们的描述，它们的名字，关于它们是如何构造的理论，它们彼此之间以及同我们之间是如何相互作用的。然而，人们不能任意创造自然世界，而必须用实验来检验理论。这使人们对一个独立外部世界的认知变得科学。相比之下，人类发明了诸如真理、正义和美等抽象概念，但这些文化结构在自然界中并不存在。人们主观地创造了它们。文化知识是相对于并依赖于创造它的社会的。然而，人们发明的一些抽象概念似乎有一种独立的存在。某些实在论者认为，人们可以通过感知数据直接和充分地访察具体的物理对象。有时人们称之为"复制理论"，即感知完全理解物理对象，感知的内容与感知的对象相同。用信息哲学的术语来说，那些天真的实在论者错误地假设感知的感官数据中的信息（或头脑中的表示）在数量上等于物理对象中的信息（副本）。像科学家一样，信息实在论者虽从观察和感知数据开始，但添加了假设和实验，以发展关于物理对象和外部世界抽象概念的理论。然而，头脑中的抽象表征（数量上）比所表征的物理对象中的信息少得多。"独立实在公理"（axiom of independent reality）声称："知识无条件地假定已知实在独立于对其的认知而存在，并且我们知道它存在于这种独立中。"③

信息实在论可以证实，量子力学和热力学（thermodynamics）在万物的创造中起着核心作用。这一发现对哲学和形而上学有着巨大的影响。它发

① Bob Doyle, *Free Will: The Scandal in Philosophy*. Information Philosopher. 2011.

② Realism (informationphilosopher.com).

③ H. A. Prichard, "Does Moral Philosophy Rest on a Mistake?" *Mind*, *N. S.*, Vol. 21, 1912.

现，宇宙是开放的，从相对高熵（high entropy）和低信息的初始状态非确定性地增加信息，而不是从高信息的初始状态（an initial state of high information）决定性地逐渐缩小的封闭宇宙。信息在宇宙中不断被创造，人类刚刚认识到自己是宇宙创造过程的一部分。

一个信息不断增长的开放的不确定性宇宙（an open indeterministic universe）揭示了三个可检验的哲学思想：（1）满足决定论者和自由主义者的自由意志和创造力模型；（2）基于宇宙中天意过程（providential processes）的价值体系；（3）对知识形成和交流的认识论解释。这三种观点都依赖于对现代物理学、宇宙学、生物学和神经科学的理解。这三者都与信息科学有着密切的联系。它们是对新信息实在论的贡献。倘若这些想法被接受，它们可能会改变一些既定的哲学立场。更重要的是，它们为人类如何融入宇宙提供了新的视角。信息实在论还提出了一些哲学和科学难题的解决方案，如邪恶问题、普遍性的存在状态以及薛定谔的猫的悖论（the paradox of Schrödinger's Cat）。它还为从"是"中推导出应该（ought from is）、归纳问题、进步思想和量子测量问题提供了相当多的线索。信息实在论提供了一种思维模型，它超越了有缺陷的"大脑即电脑"模型。大脑不是数字电脑，尽管它有信息回路。它不是确定性状态的图灵机器（Turing machine）。大脑并不是 17 世纪意义上的一种机制，它不是一个遵守牛顿物理定律的时间可逆系统（a time-reversible system）。时间在头脑中至关重要。"时间之箭"（arrow of time）追踪了独特生物个体不可逆转的发展，不断增强的自我意识、他人意识和养育环境。

信息实在论将大脑视为一个宏伟的信息处理和决策系统。在积累可操作的知识方面，它的能力比当今整个由计算机和多媒体通信渠道组成的互联网系统高出几个数量级，而这正是大脑的自然目的。信息实在论是一种系统哲学，其三元体系结构（a triadic architectonic）会令康德和皮尔士（C. S. Peirce）满意。这是一种理想主义哲学，但它是世俗的，而不是超凡脱俗的。它的信息超级结构是在物质基础上正确构建的。信息实在论是一种激进的哲学。它将信息确定为语言、逻辑和科学的新的基数（radix）。尽管它削弱了语言分析作为哲学化的主要方法的地位，但信息可以让人们更深入地理解语言和更普遍的交流方式。

信息实在论确定并确立了宇宙中善作为组成信息结构的存在。康德对绝对律令（categorical imperative）的追求，对普遍义务的追求，变成了："行善。保存善。善待他人。生活是美好的。"创造性的遍历过程（ergodic process）涌现了各种现象，这些现象包含了我们所需要的一切，我们不仅要审视康德的上帝、自由和不朽，还要审视他的柏拉图式的真理与善良之梦，以及进步的启蒙思想。邪恶不仅仅是没有善，而是对遍历信息结构的破坏，在熵力（entropic forces）的存在下，这些信息结构总是脆弱的。信息实在论解释了人类如何自由行善。正如一个人的性格通过善行（阿特曼中的业力 [Karma in the Atman]）变得善良一样，人类所有善行的总和被视为"世界灵魂"或信息矩阵（婆罗门 [Brahman]）的表现，它可以对每个人的不朽进行编码。

鲍勃强调，信息实在论是黑格尔绝对精神（absolute spirit）意义上的世界历史时刻，是尼采/海德格尔隐喻中冥想的高峰，是怀特海意义上回归时间性（temporality）的过程哲学，是泰尔哈德（Pierre Teilhard de Chardin S. J.）形象中的自然无意识圈（a natural noosphere），当心灵意识到并认识到自己是信息积累的宇宙遍历过程（cosmic ergodic process）的一部分时，便成为宇宙的共同创造者。①

实在论者的基本主张是存在一个独立于思想的实在。接受这种说法应该是常识，就像任何试图否认它的理论很快会因为实在的反驳而变得不一致一样。尽管如此，反实在论哲学（antirealist philosophies）不仅在哲学领域，而且在行为科学、认知科学和信息科学领域也得到了蓬勃发展。这是一个很大的问题，因为它将注意力从实在转移到主观现象上，但缺乏真正的阐释。实在论不应与所有科学主张都是真实的观点或与任何其他有关知识主张的天真想法（naiveté）相混淆。实在论的对立面可以称为反实在论、唯心论或唯名论。尽管许多人将经验论和实证论与实在论混淆，但这些传统本质上是强烈反实在论的，这就是为什么应当对经验论和实在论加以明确区分。实证研究不应建立在关于观察结果"给定"（the given）的假设之上，而应认识到观察结果的理论负载性质（theory-laden nature of

---

① Bob Doyle. About the Information Philosopher.

observations）。领域分析（domain analysis）代表着信息科学中重新引入实在论视角的尝试，并概述了某种实在论的相关性、信息搜索、信息检索和知识组合的概念。所有类型的信息系统，包括研究型图书馆和公共图书馆，都应该以实在论哲学和实在论信息科学为指导。①

六、现代哲学实在论的"形而上学化"——思辨实在论

思辨实在论（speculative realism）② 是当代欧洲大陆哲学（也被称为后大陆哲学）的一场运动，它从"形而上实在论"（metaphysical realism）的角度对自身加以宽泛的界定，并反对用"后康德哲学"（或称"相关论"）作为主导形式的阐释。③ 总的来说，思辨实在论批判相关主义（correlationism），主张思辨唯物主义（speculative materialism）、对象导向本体论（object-oriented ontology）、先验唯物主义（transcendental materialism）以及先验虚无主义（transcendental nihilism）等。

美国哲学家哈曼（Graham Harman，1968— ）是当代哲学思辨实在论

---

① Birger Hjørland, "Arguments for Philosophical Realism in Library and Information Science", IDEALS, Library Trends, 2004, 52（3）. pp. 488 – 506, Graduate School of Library and Information Science, University of Illinois at Urbana-Champaign.

② "思辨实在论"的称谓来自 2007 年 4 月在伦敦大学戈尔德史密斯学院（Goldsmiths College）举行的一次会议。会议由托斯卡诺（Alberto Toscano）主持，与会者英国哲学家布拉西耶（Ray Brassier）、格兰特（Iain Hamilton Grant），美国哲学家哈曼以及法国哲学家梅利亚索（Quentin Meillassoux）等，各自做了专题介绍。思辨实在论通常被视为布拉西耶的功劳，尽管梅利亚索已经用"思辨唯物主义"来描述自己的立场。思辨实在论与《崩溃》（Collapse）杂志有着密切的联系，该杂志发表了会议记录，并刊登了思辨实在论思想家的许多其他文章。学术期刊 Pli 也进行了同样的工作。由庞克特姆（Punctum）书局于 2010 年创办的《思辨》（Speculations）杂志定期刊登与思辨实在论相关的文章。爱丁堡大学出版社出版了一套题为《思辨现实主义》的丛书。不过，有意思的是，在 2011 年 3 月出版的《克罗诺斯》（Kronos）杂志的采访中，布拉西耶却否认存在任何"思辨实在论运动"，并坚决表示要与那些继续依附于此品牌名称的人保持距离。（参见 Kronos, 4 March 2011）

③ Robin Mackay, "Editorial Introduction", Collapse, March 2007, 2（1）, pp. 3 – 13.

思潮的核心人物。① 哈曼从《存在与时间》中海德格尔的"工具分析"（tool-analysis）概念开始了他的审思。对哈曼来说，工具分析是一个重要的发现，它为认真对待物体的自主存在奠定了基础，并且在这样做的过程中，突出了现象学的缺陷，因为它从属于物体的使用或与人类的关系。哈曼思辨实在论是一个由两种观点联合起来的模糊体：一是拒绝人本位的"通达哲学"（anthropocentric philosophies of access），该哲学优先考虑人类与物体的关系；二是拒绝"相关主义"（correlationism），即后康德哲学中的一个假设。思辨实在论者梅利亚索（Quentin Meillassoux）将其定义为"我们只能获得思维和存在之间相关性的想法，并且永远不会将任何一个术语与另一个分开考虑"②。哈曼对待对象的方式是将对象的生命视为形而上学的沃土，它致力克服人类中心主义和相关主义。根据哈曼的说法，一切都是物体，无论是邮箱、影子、时空、虚构人物还是英联邦。然而，利用现象学，他确实区分了两类对象：真实对象和感性对象（或有意对象［intentional objects]），这使他的哲学与拉图尔（Bruno Latour）的平面本体论区别开来。③ 哈曼将真实对象界定为无法访问并从所有关系中无限退出的东西，然后对如何访问或进入关系感到困惑："根据定义，无法直接访问真实对象。真实对象与我们的知识不可通约（incommensurable），无法翻译（untranslatable）成任何类型的关系访问，认知的或其他的。对象只能间接地被知道。这不仅仅是人类的命运——它是一切的命运。"④ 哈曼哲学的核心理念是真实物体是取之不尽用之不竭的："一名警察吃香蕉，将这种水果缩小到其难以捉摸的深度，就像一只猴子吃同样的香蕉，一种感染它的寄生虫一样，或一阵风从树上吹来。香蕉存在（banana-being）是世界上真正的实在（genuine reality），人类或其他实体（entities）与它的任何关系都不

---

① Ray Brassier, Iain Hamilton Grant, Graham Harman, and Quentin Meillassoux, "Speculative Realism" in *Collapse Ⅲ: Unknown Deleuze*. London: Urbanomic, 2007.

② *Quentin Meillassoux: Philosophy in the Making*. Edinburgh University Press, 2011, p. 5.

③ Graham Harman, *Prince of Networks: Bruno Latour and Metaphysics*. Melbourne: repress, 2009..

④ El Mono Liso, "Marginalia on Radical Thinking: An Interview with Graham Harman", *The (Dis) Loyal Opposition to Modernity*, 1 June 2012.

会耗尽实在。"① 哈曼声称，由于这种实体取之不尽用之不竭，所以存在一个关于两个对象如何相互作用的形而上学问题。他的解决方案是引入"替代因果关系"（vicarious causation）的概念，根据该概念，对象只能在"意图"（intention）（也是一个对象）的内部相互作用。② 跨越现象学传统，尤其是其语言转向（linguistic turn），哈曼部署了一种形而上学实在论（metaphysical realism）的品牌，试图将物体从人类的囚禁中解脱出来，并隐喻地暗示了一个由"真空密封"（vacuum-sealed）物体本身构成（objects-in-themselves）的奇怪的地下世界：彗星本身，猴子本身，可口可乐本身，在没有任何关系的存在的地窖中产生共鸣。③ 哈曼强烈同情泛心论，他提出了"思辨心理学"（speculative psychology）这一新哲学学科，致力研究"心灵的宇宙层"（cosmic layers of psyche）和"挖掘蚯蚓、灰尘、军队、粉笔和石头的特定心理实在"（the specific psychic reality）。④ 然而，哈曼并非毫无保留地支持一种包罗万象的泛心论（all-encompassing panpsychism），而是提出了一种"多心论"（polypsychism），尽管如此，它必须"膨胀到超越所有先前的限制，但不能完全扩展到所有实体"⑤。他继续指出，"感知"（perceiving）和"非感知"（non-perceiving）不是不同种类的对象，而是可以在不同时间在同一个实体中找到："重要的是，对象不会像泛心论那样感知它们的存在。相反，它们在相关的范围内感知。"⑥ 哈曼因其人类中心主义（anthropocentrism）而拒绝科学主义："对他们来说，雨滴毫无所知，蜥蜴知之甚少，而有些人比其他人更有知识。"⑦

---

① Graham Harman, *Guerrilla Metaphysics：Phenomenology and the Carpentry of Things*. Open Court Publishing, 2005, p. 74.

② Graham Harman, "On Vicarious Causation", http://faculty. virginia. edu/theorygroup/docs/harman%3Dvicarious-causation. pdf.

③ Graham Harman, "The Metaphysics of Objects：Latour and his Aftermath", Microsoft Word-Graham_ Harman. doc（wordpress. com）.

④ Graham Harman, *Prince of Networks*. Melbourne, 2009, p. 213.

⑤ Graham Harman, *The Quadruple Object*. Zero Books, 2011.

⑥ Ibid.

⑦ "Ecology without Nature：Harman on Anthropocentrism", 17 October 2011.

主体理论：迈向对话的主体性*

〔奥地利〕彼得·齐马① 撰

陈振鹏② 译

摘　要：主体问题是一个重大的哲学命题。过去在不同的学科（诸如神学、哲学、心理学家和社会学家）中，主体以许多不同的方式被定义，这也间接造成了其概念的模糊性，从而影响了主体的建构。本文从跨学科角度出发，试图将晚期现代和后现代的主体危机转化为一种资产。这意在表明，作为基础、自由和作为受制于人或正在解体的实例的主体，两种矛盾的观念可以产生一种对话主体性概念，并希冀凭借其灵活性抵制后现代的批评。由于个体主体总是受到民族主义宣传、市场规律和日益壮大的广告业的操纵，因此，本文将个体主体性与集体主体性和制度条件联合考虑，这一方面呼吁了一种新的欧洲政治的出现，另一方面则显示出新的对话主体性的

---

　*　本文为国家社会科学基金一般项目"20世纪西方差异性话语的四种类型研究"（项目编号：17BZW002）的阶段性成果。本文原是彼得·齐马《主体性和同一性》（*Subjectivity And Identity*）一书第五章内容的节选。翻译已得到彼得·齐马本人授权。

　①　作者简介：彼得·齐马，奥地利克拉根福大学比较文学教授，当代知名的文艺理论家和批评学家，代表作有《文本社会学》（1980）、《小说的双重性：普鲁斯特、卡夫卡、穆齐尔》（1980）、《文学社会学批评》（1985）等。

　②　译者简介：陈振鹏，四川大学文学与新闻学院传播学博士在读，研究方向为媒介与文化。

需要。

关键词：主体；跨学科；对话主体性；后现代；欧洲政治

关于个体主体性的现代课题和后现代主义批判多式多样，有鉴于此，本文所要探讨的是一个难以回避的问题：后现代主体在寻求身份时遭遇了重重困难，照此看来，个体主体性还是一个有意义的概念吗？与之互为补充的问题是：在当前的语境下，我们是否还有可能捍卫主体——"有意识并控制自己，绝不屈服的人的形象"① ——的概念，同时，我们还需要避开安东尼·吉登斯等人所用的"身份"② 行话，这类行话将身份理解为一种对主体的社会危机和某些激进的后现代批评的意识形态化的回应。③

对于第二个问题的解答，有人可能争辩说只有激进矛盾的理论才能避免在意识形态上滥用主体性和同一性等概念：该理论继续为个体和集体的主体性辩护，同时又以讽刺和自嘲的方式来反思社会学对主体的批评和后现代的解构。而对前一问题的回答，则涉及主体性的一些关键问题。

本文核心观点首先是对战后批判理论问题④的重述：我们认为否定性和非同一性是对抗市场、意识形态和文化产业操纵个体主体的唯一保证。然而，从当代辩证法的角度来看，否定性不再是唯一的解决方案。纯粹形式的否定会导致沉默与主体的让位，因为正如萨特结合马拉美的诗歌所解释的那样，所有对现有秩序进行根本性否定的替代方案都是被禁止的。

幸运的是，阿多诺和霍克海默意义上的否定性并不只是否定，它实际

---

① T. W. Adorno, *Notes to Literature*, *Vol. I*. New York：Columbia University Press, 1991, p. 106.

② "identity"有多重语义，诸如"认同""同一性""身份"等。国内学者多将吉登斯所提到的"self-identity"译为"自我认同"。这里，我们将其译为"身份"。质言之，无论是"身份"，还是"认同"，两者其实是相互包含的，只要说身份，则必定包含了对自身的认同；只要说认同，则默认了其对象就是身份。另外，下文会根据具体语境和出于保证译文顺畅的目的，灵活翻译，将另作注说明。

③ 参见 A. Giddens, *Modernity and Self-Identity. Self and Society in the Late Modern Age*. Cambridge：Polity, 1991.

④ 参见 R. Wiggershaus, *The Frankfurt School. Its History, Theories and Political Significance*. Cambridge：Polity, 1995, chap. Ⅶ and Ⅷ.

上还包含了另一种想法：只有在主体不支配和贬低一般他者与他异性时，建立真正的主体性这一想法才可能实现！这一否定性并非旨在全面否定，而是导向一种与他者的公开对话：他语言、他文化或他理论。正如巴赫金所指出的那样，对话全面敞开，却并不排除对他者之批判态度。虽然我们避免了黑格尔学派的哲学家对他异性的收编或同化，但是，我们仍要在阿多诺和霍克海默的批判理论意义上对他异性进行批判性审视。① 实际上，对他者的批判性态度与对自身主体性的讽刺和批判是相伴而生的。理论上，这意味着只要当我们能够在公开对话中发现自己的不足，便可以对自己的立场和观点予以修正。这同时也是该对话所含有的批判理性主义（波普尔派）成分——作者在与批判理性主义辩论过程中所挪用的成分。

在公开的理论对话中，个人的自我批评立场会影响其政治介入，同时产生一种讽刺和怀疑的态度。我们将在最后一节对支持欧洲政治一体化的介入行为进行评论，与此同时，我们的评论也将采用一种诺贝特·埃利亚斯（Norbert Elias）意义上的自我批评的理论化视角②：任何形式的政治党派都可能蒙蔽理论家的双眼，其话语目的主要不是针对知识而是针对政治参与。然而，此想法不应与这一见解分开：若没有政治参与，社会批判理论（在批判理性主义、马克思主义、女权主义和批判理论的意义层面上）也无从谈起。③ 事实上，连阿多诺对否定性的恳求也与其支持个体主体性、自主性和解放（运动）的社会介入密不可分。在此，这种否定性是被保留在主体和客体的非同一性以及对话的开放性中的。

以下两种对话都与尤尔根·哈贝马斯的"理想的言说情境"（ideal speech situation）毫无关系：作为异质主体与其语言（社会方言、话语）之间进行互动的对话，作为对理论进行批判性检验的对话。可以清楚地看到，哈贝马斯的交流理论以一种普遍方式压制了所有特定利益的表达，与之相

---

① 参见 M. Horkheimer, *Traditionelle und kritische Theorie*. Frankfurt：Fischer, 1970, p. 30.

② 参见 N. Elias, "Problems of Involvement and Detachment", *British Journal of Sociology*, 1956, 1, pp. 234 – 235.

③ 参见 P. V. Zima, "Idéologie, théorie et altérité：l'enjeu éthique de la critique littéraire", *Etudes littéraires*, 1999, 3, pp. 17 – 18.

反，被称作阿多诺"否定辩证法"之延续的对话理论则试图在不牺牲个别利益的情况下将特殊与普遍联系起来。

对话理论不仅全面批判了片面的后现代之特殊化和多元化的现象，还对让-弗朗索瓦·利奥塔（Jean-François Lyotard）和德里达之主体性解构中的特殊化倾向进行了批评反思。这使其支持个体主体的说法听起来更有道理。诸如此类的观点早已不胜枚举。卡尔文·施拉格（Calvin O. Schrag）振振有词地指出，在利奥塔所谓的"语言游戏"中确实存在渴望实现一致性的个体主体可利用的那种联系，他因此质疑了利奥塔对"语言游戏"的极端特殊化。① 最后，施拉格设想了一种新的主体性："在后现代性之后重新塑造的自我肖像。"②

关于对利奥塔的后现代理论的批评早已屡见不鲜③，与此类似，施拉格也遭到了很多质疑，这是因为其方法不仅仍然停留在哲学范围内，还忽视了个体主体在社会、经济、政治、语言和媒体的后现代语境下所面临的困境。这也是本文基于跨学科方法来探讨主体性的初衷——尽管这可能会遭遇很多困难。如果我们要衡量当代主体性的范围和限度的话，仅仅表明利奥塔和德里达对于语言和交流的观点过于特殊主义这一点，显然是不够的；除此之外，我们还有必要明确个体主体相对于集体主体和历史进程的地位。

---

① C. O. Schrag, *The Self after Postmodernity*. New Haven-London：Yale Univ. Press，1997，p. 30.

② Ibid.，S. 32.

③ 参见 W. Welsch, *Vernunft. Die zeitgenössische Vernunft kritik und das Konzept der transversalen Vernunft*. Frankfurt：Suhrkamp，1996，chap. X.

对此，我们将在下文进行详细探讨。①

一、对话理论的主体

与他者（他者理论）的永久性对话将鼓励主体去反思其话语和社会语言环境的特殊性和偶然性；与此同时，个体运用理论进行反思的能力，可以有效遏制意识形态的二元论和话语的独白。

与日常生活中的主体不同，理论主体试图将理论的形成导向他异性和对话，旨在追求一个特定的主体目标。重点不是与卡尔－奥托·阿佩尔（Karl-Otto Apel）和尤尔根·哈贝马斯②一道去寻找所谓的争论意义上的先验基础③，而是要追问：在一个支离破碎的多元社会中，理论（科学）交流在人文科学中如何可能？初步的答案是：通过反省自己和合作伙伴的理论所形成的社会条件和语言条件。

这一回答可能会引发一个颇有讽刺意味的问题：如果我们发现这些条

---

① 此处有删节，内容为齐马教授《主体性和同一性》全书第五章第一节"作为对话的主体性"，为便于阅读，后文标题序号有所改动。本节主要内容概述如下：在齐马看来，个体主体性乃复杂之过程，主要表现在对话和叙事两大方面。第一，个体主体乃是一个以矛盾与否定、对话性与他异性等为特征的对话实例，而充分运用矛盾性等主体性特征，将有助于主体之身份建构；第二，个体主体乃是与他人（社会环境）对话之叙事过程，此一叙事过程既是对话讨论，亦是权力斗争。因而，一言以蔽之，齐马打算生产一种能够有效抵御后现代批评、辩证且灵活的主体概念，即作为对话的主体性。另外，本节中译本在《中国比较文学》2022 年第 4 期单独成文发表，有兴趣的读者可阅读。此外，在翻译过程中，齐马教授回信进一步补充、解释了关于身份（identity）、矛盾性（ambivalence）等核心概念，译者对邮件内容进行了整理并附在该文中，以供读者参考。

② 参见 K.-O. Apel, "Die Kommunikationsgemeinschaft als transzendentale Voraussetzung der Sozialwissenschaft en", in idem, *Transformation der Philosophie*, vol. II, *Das Apriori der Kommunikationsgemeinschaft*. Frankfurt: Suhrkamp, 1973（1976）; and J. Habermas, *The Theory of Communicative Action*, vol. II, *The Critique of Functionalist Reason*, Cambridge-Oxford: Polity-Blackwell, 1989, chap. V.

③ 对阿佩尔方法的评论，参见 H. Albert, *Transzendentale Träumereien. Karl-Otto Apels Sprachspiele und sein hermeneutischer Gott*. Hamburg: Hoffmann und Campe, 1975, pp. 147－149.

件是如此异质以至于它甚至排除了对话的可能性，那么我们会得到什么？
这一问题过于极端了，而且，由于问题的症结并非是互不协调的视角之间
的比较或互动，而是构建类似对象的理论体系（例如"宗教""意识形态"
"艺术"），因而此问题便显得无足轻重了。比这一观察更为重要的是以下假
设：就像意识形态或文学文本那样，有关社会方言的所有理论，它们是在
自然语言的一级系统内部产生的次级建模系统（在洛特曼的意义上）。① 虽
然我们无法在不丧失其作为专门语言功能的情况下将它们简化为一级系统，
但它们总是可以通过一级系统进行相互交流。在这个意义上，人们不得不
赞同阿佩尔关于日常语言作为一种普遍的元语言而发挥作用的假设。②

　　然而，对话理论主体不仅对扫描后现代碎片化中科学传播的范围和限
度兴致勃勃，它也试图通过引入异质理论的对话式对抗，将碎片化变成一
种理论资产，并在整体上赋予假设和理论形成的批判性检验以新的冲动。

　　在这一过程中，主体间性这一概念的个人主义和理想主义特征得以彰
显。此概念的模糊之处在于：虽然它至少在原则上解决了所有科学家在某
一共同问题上的话语分歧，但在现实中它却只能在一个科学团体的社会方
言中发挥效用。进一步说，虽然我们的假说在批判理性主义者群体中可能
会被欣然采纳与赞同，但倘若将其重新放置于系统理论家群体中，那么这
一假说很可能无法得到理解，更别提被接受和认可了。一个有关精神分析
的假说可能不会被批判理性主义者接受，因为它不是"可证伪"或"可反
驳"的，或者因为它包含了不被认为是科学的概念。

　　这就是为什么对话理论主体主要通过加入针对异质科学家群体间交流
的话语间性层面的集体间性标准来超越主体间性标准。目前的问题是：我
们需要搞清楚，究竟有哪些定理或假说已经在某一特定群体范围内的主体
间性层面得到了检验，同时，它也可以在意识形态和科学上的异质群体之
间申明其有效性？

　　理论主体构成这一问题的重要性毋庸讳言。如果一个人停留在主体间

---

① 参见 Y. Lotman, *The Structure of the Artistic Text*. Ann Arbor: University of Michigan Press, 1977, chap. Ⅱ.

② 参见 K. -O. Apel, *Transformation der Philosophie*, vol. Ⅱ, op. cit., pp. 341 –343.

性之内，事实上这一主体间性（尽管所有普遍主义的声明都与之相反）总是在一个群体及其语言内部，那么其主体性就不可避免地被某种特定的意识形态形塑。只有与异质科学家群体及其社会方言的对抗才会揭示出他异性的存在，才会允许真正的异议。只有超越自己的集体和民族语言时，才有主体性的自由，才能促进真正的科学经验的表达。

1. 特殊主义 vs. 普遍主义：利奥塔和哈贝马斯

我们所设想的异质话语之间富有成效的对抗，既不可能在利奥塔那里发生，也不可能在哈贝马斯的语言模式中出现。在利奥塔的案例中，这是由于"语言游戏"本身是不适当的；而对哈贝马斯来说，他对消除一切特殊性的统一性保持追求，这使得异质单元之间的有意义对抗不再可能。基于以上两种情况，个体主体性索性就被掏空了。利奥塔阻止主体跨越其语言的界限，而哈贝马斯却为参与对话的人规定了普遍有效的语言规则。

尽管利奥塔对主体性的概念提出了质疑，但其代表性著作《后现代的状态》（*La Condition postmoderne*，1979）和《差异》（*Le Différend*，1983）既可以被理解为对语言和政治中特定主体性的尊重，也可以解读为对不合情理的语言游戏中的个体主体性的解构。让我们仔细揣摩其论点。

哈贝马斯认为利奥塔是一个非理性主义者。不过，利奥塔对这一指责进行了反驳，他争辩说"理性是多重的"[1]，而且尊重理性的多重性（在科学、法律、伦理和美学方面）多半是荒谬的。就此而言，人们无法反驳其观点。他从政治和认识论层面的合理前提出发，认为在一种语言体系中判断其他语言（这里指社会方言）既错误也不公正。据其说法，评估民族方法论、解构主义或精神分析在批判理性主义范围内的价值是不公平的，也更具有误导性。他还否定了所有跨语言理解与沟通的方法。因为在利奥塔看来，所有那些方法的假设并非是"可证伪的"（可反驳的）。[2]

从利奥塔对笛卡尔、理性主义、普遍主义的批判视角出发，我们认为所有参与科学讨论的科学家都应该认识到这一点：他们应当把科学的元标

---

[1]　J.-F. Lyotard, *Postmodern Fables*. Minneapolis：The University of Minnesota Press, 1997, p. 127.

[2]　参见 P. V. Zima, *Modern/Postmodern*, op. cit., pp. 221-224.

准置于对话首位，如此，那些基于共识的普遍有效的标准才可能会在争论过程中得以结晶。由于这一对话方式邀请了所有参与者共同尊重他者的主体性，因此该观点实际上对理论对话是有益的（这当然不是主体性批评家利奥塔所要表达的）。

利奥塔的视角如此特殊，以至于他无法像我们在前文中所指出的那样，去设想一种基于异质立场的真正对话。由于黑格尔的总体化尝试本质上可以归结为一种取消对话的哲学接管，因此当利奥塔在《后现代状况》中提出"语言游戏在任何元话语中都不可能被统一或总体化"这一观点时①，他无疑是正确的。弗朗西斯·雅克（Francis Jacques）接着评论说："直到黑格尔，哲学家才开始为所有人说话，以所有人的名义说话；他要么把对方当作需要被教导的听者，要么看作一个必须像克服障碍那样进行辩论与征服的对手。"② 作为对黑格尔的激进式批判，利奥塔的"差异"理论当然包含了某些真理性的瞬间，而这些真理性瞬间同样也被黑格尔所轻视的阿多诺意义上的特殊性之恳求所预见。

然而，每当利奥塔将"语言游戏"的社会世界视为岛屿世界，且其中的每个岛屿都与其他岛屿截然不同时，他就会陷入另一个极端中："对语言游戏的审视，就像对院系的批判一样，这一过程认同并强化了语言与其自身的分离。语言没有统一性；语言有岛屿，每个岛屿都由不同的政权统治，从而无法实现真正的对话。"③ 当利奥塔断言"差异"是结合了异质短语系统（源自伦理、法律或认识论）的个别话语所固有的东西，以及当他批评"一种类型被另一种类型入侵，特别是伦理和法律也因此受到认知干扰的情况时……"语言的特殊化就会产生荒诞的效果。④ 但是，我们很难想象没有"认知"元素的伦理和法律，因为伦理和法律本身离不开逻辑和论证。

应该强调利奥塔对语言批判的几个方面。（1）毫无疑问，当异质短语系统（例如布道和科学）以如此方式连接起来，以至于其中有关差异的真

---

① J.-L. Lyotard, *The Postmodern Condition. A Report on Knowledge*. Manchester: Manchester University Press, 2004, p. 36.

② F. Jacques, *Dialogiques*, op. cit., p. 10.

③ J.-F. Lyotard, *Political Writings*. London: UCL Press, 1993, p. 20.

④ J.-F. Lyotard, *Postmodern Fables*, op. cit., p. 135.

理标准被扭曲时，话语主体（利奥塔从未提及过）就会遭受不公正的待遇。
(2) 在利奥塔满怀热情地捍卫特殊性时，他似乎忘记了其后现代信条的第
二部分，即他主张异质性和多元性。根据巴赫金的观点，话语永远不能被
理解为从未吸收过他性的独白式单子。对于每一种话语，每一种社会方言，
它们都是次级建模系统（洛特曼），这一次级建模系统源自自然语言并借助
自然语言系统与其他语言进行交流。此外，几乎每种社会方言都吸收了其
他社会方言的词汇、语义和叙事层面的元素。马克思主义是黑格尔主义和
英国政治经济学的综合体，批判理性主义源于自由主义意识形态、维也纳
学派的话语、韦伯的社会学等。如果没有尼采和海德格尔对形而上学的批
判以及索绪尔的语言学、弗洛伊德的精神分析等，德里达之解构也无从谈
起。我们可以把个体和集体的主体当作基于异质语言的对话性综合体，它
们对所有这些组合负责。(3) 这也适用于利奥塔，他违反了自己在《后现
代状况》和《差异》中所规定的语言规则。当他将马克思主义、精神分析、
康德和维特根斯坦的哲学以及列维纳斯的伦理学之类的异质语言进行结合，
并收编在其不同出版物中时，就会产生所谓的"后现代思想"。

值得注意的是，利奥塔使用语言异质性的说法来比喻崇高这一概念。
最终，这一说法导致了如下洞察，即主体性被语言固有的矛盾摧毁，"所谓
的个体是可分的，而且似乎可被分成若干部分"[1]。借助于利奥塔有关异质
知识分子的传记和综合作品，反过来，我们亦可审视上述问题：此主体旨
在对异质语言进行对话式融合。

上文我们提到，依利奥塔之见，不同文化之间存在过渡性发展和相互
转化的阶段，而施拉格则对这一论点予以批评。在施拉格看来，尽管存在
语言异质性，但"主体仍然存在于自身"（remains present to itself）[2]。曼弗
雷德·弗兰克（Manfred Frank）在德国时便预见了这一想法，他指出由于
只有那些具备某些共同点的语言才会相互矛盾，因而利奥塔之"差异"不
可能是绝对的。[3] 这也是为什么我们要更密切地考察同一性和差异性之间的

---

[1] J. -F. Lyotard, *Postmodern Fables*, op. cit., p. 140.
[2] C. O. Schrag, *The Self after Postmdernity*, op. cit., pp. 32 – 33.
[3] 参见 M. Frank, *Die Grenzen der Verständigung. Ein Geistergespräch zwischen Lyotard und Habermas*. Frankfurt: Suhrkamp, 1988, p. 79.

辩证关系。要言之，探讨此两者间的辩证关系直接关涉主体问题要害。

哈贝马斯没有这样做。他指责后现代思想家都是非理性的，因为他们摒弃了现代普遍主义①，同时又通过强加给交流主体一种删除了所有（意识形态的、心理的）特殊性的、普遍有效的语言来恢复这种普遍主义。他认为，只有使交往规则更加抽象（即从特殊性中抽象出来），才能对当代社会日益增长的多样性做出针对性回应："这种多样性越复杂，就越要有抽象的规则和原则，以保护越来越多愈发疏远的主体和生活方式的完整性和平等共存，同时坚持其差异和他异性。"② 简言之，哈贝马斯将会拒绝对被压抑的普遍主义进行指控，同时，他认为在理想的言语情境中为交流规则所设定的高度抽象性，能够保护交流主体的特殊性。问题仍是，既然笛卡尔和康德都倾向于否定所有特殊性，那么规则如何保护它们？

哈贝马斯的《交往行动理论》（*Theory of Communicative Action*）可以理解为以普遍主义方式来中和一切精神、文化和意识形态的特殊性的大规模尝试。这种对特殊性的中和是通过两个阶段实现的：第一，假设所有参与者共同拥有一个同质化的生活世界；第二，减少作为句子的实用形式的言语行为层面的交流。在这两个阶段，作为表达主体利益的跨短语、语义和叙事结构的话语都被消除了。

哈贝马斯将现实的（社会的）生活世界与形式的实用主义生活世界区分开来，这种生活世界与理想的言说情景相对应，其定义如下：

> ……生活世界并不仅仅具有语境塑造功能，它同时还提供了交往个体所使用的信念库。这些信念库可以通过反复使用我们普遍接受的解释来满足特定情境下要达成的共识需求。作为一种资源，生活世界在交往过程中是必不可少的。③

---

① 参见 J. Habermas, " Philosophie und Wissenschaft als Literatur?", in idem, *Nachmetaphysisches Denken. Philosophische Aufsätze.* Frankfurt：Suhrkamp, 1992（1988）, pp. 242 – 247.

② J. Habermas, *Erläuterungen zur Diskursethik.* Frankfurt：Suhrkamp, 1991, p. 202.

③ J. Habermas, *Vorstudien und Ergänzungen zur Theorie des kommunikativen Handelns.* Frankfurt：Suhrkamp, 1984, p. 591.

显然，哈贝马斯指的就是这样一种生活世界——彻底清除了一切社会策略、对立和意识形态冲突的形式语用的生活世界。

许多批评家要求哈贝马斯解释这一点：为何现实生活世界与形式语用生活世界之间会出现以共识为导向的分离？批评家们的质疑并不奇怪。① 由于哈贝马斯有关同质化的生活世界的想法抹除了社会冲突，这很容易令人产生误解。因此，即使有人做出假设（如本书作者所做的）——哈贝马斯从来没有真正成功地证明这种分离，我们也不难理解这种分离在哈贝马斯话语中的作用。这种分离奠定了现实和理想的言语情境之间区别的基础，证明了"在每次话语中我们都相互预设了一个理想的言语情境"这一论点。②

究竟何谓理想的言语情境？可以围绕以下方面加以界定：（1）作为一种理想化构建，它与日常生活中真实的交流截然不同；（2）不受社会约束，并预设所有参与者的交往都是平等的；（3）它以对话角色的可互换性为先决条件；（4）它所承认的唯一限制是对更好的论点的限制；（5）它是每次现实交流中所有参与者共同预设的。

由于这一假设否定了它要进一步设计的东西，即异质主体间的交往，所以，我们将在下文中逐步说明这种建构其实是矛盾的。（1）从社会言语的现实条件中抽象出来的理想语言情境，只能被想象为一种空话的交换。（2）所有社会方言及其产生的话语都表达了话语关联标准、分类和叙述序列中所固有的利益和价值判断，所有这些都构成了参与者的主体性（即言说主体不能放弃这些语言要素而不否定其主体性且保持沉默状态）。（3）在此语境下，"对话角色的互换性"是不可能的，因为我的角色取决于我的话语（社会方言）。我可以"扮演"批判理性主义者或哈贝马斯主义者——但我所说的话恐怕无法取信于人。（4）由于每种社会方言（库恩会说每种

① 参见 J. Alexander, "Habermas' neue Kritische Theorie: Anspruch und Probleme", in A. Honneth, A. Joas (eds.), *Kommunikatives Handeln. Beiträge zu Jürgen Habermas' "Theorie des kommunikativen Handelns"*. Frankfurt: Suhrkamp, 1986, p. 95.

② J. Habermas, "Vorbereitende Bemerkungen zu einer Theorie der kommunikativen Kompetenz", in J. Habermas, N. Luhmann, *Theorie der Gesellschaft oder Sozialtechnologie-Was leistet die Systemforschung?* Frankfurt: Suhrkamp, 1971, p. 136.

"范式")对论点的评价各不相同，因而仅仅对"更好的论点"的约束是可接受的这一假设是幼稚的。例如，哈贝马斯和阿佩尔都不会接受批判理性主义的论点，他们会认为后者的假设不是"可证伪的"（可反驳的）。① (5) 尽管在每次现实交往中人们都可能会期望获得善意和理解，但我们绝不可能同时期待参与者放弃他们的社会方言和话语，毕竟这些话语构成了其主体性。

当哈贝马斯写出"语言共同体中的所有成员所传达的意义基本相同"这句话时，他似乎预料到了这一点。② 那么，"语言共同体"是如何被想象出来的，以及它究竟存在于哪里？对后现代主义或解构主义的读者来说，下面这句话听起来可能像是一种威胁："不同说话者可能不会使用同样的表达方式来表现不同的含义。"③ 谁来禁止它呢？哈贝马斯把同质的共同体强加给了发言者？"理想的言语情境"不仅是从现实社会语言情境的所有社会约束和权力关系中抽象出来的，还是从参与者的具体的语言主体性中抽象出来的，是这样吗？

由于哈贝马斯过分依赖英美言语行为理论，因而其观点存在语言学方面的漏洞。这种言说行为忽视了作为跨短语结构（主体性出现在其中）的话语："一种言语行为不仅孕育了句子在话语中所使用的条件，它同时又具有句子的形式。"④ 然而，重要的不是构成个体和集体主体性的句子（因为它们是多义性的和多功能性的），而是作为语义和叙事结构的话语。既然哈贝马斯在其符号学（跨短语）形式上忽视了话语，那么他也不得不在其语言形式上忽视主体性：作为一种利益引导的话语。

---

① 社会方言之间的关系类似于托马斯·库恩所描述的范式之间的关系："每个群体都用自己的范式来为自身辩护。" " Each group uses its own paradigm to argue in that paradigm's defense." (T. S. Kuhn, *The Structure of Scientific Revolutions*. Chicago, London: The Univ. of Chicago Press, 1962, 1996 [3rd ed.], p. 94.)

② J. Habermas, "Der Universalitätsanspruch der Hermeneutik", in idem, *Kultur und Kritik. Verstreute Aufsätze*. Frankfurt: Suhrkamp, 1973, p. 283.

③ J. Habermas, *Moral Consciousness and Communicative Action*. Cambridge-Oxford: Polity-Blackwell, 1992 (1990), p. 87.

④ J. Habermas, "*Vorbereitende Bemerkungen zu einer Theorie der kommunikativen Kompetenz*", op. cit., p. 103.

雷纳·莱施克（Rainer Leschke）揭示了该问题的一个补充方面，他指出"在哈贝马斯看来，语言结构是人类学常数"。他继续补充道："无主体支配的交往所形成的历史和社会学的依赖性被完全忽视了。"① 实际上，正如莱施克所言，我们正面对一种"具体条件的理想化事物"②。接下来，我们将摒弃这一误导性的理想化事物，使其表现为具体而现实的社会条件，从而可以提供某种有助于实现社会交往的可能性，而这一可能性曾被利奥塔和哈贝马斯忽视。

2. 从特殊到普遍：批判性检验

研究表明，利奥塔和哈贝马斯都剥夺了个体主体的权利：在利奥塔的案例中，主体身份在异质的语言游戏中迷失了；在哈贝马斯看来，主体必须服从抽象的语言规则。无论如何，真正的理论主体应当被认为是一个灵活的对话实例，它在面对碎片化社会中语言的多样性时应当有多种选择。

最重要的是，这一理论主体把社会的异质性视为自我实现的机会。从批评利奥塔的方法和洛特曼的观点出发（即所有语言游戏或社会方言都是植根于自然语言此一级系统下的次级建模系统），可以发现，理论主体试图以对话的视角将异质语言彼此联系起来。同时，理论主体也将他异性看作知识和学科形成过程中的催化剂。

尽管莫里斯·哈布瓦赫（Maurice Halbwachs）和卡尔·曼海姆（Karl Mannheim）两位学者的知识背景不同，但他们都认识到，他异性既是个体间的，也是（尤其是）集体间的，每当不同的科学家群体试图解决某一具体问题时，就会出现他异性这种现象。

来自涂尔干团体的法国社会学家哈布瓦赫从社会分化造就差异和相互竞争的"群体逻辑"两大前提出发进行了论证。他解释说："通过社会分化，许多不同的逻辑得到进化。而且，每种逻辑只在特定群体中才可以被

---

① R. Leschke, *Metamorphosen des Subjekts. Hermeneutische Reaktionen auf die (post-) strukturalistische Herausforderung*, vol. I, Frankfurt-Bern-Paris: Lang, 1987, p. 184.

② Ibid.

认识到，这是因为特定群体在创造语言逻辑之后便自然地对其拥有第一使用权。"① 与利奥塔不同的是，哈布瓦赫既不相信社会和语言必然是异质的，也不相信主体性是一个瓦解的过程，其理由是："所有这些局部逻辑当然都得有一个共同起源。"②

曼海姆也意识到了群体语言的异质性，但他同时也审察了主体成功交往的可能性。具体来说，曼海姆十分关注视角内部的交流与视角之间的交流这两者之间的差异。在特定视角内，我们使用的术语是同质的，这保证了相对顺利的主体间的交流。与哈布瓦赫一样，曼海姆也发现：

> 当观察者们持有不同的视角时，"客观性"只能以更迂回的方式实现。在此情况下，必须根据不同感知模式的结构差异来理解彼此视角下相对正确但同时也具有差异的感知。进一步说，我们必须努力找到一个公式，将一个结果转化为另一个结果，从而为这些不同的透视性见解找到意义的公分母。③

与曼海姆的作品一样，哈布瓦赫的著作中也存在一个令人震惊的事实，那就是它们的作者都承认科学"视角"或"逻辑"的异质性，但同时也将其视为主体的沟通障碍。对此，哈布瓦赫指出我们可以通过追溯共同的渊源或通过将它们相互转换来克服障碍。本文所提出的模型不同于这两位社会学家的模型，因为我们的模型会使交流语言或社会方言的异质性（曼海姆"视角"，哈布瓦赫"群体逻辑"）既成为一种障碍，又变为一种机遇：作为理论主体为建立反思性而超越其自身和其所处的语言结构的一种挑战。

"建立反思性"（become reflexive）意味着个人要把自身的话语、社会方言和原产地的社会语言状况变成批判对象。与此同时，从外部视角观察其思想文化，就好比通过陌生人的眼睛来审视自我一般。

在这一过程中，个体自身之主体性开始受到质疑：当把我的话语看作一种语义-叙事的结构时，我的话语是如何产生的？它基于何种相关性标

---

① M. Halbwachs, *Classes sociales et morphologie*. Paris：Minuit，1972，p. 150.

② Ibid.，p. 151.

③ K. Mannheim, *Ideology and Utopia. An Introduction to the Sociology of Knowledge*. London，Henley：Routledge and Kegan Paul，1976（1936），p. 270.

准、分类标准和行动元模式？它与我的对话者的话语有何不同？在马克思主义、批判理论、批判理性主义或女权主义的社会方言中，哪些话语是可能的，哪些话语又被排除在外，其原因是什么？这些排除将可能造成哪些盲点？

这些问题中的任何一个都可能在个体的社会方言内部引起某种不满，同时，这也促使人们认识到：我们所指称的对象并不与现实相同，它是我们以假设的方式构建的。与其他科学家的零星讨论使我们认识到，在我们自己的社会方言之外，即便同样的对象，其构造实际上也并不相同。诸如"政党""制度""意识形态""艺术""主体"等对象的定义便因社会方言的不同而有差异。

如果在这种自由的洞察力面前，人们拒绝"逃避自由"（弗洛姆）①，并屈从于马克思主义或系统论等意识形态和理论上的群体语言，那么，人们就会因此怀疑对主体间性进行假设检验的实用性。主体间性标准是建立在一个理想主义前提之上的，即每个主体都能以某种善意的方式进行交流，"因为如果不能预设主体间性，任何主体都不会想到与另一主体进行符号交流"②。

然而，当我们清楚地认识到，人们并非仅仅面对使用通用语言的理性个体或科学家，而且也（直接或间接地）面对各种群体和并不总能承认对方术语和论点的社会方言时，以下想法就形成了：作为对个体间的假设检验，主体间性只有在特定群体及其社会方言中才可能得到实现。

在社会科学视域中，主体间性的概念基本未得到明确表述，甚至还经常被学界忽视。罗纳德·库尔特（Ronald Kurt）如下介绍了他关于主体性和主体间性的研究："社会学处理社会行动，而社会行动又与合成意义的主体相联系，因此可以说，没有主体的社会学是毫无意义的。"③ 无论如何，

---

① 参见 E. Fromm, *Escape from Freedom*. New York, Avon Books, 1965（1941），chap. Ⅴ.

② R. Kurt, *Subjektivität und Intersubjektivität. Kritik der konstruktivistischen Vernunft*, Frankfurt, New York：Campus, 1995, p. 173.

③ R. Kurt, *Subjektivität und Intersubjektivität. Kritik der konstruktivistischen Vernunft*. Frankfurt, New York：Campus, 1995, p. 5.

在库尔特所依赖的阿尔弗雷德·舒茨（Alfred Schütz）意义上的现象学、社会学的社会方言之内，结论也许恰是如此。在卢曼的系统论中，社会学并没有处理主体的社会行动，因此，以主体为中心的社会学便显得毫无意义，其结论似乎与其他科学家的迥然不同。总之，倘若将我们在某一特定群体语言内部基于主体间共识而形成的陈述放置在其他群体语言中，则很可能会被后者斥为错误、非理性或荒谬。

继续回到社会科学的视野中，如果作为正确或真实陈述标准的主体间性仅在某一特定的社会方言内部才有效，那么它对普遍适用性的主张就会丧失效力。极端言之，主体间性的批评或检验只是证实了对话理论主体所无法满足的集体要求。就像日常生活中的主体在意识形态和语言之间游走以避免向其中任何一方屈服那样，理论主体也在各种异质科学语言之间不断穿梭以获得某种概览，从而使其能够反思其时代的社会和语言状况，反思它激发科学家表达兴趣的可能性。

这些可能性之一似乎是话语间性（集体间性）的批评标准和对假设的检验，它完成并纠正了个体主义的主体间性的标准。这种从个体间到集体间的运动绝不属于集体主义者的做法，它在增强主体自主性的同时，也使人们不再是某一特定群体语言的囚徒，而是能够在社会方言和话语之间进行批判性游走，并在特定的社会语言环境中重新评估个人地位。

对话理论家并不否认对群体及其价值观的社会依恋，因此对话理论家这种反思性和批判性立场与曼海姆的"自由流动的知识分子"（free-floating intellectual）① 的观点不可同日而语。但对话理论家的立场与大多数处在意识形态和基于市场超然之间的主体的立场相似。当面对市场冷漠时②，个体不得不反思所有关于价值判断的偶然性特征（包括他自己的），反思它们对自身话语及其对象建构的影响。需要指出的是，这一市场的冷漠使所有的

① 关于曼海姆"自由流动的知识分子"的批评，参见 P. V. Zima, *Ideologie und Theorie. Eine Diskurskritik*. Tübingen, Basel：Francke, 1989, chap. Ⅲ. 2.

② 冷漠作为立场可交换性的一个例子是：S. Fish, *Is There a Text in This Class? The Authority of Interpretive Communities*, Cambridge（Mass.）－ London：Harvard University Press, 1982（2nd ed.）, pp. 14－16. 关于对菲施观点的批评，参见 P. V. Zima, *The Philosophy of Modern Literary Theory*, op. cit., chap. Ⅸ.

意识形态和理论立场看起来都是可互换的。

对此，卢曼问道：例如，当他以主体的视角而非沿着系统论的路线来建构现实时，会忽略（从二级观察者的角度看）社会的哪些方面？[①] 对此，他进一步分析了自己和对话者展开交流的能力：这种能力不仅取决于善意，也取决于话语结构。如果这种话语是以意识形态的二元论结构为基础而建构的，且这种话语还压制了矛盾性和自嘲，那么我们就很难生产出富有成效的对话。这意味着由超然所开辟的视角有助于理论家认识到其研究前提的相对性，进而使他们能够保持一定的具有批判性和讽刺性的距离来审视其自身和对话者的价值判断。

如果不与意识形态的介入永久联系起来，那么以市场为导向的批判距离就会向毫无新意的相对主义开放。在评论该问题时，埃利亚斯把"介入"和"分离"、"参与者"和"询问者"等概念联系了起来。同时，他也发表了对科学家的看法：

> 科学家们所面临的问题不只是简单地抛弃后者的角色而去支持前者。他们既不能停止参与他们的团体及其时代下的社会和政治事务，同时也无法避免受到这些外界因素的影响。此外，对这些科学家来说，他们自身的社会参与和介入也是一种有助于他们解决科学问题的有益视角和重要条件。[②]

"信仰而后理智"（Credo ut Intelligam）：没有保守的、个人主义的、生态的、女权主义的或者马克思主义的介入，科学将退化为一种空洞的言辞。

然而，对话理论主体究竟代表什么？它可能代表着对自己和对话者之间特殊性的克服，代表着为超越所有特殊性而进行的对真相的共同探寻。在德国《伦理与社会科学》（*Ethik und Sozialwissenschaften*）杂志（1999 年第 4 期）的一篇讨论对话理论的文章中，作者的核心观点旨在将特殊性和普遍性联系起来，这一做法导致了以下误区：对话理论既被误解为对激进

---

① 参见 N. Luhmann, *Die Wissenschaft der Gesellschaft.* Frankfurt：Suhrkamp, 1990, p.76.

② N. Elias, "Problems of Involvement and Detachment", in *The British Journal of Sociology* 1, 1956, p.237.

特殊化的后现代呼吁，也被误解为强加了普遍主义标准的理性主义企图。对话理论并非两个极端，它旨在将特定的理论立场联系起来，以使各种观点在对话场域中公开互动，同时致力产生新的见解或共识。这些见解或共识可以被概括为处于参与的特殊性之外的真理的时刻。

换言之，就理论对话来说，使用真实言语情境和社会语言环境的复调（巴赫金）似乎是有意义的。这一做法的目的在于，只有在部分持不同意见的异质群体及其语言之间才可能达成富有成效的共识。在此，我们的基本结论是——异质立场之间达成的共识（社会方言）比在社会方言内部的主体间达成的共识更有价值，因为它伴随异议并使其得到了纠正。

3. 话语间性定理：共识和异议

哈贝马斯的"理想的言说情境"经常被认为是以共识为导向的，而利奥塔的"差异"则被视为以异议为导向，这两种看法并非偶然。① 对话主体既不愿意接受多种特殊性之间的分裂，也不愿意屈从于抽象的普遍主义，与此两者不同，它主张支持一种共识和异议的辩证法。源自我的对话者那里的永久性异议，可以使我与自己的社会方言保持一定的批判性距离，从而使我自身的话语不被教条化。

对话理论主体应该放弃对康德先验知识基础的寻找（阿佩尔和哈贝马斯意义上的追寻）②，而以起源于批判理性主义的批判性检验取而代之。在对批判理性主义的评论中，汉斯·阿尔伯特（Hans Albert）写道：

> 在其中［在批判理性主义中］，亚里士多德的知识理想和对绝对确定的知识基础的寻求被无情抛弃了，取而代之的是一贯的易谬主义，同时还伴随方法论上的理性主义。其中对基础的要求也被批判性检验取代。③

从这一观察引向对话理论的问题是：谁来检验？显然，"称职的理论家

① 参见 M. Frank, *Die Grenzen der Verständigung*, op. cit., p. 10.

② 参见 K. -O. Apel, *Transformation der Philosophie*, vol. II, op. cit., p. 429; J. Habermas, *Erläuterungen zur Diskursethik*, op. cit., p. 163.

③ H. Albert, *Die Wissenschaft und die Fehlbarkeit der Vernunft*, Tübingen, Mohr-Siebeck, 1982, p. 48.

或科学家"这一回答很难令人满意。原因如上所示，社会科学是异质的，而且它的异质性正在不断增强。一个被阿兰·图海纳的门徒接受为"有用的"或"值得检验的"社会学假设，因其包含了"主体"一词，很可能会被卢曼系统理论的追随者视作毫无意义并拒绝。精神分析学家们为了给其假设赋予"可证伪的"（可反驳的）的特征，可能会不遗余力地提出如下假设："没有压制就没有社会化。"① 由于批判理性主义者拒绝了"压抑"想法所固有的"无意识"概念，因此他们不太可能接受上述假设。换句话说，如果社会方言 A 的某些陈述在社会方言 B、C 或 D 中被拒绝，那么，这不仅是形式、逻辑的原因，也是（尤其是）词汇、语义的原因，质言之，意识形态的原因。

这是迄今为止一直被科学家们忽视的基本问题，也是对话理论的核心议题。该理论从这一前提出发：它假设科学家群体中的主体间性检验可能被证明是有用的，但这并不暗示对意识形态的批判。对此，它提出了以下问题：如何在异质理论及其语言中检验陈述或假设？

这一问题不仅源自批判理论和批判理性主义、利奥塔和哈贝马斯之间的讨论，也源于更早的学术探讨，其中就包括俄国形式主义者和马克思主义者之间的激烈论战。这场争论被高度政治化，并最终导致了极权主义政权下形式主义者的沉默。尽管该争论戛然而止，但它揭示了理论主体的创造性自由在多大程度上是在社会前沿而不是在马克思主义或形式主义中被发现的。形式主义者询问文学文本是如何在技术和文体层面上被生产出来的，而马克思主义者关注的则是为什么文本会在特定的社会历史情境中产生这一历史性问题。在 20 世纪 20 年代的争论中，特别是在 20 世纪 70 年代和 80 年代在西欧进行的讨论中②，这一问题成为讨论焦点，即关于把"为什么"的问题与"怎么做"的问题联系起来——尽管这两个问题都起源于

---

① 这一实例是对波普尔所举例子的转述，参见：*The Logic of Scientific Discovery*. London：Routledge，2002 ［1959］.

② 例如参见 T. Benett, *Formalism and Marxism*. London：Methuen，1979，Routledge，1989.

意识形态上的异质理论。①

此后，社会符号学、文本社会学和批判叙事学把"怎么样"和"为什么"联系起来，并试图在此基础上寻求一种文学（艺术）形式的社会学解释。为什么某种写作方式（风格、体裁）会在特定的社会和语言情境中产生？由于这是一个综合性问题，所以它不会出现在形式主义那里，也不会出现在马克思主义那里。进一步说，它是异质理论语言碰撞的产物；它在特征上是话语间性的。

伴随着形式主义与马克思主义的争论，以下问题自然浮出水面：哪些理论陈述在科学家群体中可以被接受（在话语间性层面），哪些会被拒绝，为什么？在此过程中，一种共识和异议的辩证法应运而生。鉴于这一事实，即使是作为次级建模系统的异质的社会方言，也会基于词汇和语义层面在自然语言的一级系统中发生重叠，并进行相互交流，乃至达到部分的协商一致。然而，当我们提出了另一个社会方言的词汇和语义库所特有的论点时，我们自己的社会方言可能会做出抵抗或提出异议。对于假设是否"可证伪"（在波普尔派意义上）的问题，马克思主义者、女权主义者和精神分析学家都倾向于用论战的方式来回应。同样，批判理性主义者也不愿意接受"剩余价值""雌雄同体"或"阳具中心主义"等概念，因为这些概念并非中性的（与"垂直"或"水平"等概念不同），它们都旨在阐明与特定社会方言有关的利益和价值观。

因此，我们在每次理论对话中都会倾向于质疑参与者的主体性。每当有人认为诸如"雌雄同体"或"阳具中心主义"等词语的概念毫无意义时，整个性别研究便可能面临风险，届时，即便那些认同这些概念的人也无法幸免。在此情况下，我们唯一可采用的选项似乎只能是在使用该词汇的话语中对自己的社会方言及语义做出辩护。托马斯·库恩在评论科学范式的相互作用时指出："每个群体都用自己的范式来为自身之范式辩护。"② 虽然

---

① 关于对马克思主义美学的黑格尔渊源的讨论，参见：P. V. Zima, *The Philosophy of Modern Literary Theory*, op. cit., chap. V.

② T. S. Kuhn, *The Structure of Scientific Revolutions*, op. cit., p. 94.

自然科学中的范式与社会科学的社会方言有质的区别①，但是，两者都以一种语言的、社会的（意识形态的）和自恋的赫墨学为标志。库恩评论说："就像在相互竞争的政治机构之间做出选择一样，竞争性范式间的选择也被证明是不相容的社区生活模式间的选择。"②

在这段话中，库恩似乎向利奥塔的后现代特殊化（完全不必要地）屈服了。这是因为，有证据表明，在完全不同的社会方言和社会语言情境中，库恩关于范式的一些想法被哈布瓦赫和曼海姆预见到了：例如，每个集体系统都必须遵循特定逻辑，并将这种逻辑应用于自身和所有其他系统。这可以看作话语间性定理（将哈布瓦赫、曼海姆和库恩连接起来），它表明异质系统之间的鸿沟是可以弥合的，而后者并不像库恩和利奥塔所暗示的那样互不相容。由此来看，他们之间的对话似乎是可能的。

这种集体间或话语间性对话的成果之一应该是话语间性定理（interdiscursive thorems），即不仅仅锚定在某一特定群体的语言中，而是能在不同的群体内部被识别的定理。话语间性定理的基础是：在科学对话中，共识和异议形成了一种辩证关系，而异议中的共识比一个相对同质化群体所达成的共识更有趣。这意味着，对话理论既不是面向共识，也不是面向异议，而是面向它们之间的互动。在该方面，它也对应着一种对话主体性，这种主体性在与他者的永久对话中成长。

在"批判理论"和"批判理性主义"的对话中，两种理论体系对"意识形态"概念的建构均表明了共识和异议在多大程度上是相关的。在两种体系内，"意识形态"被定义为与现实相符合的二元的、单向的思想，即与其客体相符合的思想。在此背景下，埃伦斯特·陶皮秋（Ernst Topitsch）和库尔特·萨拉蒙（Kurt Salamun）解释说："人们不仅经常体验到意识形态的思维模式，也经常体验到对世界的取向是建立在一种僵化的两极分化、二分化或二元体系的基础上的。无论其复杂性如何，这种体系几乎适用于

---

① 关于对自然科学中所列范式的具体性质的讨论，参见：K. Bayertz, *Wissenschaftstheorie und Paradigmabegriff.* Stuttgart：Metzler, 1981, p. 110.

② T. S. Kuhn, *The Structure of Scientific Revolutions*, op. cit., p. 94.

所有的社会和政治现象。"① 后来，萨拉蒙在追问"意识形态内容的价值判断在多大程度上是这样呈现的，在多大程度上又被掩盖为看似从具有迫切性的事实知识中所推导出来的自明事实？"时，进一步批判了将思想与现实等同起来的实证主义倾向。② 在此，我们讨论了意识形态话语（话语＝现实）的识别机制及其走向独白（话语＝真理）的倾向。

对于在批判理论和批判理性主义之间的对话中所产生的"意识形态"，其在话语间性层面的定义可归纳如下：意识形态是一种二元论和独白话语，该主体并不反思价值判断的偶然性，而是旨在与现实吻合，进而排除与其他话语的对话。

与批判理性主义者的对话，可以促使批判理论对萨拉蒙结合波普尔之方法所详细讨论的那些免疫战略，例如隐含的假设、空话、模棱两可的表达更感兴趣。③ 这就引出了一个问题：如何在语言学层面分析这些策略？

尽管批判理论和批判理性主义之间的冲突和争执不断，但这些考虑不应被误认为是综合各种异质观点的企图，更不应被误认为是在批判理论和批判理性主义之间提出的整体性合题。④ 如此尝试既会导致困惑，也会对此前我们所设想的对话体系造成毁坏。我们的目标是在异议中达成共识（consensus within dissent），同时，只要在批判理论的内部，意识形态的替代品即是辩证法，而不是批判理性主义中的"可证伪性"或"可反驳性"，这一观点变得明晰，异议便马上被揭露出来。

当批判理论的倡导者转向对批判理性主义者的意识形态批判时，异议也会涌现出来。可能是因为他们像韦伯那样放弃了价值判断的企图，并掩盖了其话语和整体社会方言的相关性标准以及分类背后的某些社会价值？

对上述问题的回答并不重要，重要的是这一洞察：意识形态的话语间

---

① E. Topitsch, *K. Salamun*, *Ideologie. Herrschaft des Vor-Urteils*. Vienna: Langen-Müller, 1972, p. 57.

② K. Salamun, *Ideologie und Aufk lärung. Weltanschauungstheorie und Politik*. Vienna, Cologne-Graz: Böhlau, 1988, p. 105.

③ 参见 ibid., p. 77, p. 105.

④ 参见 A. Giddens (ed.), *Positivism and Sociology*. London: Heinemann, 1978 (1974).

性层面的定义是从异议的共识中产生的，因而这与在一个特定的群体语言和话语类型层面上产生的定义有质的不同。话语间性的定义具有不同的社会和语言地位。

对话理论主体拒绝仅仅在特定的理论及其社会方言中思考问题，它灵活地游走在共识和异议之间。具体来说，它不断在集体语言和科学家群体之间往复。同时，它对自己的理论（即批判理论）采取异端态度，并将其指向符号学和批判理性主义的批判性检验。尽管如此，它仍然坚持批判理论的价值观，尤其是它关于自主主体的观念，同时它更期望其对话者能够遵守自身的理论立场和价值尺度。因为只有当我们的对话者保持其身份、他性时，对话才有意义。

4. 对话实践：心理、语言、政治（讨论的元批评）

德国《伦理与社会科学》杂志的第 4 期特刊中讨论了对话理论的一般形式（不是作为对话主体性的理论）。尽管在大多涉及哲学家和社会科学家的辩论过程中，他们几乎没有提到巴赫金，但整个讨论却是以巴赫金意义上的复调为标志进行的。

安东·西蒙斯（Anton Simons）对该讨论的基本原则进行了总结："任何参与者都不拥有真理垄断权。每一种说法都紧跟着他者的回答，而此回答也是无法完全被预见的。虽然我们可以尝试说服他者，但这本身就意味着他不可能完全采纳我们的观点。"① 对话是开放的、永无止境的，就此而言，对话以一种与对话主体性非常相同的方式被结构化了。与此同时，对话主体性的开放性保证了主体的多样性和自由发展。

并非所有面向对话理论的批评都是从这一考虑出发的。批评的范围从批准和尝试应用对话理论到彻底拒绝。从总体上看，它们揭示了一种以科学分歧、意识形态对立和群体利益为标志的高度碎片化的后现代传播态势。在此背景下，其中一位与会者写道："我们［可以］完全同意齐马（Zima）

---

① A. Simons, *Het groteske van de taal. Over het werk van Michail Bachtin.* Amsterdam：SUA, 1990, p. 9.

的意图"①，然而另一位与会者则警告他的读者"不要继续开展齐马所宣传的这种活动"②。我们只能在对话和观点多元化的语境中理解下面这些自相矛盾的陈述："项目是明确的"③，以及"我无法理解这个文本"④。

这是一个不能与"善意""语言能力"或"智力水平"等因素同时解决的问题。这就是为何尽管有其伦理方面的原因⑤，对话理论仍然既非伦理学，也非"对善的本能的诉求"⑥，更不是个体认知的理论，而是关注社会和语言条件（在其中，诸如"善意"之类的个体因素可能或不可能自显）的社会符号学⑦。如果某人缺乏善意（出于精神、社会或意识形态的原因），即便论据再妙也徒劳无益。显然，对话理论并不是为这种缺乏善意的人制定的，恰恰相反，它是为那些拒绝被某种特定的群体语言（批判理论、批判理性主义、系统理论或马克思主义）转化为主体的人而设计的。它也适用于那些希望通过跨越语言边界和了解不同的人来获得新见解并增强其自主性的个体或集体。由此看来，我们的对话理论需要（除了一种理论能力）在独白中寻找不可能成功的知识和真理。

在《伦理与社会科学》中的讨论也揭示了一个令人沮丧的事实，即有相当多的科学家对跨学科研究压根不感兴趣，进一步说，他们更愿意留在

① W. Neuser, "Wissenschaft liche Kommunikation und wissenschaft liche Position", *Ethik und Sozialwissenschaften* 4, 1999, pp. 635 – 636.

② G. Endruweit, "Regeln für interdisziplinäre Forschung statt einer Th eorie des Holzwegs", *Ethik und Sozialwissenschaften*, op. cit., p. 614.

③ H. Bußhof, "Dialogische Theorie: Bedingung für Erkenntnisfortschritt in den Sozialwissenschaft en?", *Ethik und Sozialwissenschaften*, op. cit., p. 607.

④ W. Nothdurft, "Unverständnis und Vermutung-eine trostlose Lese-Erfahrung", *Ethik und Sozialwissenschaften*, op. cit., p. 638.

⑤ 参见 P. V. Zima, "Idéologie, théorie et altérité: l'enjeu éthique de la critique littéraire", op. cit., note 6.

⑥ 参见 F. Apel, "Dialogische Theorie und Kanalbauwesen", *Ethik und Sozialwissenschaften*, op. cit., p. 597.

⑦ 参见 P. V. Zima, *Textsoziologie. Eine kritische Einführung.* Stuttgart: Metzler, 1980.

自己从小耳濡目染的群体语言中。① 跟那些讨厌用外语交谈的人（因为这会威胁到其主体性）一样，他们对发生在其他语言和文化中的讨论几乎没有兴趣。无论如何，对另一种文化的兴趣与对另一种群体语言或其他科学的兴趣是平行的。② 一个人在私下场合拒绝脱离自己的文化或语言，往往是对他性的自恋式恐惧。的确，在外国文化或语言中，在其他群体的语言及其"陌生"的术语中，我们自身主体性的语言基础都可能会受到威胁。

幸运的是，并非所有参与者都遭受了仇外心理。他们中的许多人帮助作者把对话理论改造成一个"建筑工地"（building site）③，它甚至有可能在某一时刻成为进一步对话的论坛。在辩论过程中，四个基本问题得以呈现。由于它们很可能已经在读者的脑海中出现了，我们将直接对此进行简短评论：（1）同质的群体语言与异质的群体语言如何区分开来？（2）一种社会方言的定理如何用另一种社会方言翻译？（3）集体利益对科学家群体之间的对话有什么影响？（4）自然科学中的讨论与文化科学中的讨论有何不同？

对第一个问题的回答可概述如下：出于遗传或类型学的原因，加上群体语言之间的互相影响以及在相似的历史和社会环境中的协同演化，语言理论或语言理论的复合物可能是同质化的。在这方面，哲学、社会学、语言学和文学理论中的所有现象学进路在语言学层面都是同质且可兼容的，因为它们都是从胡塞尔的现象学中脱颖而出的，并在许多情况下相互影响。在不同背景下，批判理论与弗洛伊德的精神分析有关，因为后者对阿多诺、霍克海默、马尔库塞和弗洛姆等作者的思想产生了很大影响。在类型学层面（即没有相互影响或共同起源），"批判理论"类似于阿兰·图海纳的行动社会学，它被构想为对社会的批判，并致力支持个体和集体主体。类型学层面的异质性是从不同意识形态的集体语言中涌现出来的理论，该异质

---

① 参见 Ph. W. Balsinger, "Dialogische Theorie? -Methodische Konzeption!", *Ethik und Sozialwissenschaften*, op. cit., p. 604.

② 例如参见 O. Reboul, *Langage et idéologie*. Paris: PUF, 1980; K. -H. Roters, *Reflexionen über Ideologie und Ideologiekritik*. Würzburg: Königshausen und Neumann, 1998.

③ 参见 H. Nicklas, "Die Dialogische Theorie: Eine Baustelle", *Ethik und Sozialwissenschaften*, op. cit., p. 637.

性理论使用不相容的行动元模型（例如集体代替个体行动者）以阐明（部分）不相容的社会利益，例如，与自由资本主义的态度不相容的批判理论和批判理性主义。这也适用于鲍德里亚的社会哲学和卢曼的系统论。这四种异质理论复合体之间的对话之所以特别有趣，是因为它能够产生话语间性定理，例如：批判理论家和批判理性主义者所共有的观念，即意识形态是在危机时期会被强化的二元论话语；或者鲍德里亚和卢曼所共有的观点，即个体行动可以被系统操作取代（显然，这种否定主体的想法对于批判理论和图海纳的行动社会学也很重要）。

有必要指出，相似和差异总是一种"理论构建"。从卢曼的观点来看，批评理论和批评理性主义都可以表现为以主体为中心的行动理论。尽管如此，这种有些非主流的重构并没有使两种理论在语言上或思想上复合起来。①

群语互译的问题之所以很难解决，是因为意识形态层面的社会方言是从自然语言的一级系统（洛特曼）中应运而生的次级建模系统，也因此，它旨在表达特定的观点和相应的利益。这就是它们与没有表达个体或群体特定利益的自然语言存在差异的原因。左翼和右翼团体可以将其宣言或纲领译成所有语言；一个马克思主义团体为了使自己在美国功能主义中得到理解，会拒绝用"阶层"（stratum）这个词来代替"阶级"（class）。在这一点上，意识形态问题如何转化为语言和理论问题就再清楚不过了。然而，正是这种作为异议来源的异质性吸引了对话理论家，与此同时，该异质性也产生了一个引人入胜的现象：意识形态上的异质性理论相交，并在交汇处产生了完全独立于各种集体共识和集体意见的定理。当然，我们很难为所有社会方言找到一种通用的科学语言，一种奥托·诺伊拉特（Otto

---

① 社会学、心理学或文学理论中的对象建构可以在许多方面产生差异，但它们绝不是完全任意的，反而往往在关键点上重叠交汇。（原文是：Object constructions in sociology, psychology or the theory of literature can differ in many respects, but they are never entirely arbitrary and often overlap in crucial points.）

Neurath）意义上的普遍语言。① 这样一种普遍性语言只会消除对科学语言的产生至关重要的所有差异性。事实是，精神分析学家希望表达与心理学家不同的观点，因此他们需要一个与经验心理学迥然不同的行话或术语。如果出于交流考虑，心理学家和精神分析学家们采用某种自然语言（英语、法语、德语）来表达其全部想法，那么他们必须放弃作为科学家的主体性。无论如何，作为一级系统和最普遍的元语言，自然语言对异质科学语言之间的交流是至关重要的。进言之，可译性、语义等价性或非对等性的问题最好用自然语言来表述。当然，符号学和翻译理论均证实了如下事实：自然语言之间的等价性与科学的社会方言之间的等价性不可能完全相同。② 然而，重要的不是语义对等（如批判理性主义和批判理论中的"意识形态"一词），而是关于话语间性定理或声明上的一致性，比如："在政治危机时代，意识形态话语的二元论被强化了。"

在争论中，马克思主义者沃尔夫冈·弗里茨·豪格（Wolfgang Fritz Haug）颇为正确地强调了集体利益和统治（domination）在话语间性对话中的作用。他拒绝对话理论："在概述这一问题时，齐马教授已经减少了对差异的敌意和被定义为'异类'的陌生人的敌意。"③ 他接着问道："这些异质主体既然代表了敌对的社会群体，难道他们就不是敌对的吗？"④ 在这一点上，一种误解已悄然发生——符号学理论经常落入马克思主义话语的框架中。马克思主义者倾向于认为，符号学是用语言来取代社会及其经济的一种学科化尝试。显然，情况并非如此。正如我们此前曾指出的那样⑤，由于这一语言群体是为各种物质利益所共有的，因而该利益在社会方言的词

---

① 参见 O. Neurath, "Universaljargon und Terminologie", in idem, *Gesammelte philosophische und methodologische Schriften*, vol. Ⅱ. (eds)，纽拉斯论述了一种普遍的科学语言的可能性。

② 参见 W. Dressler, "Der Beitrag der Textlinguistik zur Übersetzungswissenschaft", in V. Kapp (ed.), *Übersetzer und Dolmetscher. Theoretische Grundlagen, Ausbildung, Berufspraxis*. Heidelberg: Quelle und Meyer, 1974, p. 62.

③ W. F. Haug, "Möglichkeiten und Grenzen interparadigmatischer Kommunikation", in *Ethik und Sozialwissenschaften*, op. cit., p. 619.

④ Ibid., pp. 619-620.

⑤ 参见 P. V. Zima, *Ideologie und Theorie*, op. cit., chap. Ⅶ.

汇库、语义和叙事结构中都得到了明确阐述。这一事实在马克思主义者和形式主义者之间的论战中得以显现，并在马克思主义者和女权主义者、精神分析学家和批判理性主义者、功能主义者和批判理论的倡导者之间的辩论中一度被揭示出来。一切都取决于诸如"社会"或"社会语言情境"等对象是如何在话语中被建构的。如果建构之目的是对话，而话语主体之目的又是寻求新经验和新知识，那么，这一绝对化的对立就演变成了可对话的差异。谁会真的相信与"阶级敌人"进行富有成效的讨论是可能的呢？穆齐尔在其小说《没有个性的人》（*The Man without Qualities*）中指出这种讨论会以沉默告终。[①] 豪格告诉我们，几位马克思列宁主义者留下了他曾组织的关于"范式间交流"的争论。[②] 他应该认识到，以阶级对立为基础的社会和语言的建构很容易产生意识形态的二元论。如果我们轻率地把批判理性主义者或系统论的倡导者定义为"资本主义利益的拥护者"，那么对话就绝无可能再发生，意识形态中的主体性也会因此变得麻木、僵硬。说到底，主体的自主性与它在社会方言和群体中的自由是相吻合的，它不屈从于某种二元论或意识形态和理论上的语言统治。就此而言，由于对话理论主体是在对手的话语中寻求真理，因此，对话理论不仅是一种矛盾的话语，而且（也许最重要的）也是一种寻求个体自由的话语。

在文化科学领域，主体倾向于认同特定的意识形态和理论（科学）方案。社会学家奥古斯特·舒莱因（Johann August Schülein）和物理学家鲁道夫·特鲁曼（Rudolf A. Treumann）都参加了《伦理与社会科学》的讨论，两位学者都认为自然科学家使用的是同质化的语言（例如物理学），因此，关于原因的话语间性与他们无关。舒莱因指出，自然科学家"有一种共同的语言（或更容易找到）"以及"物理学家和化学家之间的联系并不像社会学内部的功利主义者和系统理论家之间的联系（更不用说社会学家和历史

---

① R. Musil, *Der Mann ohne Eigenschaften*, *Gesammelte Werke*, Vol. IV. Hamburg: Rowohlt, 1978, p. 1455.

② W. F. Haug, "Möglichkeiten und Grenzen interparadigmatischer Kommunikation", op. cit., p. 618.

学家之间的联系了）那样为各种问题所困扰"①。特鲁曼进一步证实了这一论点："自然科学的方法论优势在于一种客观语言的存在，它使检验一种理论的有效性和性质成为可能。这门语言就是数学。"② 感谢这种似乎已经统一了所有自然科学家主体性的语言，由此，自然学科不难修正曾与之相悖的观点。特鲁曼这样点评物理学："对这门学科来说，我们可以在面对任何新的观察、见解或理论时随时修改自己的意见。"③

如果我们把托马斯·库恩或卡琳·克诺尔－塞蒂纳（Karin Knorr-Cetina）在强调自然科学语言异质性的实证研究时所讨论的范式障碍考虑进来，这听起来也许是一种简化。④ 总的来说，我们可以假定自然科学中并不存在标志着文化科学的思想语言的多样性。但与自然科学不同，文化科学中的个体和集体可以表明其主体身份在多大程度上可以被新的见解和新的理论（如精神分析、女权主义或解构主义）质疑。例如，对于从个体主义的意识形态出发的西奥多·盖格⑤（Theodor Geiger）等社会科学家来说，如果他们否认集体意识的存在，则不仅会威胁到涂尔干社会学的根基，同时也会对希望加强集体意识和整个社会凝聚力的涂尔干的道德主体提出质疑。对这种"威胁"的一种可能反应是意识形态的独白，这一主体会断然拒绝与他者进行公开对话。

在此情况下，话语间性对话使个体主体能够批判性地重新考虑其自身的介入，并努力尝试通过他者或说是对话者的眼睛来重新审视自己的意识形态。正是这种对自我观点的批判态度，可以使个体主体免受一种意识形态和理论复合物的侵害。他者之音可被听到，个体之发展才有希望。

---

① J. A. Schülein, "Gegenstandslogik, Theoriestruktur, Institutionalisierung. Vom Problem der Dialogfähigkeit zum Problem der Theoriebalance", in *Ethik und Sozialwissenschaften*, op. cit., p. 651.

② R. A. Treumann, "Verständigung und Verstehen", in *Ethik und Sozialwissenschaften*, op. cit., p. 652.

③ Ibid.

④ 参见 K. Knorr-Cetina, *Die Fabrikation von Erkenntnis. Zur Anthropologie der Wissenschaft*. Frankfurt: Suhrkamp, 1984, pp. 271–273.

⑤ 参见 T. Geiger, *Arbeiten zur Soziologie. Methode, moderne Gesellschaft, Rechtssoziologie, Ideologiekritik*. Neuwied, Berlin: Luchterhand, 1962, p. 427.

二、"对话或欧洲"

本节既是结论，又是展望。在此，我们打算把对话主体性与欧洲新兴的复调同一性联系起来。此前作者曾提到，费希特的主观唯心主义表现为一种形而上学的尝试。此外，费希特把他性归结为"一"（One），即日耳曼的起源，因此，罗曼斯民族也被视为放弃了母语的拉丁化的日耳曼部落。

费希特哲学可能不是德国和欧洲浪漫主义之典范①，作为一种国际现象的浪漫主义与现代主义或后现代主义非常相似。显然，这是一个复杂、矛盾的问题（而非意识形态），自由主义、保守主义甚至无政府主义的倾向并存其中且交互作用。浪漫主义在政治和美学上均太过异质，因而我们永远不可能将雪莱、柯勒律治、夏多布里昂（Chateaubriand）和雨果的作品与一种普遍的意识形态公分母扯到一起。尽管如此，我们仍然可以感受到浪漫主义的统一倾向，一种将真实的"一"与不真实的"他者"相对立的倾向。与现代主义不同——现代主义作家引入了文体异质性和文学复调（巴赫金），浪漫主义话语则以同质性、风格或审美的统一性和独白性作为其标志性特征。

在诺瓦利斯（Novalis）的短文《基督教或欧洲》（*Die Christenheit oder Europa*，1799）中，这种倾向更是显而易见的，那里的改革派没有被视作公正的批判，而是被看作对"一"与"同质性"的威胁。文章第一句话便宣布了对欧洲所失去的统一性的向往："这是一个美丽而宏伟的时代。当时欧洲是一个基督教国家，基督教便栖居于这片由人类创造的大陆上。"重要的不是诺瓦利斯所回忆的美好过去，而是贯穿于整个欧洲的一体化与不可分割的主题（theme of the One and Indivisible）。

鉴于这种一元论取向，作者得出下述结论自然毫不奇怪："改革预示着基督教的终结。"② 尽管诺瓦利斯对新教徒的理解要比费希特对"外国"的

---

① 参见 A. V. Bormann（ed.），*Volk-Nation-Europa. Zur Romantisierung und Entromantisierung politischer Begriffe*. Würzburg：Königshausen und Neumann，1998.

② A. V. Bormann（ed.），*Volk-Nation-Europa. Zur Romantisierung und Entromantisierung politischer Begriffe*. Würzburg：Königshausen und Neumann，1998，p. 513.

理解更深入，但他从未隐瞒内心的想法，即失去统一和团结会导致失去真实性。尽管诺瓦利斯承认了新教的重要改革，但他仍指责新教徒们忘记了"其过程的必要结果，[为了分离]不可分离的[为了分割]不可分割的教会以及[抛弃]普遍的基督徒共同体，在其中只有真正的、永久的复兴才是可能的"①。

争论模式的相似性是惊人的。正如对"拉丁化的日耳曼民族"与原始日耳曼部落之间的分离感到遗憾的费希特一样，诺瓦利斯也认为新教的分离不是一种真诚的对话而是一种罪恶。在此基础上，我们将勾勒出一个欧洲一体化的模式，这种模式并不依赖同质化的过去，而是指向语言、社会和政治意义上的复调统一。我们相信，统一可以成为个体主体对话性认同的基础：不仅在欧洲，而且在世界其他多语种区域。

1. 语言和主体性

我们的中心思想是：与他者的互动对于自身主体性之发展至关重要。对话理论从这一假定开始，即对假设的检验不应停止在自己的社会方言边界上，而应该在异质的群体语言之间展开。作为次级建模系统的社会方言，它们之间的关系也适用于作为一级系统的自然语言之间的互动。

在当今欧洲，在欧盟，居于语言之间的个体主体具有学习他者语言和体验文化他异性的可能性。从另一种文化的角度来看，世界往往看起来与它在一个人自己的文化中所表现出来的东西截然不同。例如，凡是通过订阅某份报纸或定期观看某个国家电视节目而拒绝屈服于某一现成观点的人，都可能会在其他文化和语言中寻找替代品。这类多才多艺的人可能会发现，克罗地亚犹他语列表（Croatian Jutarnji list）和塞尔维亚的《政治报》（*Serbian Politika*）（两者都有相关且可疑的丰富报告）与英国、德国或法国媒体呈现巴尔干地区的事态发展的方式截然不同。倘若一个更有好奇心的读者冒险越过马其顿边境而进入希腊，就会立刻体验到《新闻报》（*Ta Nea*）和《论坛报》（*To Vima*）之间的口角，这有时会为看待希腊及其邻国和整个巴尔干地区的问题开辟惊人的视角。在这种文化和意识形态的多样性中，相较于西欧小报的刻板印象，对巴尔干地区的历史和政治的自主和

① Ibid., p. 511.

批判性立场更容易形成。就像科学的社会方言之间的运动一样，自然语言之间的复调振荡可以拓宽批判和自我批判主体的视域。

巴赫金在评论罗马古迹时表明，多语制（multilingualism）是一种欧洲现象而远非抽象的乌托邦："罗马文学一开始就以三语制为特征。'三个灵魂'生活在恩尼乌斯的乳房中。"① 哈贝马斯在讨论欧洲统一问题时，呼吁推动英语的普遍使用："有鉴于当代的教育状况，即便共同语言是必要的，作为第二语言的英语也不应该变成不可逾越的障碍。"② 康拉德·施罗德（Konrad Schröder）反对一种"通用语言"模型，而这一模型信誓旦旦地宣称英语（或者更确切地说：国际英语）是"欧盟中唯一的超国家交流方式"③，从而将其他欧洲语言降低为"区域语言或方言的水平"④。这可能会导致怨恨、民族主义的反应甚至语言的萎缩。施罗德在提出欧洲三语制时似乎遵循了巴赫金的观点，该三语制是基于"一个人应该知道自己邻居所用语言"的想法："这就是为什么欧盟公民的语言和文化教育应该遵循地区语言/民族语言、邻国语言（一般意义上）、国际语言这样的模式。"⑤ 这种方法得到了蒂埃里·方特内尔（Thierry Fontenelle）的简要称赞："多语制是欧洲建筑的关键因素。"⑥

多语制曾是中世纪欧洲的一个显著特点，当时，封建家庭和宗族有时会使用多达六七种语言。当然，这种多语言交流也造成了巴比伦式的混乱。雅克·勒·高夫（Jacques le Goff）解释了中世纪学者是如何试图通过使用拉丁文来取缔巴别塔幽灵的。"然而，那是什么样的拉丁文呢？"他自问自答道："是一种人造拉丁语，其真正的继承者——'流行语言'，早已脱离

---

① M. M. Bakhtin, *The Dialogic Imagination*, op. cit., p. 63.

② J. Habermas, *Die Einbeziehung des Anderen. Studien zur politischen Theorie.* Frankfurt: Suhrkamp, 1997 (2nd ed.), p. 191.

③ K. Schröder, "Dreisprachigkeit der Unionsbürger-Ein europäischer Traum?", in *Zeitschrift für Anglistik und Amerikanistik* 2, 1999, p. 156.

④ Ibid.

⑤ Ibid, p. 159.

⑥ T. Fontenelle, "English and Multilingualism in the European Union", in *Zeitschrift für Anglistik und Amerikanistik* 2, 1999, p. 123.

其自身。"① 由于这些继承者主导着日常生活，在民众的支持下，它们构成了中世纪欧洲的语言环境。在勒·高夫看来："中世纪西方的活生生的现实，是通俗语言、数量日增的口译员、译本、字典的胜利。"② 这种多样性预示着欧盟的多样性，匈牙利国王斯蒂芬一世在1030年对此加以庆祝：

> 　　来自不同国家的客人带来了不同的语言、风俗、工具和武器，这种巨大的多样性归于王国所有，对宫廷来说它是装饰，对外敌来说则是恐惧之源。对于一个只拥有一种语言和一种传统的王国来说，它是无力和脆弱的。③

他可能会补充说，这样一个王国的臣民也是"无力和脆弱的"，因为他们是一种语言或文化的囚徒，也因此，他们无法感知其他的替代方案。

从该角度来看，欧盟的"所有官方语言原则上也是工作语言"④，欧盟呈现为一种对意识形态独白的永久批判，因为它给个体主体提供了从外部考虑文化、语言和意识形态的可能性，从而剥夺了它们对绝对有效性的主张。在第二次世界大战期间，凡是能够收听英国广播公司（BBC）或莫斯科电台的人都不会受到国家社会主义宣传的摆布。即使在当代欧洲社会，那些能够依靠其他文化的大众传播媒介的人，也比那些依赖单语言的人更能够批评民族主义意识形态或媒体大亨的政策。

再者，个体自主性与对话之间的矛盾关系凸显出来。尽管与文化、科学或意识形态他者的对话使我们感到困惑，但另一方面，它也能够通过提高其批判力来强化主体性。欧洲一体化的最大问题之一正是在于这种矛盾性。对许多人来说，欧洲的文化和语言复调是可利用的机会；而对另外一群人来说，这可能是无法应对的风险。因此，欧洲各国政府及其超国家机

---

① J. Le Goff, *La Civilisation de l'Occident médiéval*. Paris：Flammarion，1982，pp. 254 - 255.

② J. Le Goff, *La Civilisation de l'Occident médiéval*. Paris：Flammarion，1982，p. 255.

③ Ibid. , pp. 256 - 257.

④ K. Schröder, "Dreisprachigkeit der Unionsbürger-Ein europäischer Traum?", op. cit. , p. 155.

构有责任完善多语教育，创建更多的欧洲学校和大学（尤其是在边境地区）。① 正如卡斯托里亚迪斯正确指出的那样，个体主体性也依赖于制度。②

德拉甘·索里奇（Dragan Sorić）在乔治·赫伯特·米德（George Herbert Mead）的互动社会学基础上，展示了欧洲一体化对个体身份形成的影响程度。米德意义上的"广义他者"得以跨越国界，在跨文化层面上影响主体的构成："所谓的'广义他者'框架被扩展到国家边界之外，并覆盖了欧洲大部分地区，从而成为身份扩张的基础。"③ 而且，他者也许不再以陌生人的身份，而是以欧洲亲戚的身份出现在我们的日常生活中："在每一个欧洲人的意识中，他者身份显然与自己的身份有很多共同之处。"④ 更有意义的是，一个欧洲身份的出现导致了历史性的洞察，即昔日的陌生人比我们想象的更接近我们，因为欧洲一直是复调统一体。⑤

2. 运动与历史性

尽管已有理论上的推进，但欧洲的复调统一并不能成为新的个体主体性的唯一基础。后者在很大程度上取决于图海纳意义上的社会运动，因为它设想了一个范围上远远超越"共同市场"的统一欧洲。"绿党"、激进的女权、受失业威胁的工人以及失业者，他们本身并不十分关心欧洲市场的完成（其重要性毋庸置疑），与此相反，他们对那种可以成功抵制由市场法律和国家官僚机构造成的主体物化的新型主体性感兴趣。这些群体及其成员过去曾是历史的客体而非主体，其基本目标是成为公认的行动者，且其行动能对经济和政治发展以及行政产生影响。

---

① 在加泰罗尼亚和伊斯特里亚等双语和三语地区建立欧洲大学，有助于这些地区的发展。（原文是：The foundation of European universities in bilingual and trilingual regions such as Catalonia and Istria could contribute to the development of these regions.）

② 参见 C. *Castoriadis*, *L'Institution imaginaire de la société*, op. cit., chap. Ⅵ.

③ D. *Sorić*, *Die Genese einer europäischen Identität. George Herbert Meads Identitätskonzeption dargestellt am Beispiel des europäischen Einigungsprozesses*. Marburg: Tectum Verlag, 1996, p.107.

④ Ibid.

⑤ 伊斯兰-克罗地亚作者米兰·奥维提出把伊斯特里亚的三语（斯洛文尼亚语、克罗地亚语、意大利语）半岛作为一个复调欧洲的可能模式。参见 M. Rakovac, "Mens sana in utopia histriana", in *Vjesnik*, 27th May 2000, p.4.

与阿兰·图海纳的社会行动理论和新社会运动相一致，布尔迪厄恳求支持不阻碍经济和金融一体化进程的欧洲劳工运动。他建议说，我们可以通过增加一个社会维度以赋予其新的方向。虽然布尔迪厄倾向于夸大其词，但当他指出新自由主义的倡导者对经济优势比对欧洲联邦国家更感兴趣时，这当然没有错：

> 只有欧洲社会国家才有能力对抗货币经济的瓦解效应。但是，蒂特梅耶先生（Mr Tietmeye）和新自由主义者既不想要一个民族国家，他们将其视为经济自由运行的纯粹障碍，同时，他们也不希望建立超民族国家，而是想把超民族国家简化为银行。①

最终，布尔迪厄颇为正确地主张建立一个能够控制欧洲中央银行的"欧洲国家"②。同时，他要求德国工会联合会（DGB）成员与其他欧洲工会组建能够保护本国雇员免受国际"社会倾销"（social dumping）的超国家工人运动。③

该欧洲工会不仅保护其成员，也会在图海纳意义上的历史性层面采取行动。完成具有欧洲一体化推动力的大企业项目，将有助于发展一个能够控制跨国信托和整个欧洲经济的社会和政治欧洲。这一发展构想预设了工人、雇员和失业者的新意识，他们将不再满足于防御性的行动，而是通过要求结构性变化来主动出击。

"结构性变化"（structural changes）这一表述既不是指神话意义上的社会主义，也不是实际存在的（以及失败的）社会主义，而是指一个新的雇员主体性，这一新的雇员主体性瞄准一个可以重新审查工人控制和自我救赎潜力的社会欧洲。关于经济组织的替代形式的辩论尚未结束。在某些方面，他们完成了图海纳和布莱斯·奥利维尔（Blaise Ollivier）对经济和社会

---

① P. Bourdieu, *Acts of Resistance. Against the Myths of Our Time*. Cambridge, Oxford: Polity-Blackwell, 2004（2000），p. 62.

② Ibid., p. 63.

③ Ibid., p. 62.

中新的个体和集体主体性发展的研究。①

洛雷·沃伊格特-韦伯（Lore Voigt-Weber）的分析揭示了替代性企业的重要性："替代性企业的政治目标不是进行自我封闭或被边缘化，而是通过尝试可供替代的工作和生活方式来进行批评实践和对社会施加影响。"② 韦伯认为，这种方法是对严重依赖"无产阶级革命作用"的传统左翼政策的替代，同时，他还援引了沃尔夫冈·克劳斯哈尔（W. Kraushaar）的观点（克劳斯哈尔与图海纳和奥利维尔一样强调主体性因素在替代性经济中的作用）："这些策略的主要目标并非直接攻击资本主义制度的结构，而是发展主体以及构建替代性经济体系。"③ 关键是，必须确保这种基于工人控制的新主体性的发展不限于局部实验，进一步说，它要在历史性层面得到欧洲工会运动的赞同。就此而论，作为资本他者的工作也该恢复发言权。

伴随着欧洲最古老运动的劳动力队伍，妇女运动和生态运动也正在对欧洲政治产生越来越大的影响。与过去的工人运动一样，它们通过采取一个被剥削的自然界的视角和同样被剥削的女性劳动力的视角来寻求替代由男性主导的经济的方案。图海纳认为，它们是当代社会最重要的运动，其重要性在于这一事实：只要欧洲一半的人口仍处于不利地位，自然继续被剥削，欧洲就不可能实现对话式的统一。

妇女组织和生态团体与工人和失业者的运动一起，试图影响欧洲的历史，以确保社会发展在区域、国家和超国家层面上选择不同的方向。不过，一方面由于经济力量仍继续主宰着事件，另一方面历史进程也是无止境的，因而我们现在还无法确定方向是否会改变。

这也许是弗朗索瓦兹·加斯帕尔（Françoise Gaspard）打算发展图海纳方法并用以详述女权运动矛盾性的原因。一方面，她意识到这些运动是不稳定的，而且往往是短暂的；另一方面，她强调了这些运动迄今为止所取

---

① 参见 B. Ollivier, *L'Acteur et le sujet. Vers un nouvel acteur économique*. Paris: Desclée de Brouwer, 1995.

② L. Voigt-Weber, "Alternativ profifi tieren? —Strukturen und Probleme alternativen Wirtschaft ens in der Bundesrepublik", *Österreichische Zeitschrift für Soziologie* 1 – 2, 1986, p. 157.

③ Ibid. , p. 158.

得的成就："无论如何，在此期间，由于妇女的活动，社会关系已经发生了变化。"① 严格区分男性和女性职业的意识形态二元论正在逐渐消解，在此意义上，关于性别在职业世界中的作用的观念也发生了变化。在卡尔马森意义上，"雌雄同体作为一种自我断言的社会和个人策略"② 当然没有废除传统的角色分配，但是，关于地质学、工程学或科学必然是男性职业的刻板印象正在被不断变化的实践动摇。逐渐地，社会接受了被排斥的他者，从而也改变了其自身的面貌。"雌雄同体"的普及是这种结构和功能变化的征兆。

环保意识形态在经济领域也发生了类似变化。虽然并不是所有东西都像广告中生产商所宣称的那样生态友好，但在当今"自然"和"环境"已成为最重要的经济和政治话题之一。绿色运动和政党通过批评文明对自然的征服和指出文化对自然的依赖性，对这一变化做出了关键贡献。由于这个人口稠密的大陆即将被经济发展、正在污染的城市和交通堵塞所充斥，因此，对欧洲来说这种洞察力至关重要。不言而喻，理性的"绿色"环境政策符合人类的整体利益。

这些社会运动的共同点是什么？一言以蔽之：主体性。工人和失业者都开始行动，他们不再是行政管理的对象，而是转变为主体。与前两者相辅相成，自19世纪以来，女性群体为了使自己的声音被听到，为了让被排斥的半个社会获得认同，一直不断地抗争着。生态运动的主要目标也是主体性，这是因为，如果环境灾难摧毁了其生物学基础，即作为肉体的个体性，那么主体性将变得毫无意义。精神一旦被自然抛弃，就会销声匿迹。这一洞察虽被理性主义者和黑格尔主义者压抑和禁忌，却被青年黑格尔派和尼采重新拾起，并由欧洲的生态学运动付诸实践。

这三种运动——工人、妇女、"绿色"，与其他团体一起，锚定了图海纳意义上的历史性。他们断然拒绝以纯粹量化标准来评价社会发展。交换价值、市场导向和利润最大化并不是最重要的，相反，他们更关心健康、

---

① F. Gaspard, "Le Sujet est-il neutre?", in F. Dubet, M. Wieviorka（eds.）, *Penser le sujet*, op. cit., p. 152.

② 参见 S. Karmasin, "Das Androgyniekonzept als soziale und personale Durchsetzungsstrategie", *Österreichische Zeitschrift für Soziologie* 3, 1992.

平等、自我实现和创造力等质的价值。他们调动思想潜力来反对市场冷漠，利用他异性来反对物化。晚期现代性的个体主体采取矛盾的心理来寻求避免以下两者：冷漠和意识形态（在二元论和独白的意义上）。

由于仅凭短暂的社会运动似乎不太可能带来历史性质变，因此，如下问题就出现了：是否存在一个历史实例，可以转化为推动力以使质变成为可能？这个实例只能是未来的欧洲联邦政府，它必须认真对待布尔迪厄的警告，并确保欧盟不会退化为一个由银行主导的"共同市场"。

3. 走向欧洲政治

尽管社会运动有其异质性和不稳定性，但我们坚信，随着欧洲一体化进程的推进，社会运动会积极响应欧洲政府的提议，并保持步调一致，从而确保欧盟不会沦为一个纯粹的经济共同体。哈贝马斯曾一针见血地指出[①]，欧洲不仅需要一部能够促进欧洲法制一体化的宪法，而且还需要能够将意识形态建设与经济发展相联系的联邦政府。我们绝不应当低估经济对欧洲一体化的历史重要性，这是因为经济一直是欧洲统一的发动机。然而，现在它正遭遇着政治赤字的困扰。

尽管平衡赤字是欧洲政府的主要任务之一，但欧洲联盟政府的主要任务绝不是去煽动反对经济或资本发展，恰恰相反，其目标应当是捍卫联盟的经济利益和共同货币。随着时间的推移人们会发现，一个稳定的共同货币是以政治一体化为前提的，而那些认为没有政治联盟就可以建立货币联盟的人显然是错误的。[②] "欧洲政治"（European politics）这一表述也意味着一种共同的经济和金融政策（a common economic and financial policy），其目的是阻止使欧盟沦为"共同市场"（common market），从而使其命运牢牢掌控在银行家和金融市场手中的所有企图。

然而，"欧洲政治"远远超出了经济领域所涵盖的范围。"欧洲政治"鼓励社会运动的开展，同时也致力加强它们在个体和集体层面的主体性。

---

① 参见 J. Habermas, *Die Einbeziehung des Anderen*, op. cit., p.189-191.
② 参见 B. Scholten, "Euro-visie", *Europa in beweging* 1, 2000, p.2. "欧洲货币联盟也将在没有政治联盟的情况下运作。"（The EMU will also function without a political union）

需要指出的是，适用于经济和货币联盟的东西也适用于社会运动。因而，鉴于经济和政治一体化的进展，我们相信社会运动能够在欧洲范围内取得成功。欧洲政府必须确保除数量上与经济上的历史性，确保文化价值和政治目标的历史性，从而为欧洲政府的发展做出重要贡献。这便是图海纳所说的生态运动和作为文化运动的妇女运动。①

在此背景下，欧洲政治所辐射的范围很广，它既处理经济和社会运动问题，也面向民族问题。乍一看，欧盟与其民族国家之间的关系似乎是对立的，而且这种对立关系也经常呈现在各类媒体的报道中。例如，在《经济学人》（1999年11月6日）的一篇以《消灭英国》（"Undoing Britain"）为题的文章中，大卫（P. David）讨论了关于英国的团结和认同的问题。"作为世界上最持久的国家之一，它正在自我解体吗？"② 追问之余，他也在思考将欧盟看作一个可能与传统英国身份相抗衡的身份项目。③ 大卫认为，欧盟的存在使苏格兰独立看起来很现实，因为如果没有欧盟的存在，苏格兰民族党（SNP）的民族主义计划就会充满裂痕和不确定因素：如何捍卫一个独立的苏格兰？它会使用什么货币？④ 当共同的外交和国防政策形成时，欧洲一体化很可能会在一些民族国家（如西班牙甚至意大利）释放离心力。

然而，总的来说，欧洲一体化更像是国家项目的完成而不是走向其反面。这充分说明了欧盟对希腊、葡萄牙和西班牙等国家的支持，以及保加利亚、克罗地亚、捷克、爱沙尼亚、匈牙利、拉脱维亚、立陶宛、波兰、罗马尼亚、斯洛伐克和斯洛文尼亚等国家投射到欧洲的未来期盼。在欧盟之外，阿尔巴尼亚人、波斯尼亚人、马其顿人、黑山人、塞尔维亚人和乌克兰人希望发展可运行的民主国家，以使他们有朝一日能够加入欧洲项目中来。

在此背景下，欧盟和民族之间存在对立的假设看起来颇具误导性。似乎更可能的是，"民族"和"民族认同"这两个词在欧洲语境中会出现新的

---

① 参见 A. Touraine, *Pourrons-nous vivre ensemble?*, op. cit., pp. 175 – 183.

② P. David, "Undoing Britain", *The Economist* （"A Survey of Britain"）, 6th November 1999, p. 3.

③ Ibid., p. 4.

④ Ibid., p. 7.

含义。民族愿望很可能与欧洲的雄心壮志联系在一起，并投射到欧洲层面。例如，1986年，一个加泰罗尼亚政党要求欧洲共同体承认加泰罗尼亚语为其工作语言之一："que el català hi fos one de les lengues de traball."（加泰罗尼亚语是工作语言之一）① 熟悉近代历史的欧洲政府将非常严肃地对待此类要求，因为它们源自那些曾被殖民的国家，而这些国家的人民希望在欧盟内实现自己的身份认同。

德国统一时期可以揭示民族身份和欧洲身份之间的联系。与民族主义政治家认为这一事件带有混合感情不同，欧洲联邦主义者把统一的过程视为关于欧洲统一的地理、政治和象征的核心。如果忽略时间顺序，德国和欧洲，此两者之统一至少在结构上是重合的，这也宣布了欧洲身份可以包含国家和地区身份的一个新时代的到来。寻求同一性的主体性出现在一个共同项目的集体层面。从德国角度来看，这个项目表现为德国－欧洲的重新统一。对于南欧来说，它似乎是民主化的进程。中欧和东欧的许多居民将其视为"重返欧洲"（return to Europe）——其观点与后帝国时代的大不列颠居民一致：他们由于意识到过去永远不会返回而认同欧洲的未来。

在此背景下，欧洲政府的任务已经浮现出具体轮廓。它将寻求在一种新的复调历史框架内加强运动、民族和各地区的集体主体性。只有当集体主体及其语言有发展机会时，作为少数人或小国家的成员以及劳动妇女或失业者的个体主体才有希望在历史工程之内了解未来的意义，同时摆脱当代原子化的自恋。

只要缺少机构和集体的支持，发展就难以实现。如此一来，个体主体将继续受到民族主义宣传、市场规律和日益壮大的广告业的操纵。这就是本文总是将个体主体性与集体主体性和制度条件结合考虑的原因：因为我们总是在特定的历史、社会和语言情境中寻求同一性的。此情境是开放的，同时也受制于偶然性。

---

① 该句引自加泰罗尼亚共和国议会鉴于1986年6月欧洲选举所作出的竞选方案。

黑格尔哲学新论*

〔加拿大〕安德鲁·彭达基斯① 撰

孔令洁② 译

摘　要③：因黑格尔哲学自身的艰深广奥，如何理解黑格尔而不被锁困在其曲折深邃的思想迷宫里，一直以来都是个基本而重要的问题。这篇专论将黑格尔哲学置于其之前和之后的诸多思想脉络的关系中，既揭示出诸如"真理""绝对""精神""否定""辩证法"等黑格尔哲学重要概念的基本内涵，又阐明了黑格尔抽象晦涩的语言背后其思想与现实世界的紧密关联，进而展现了黑格尔哲学的理论活力在现代世界的释放方式。作者以此方式提醒我们：作为一座极其丰富的理论矿藏，黑格尔哲学悬解现代世界众多议题的潜能远未被穷尽。

关键词：黑格尔；真理；历史哲学；现实；绝对；现代

＊ 本文为国家社会科学基金一般项目"20 世纪西方差异性话语的四种类型研究"（项目编号：17BZW002）的阶段性成果。翻译得到作者本人授权。

① 作者简介：安德鲁·彭达基斯（Andrew Pendakis），加拿大布鲁克大学理论与修辞学教授。

② 译者简介：孔令洁，四川大学文学与新闻学院文艺学专业博士研究生，研究方向为文化与文论。

③ 原文不包含摘要和关键词，摘要、关键词为译者所加。（译者注）

格奥尔格·威廉·弗里德里希·黑格尔

人们把 G．W．F 黑格尔（1770—1831）称为真理哲学家恐怕是再恰当不过的了。如同许多古典的和早期现代思想家，黑格尔相信哲学的任务就是对现实提供一种尽可能全*面和准确的*①描述。例如，在亚里士多德和斯宾诺莎那里，真理作为一个范畴，意味着一种极端的严格和特殊的范围——从物理学、本体论到政治学、逻辑学，也是真实反映现实原貌并对其进行系统性表述的能力。对黑格尔来说，系统性是对理性之彻底透辟和有力的证明，系统性从形式上说也反映出现实本身的重要方面：现实自身也是个系统，与组织、深度相关，在某种程度上是*活的*（至少是动态的）整体。以黑格尔的立场观之，真理不只在这种意义上存在——真理可以被人类（也可能还包括有理性的动物）把握、分享、付诸行动，真理基本上是此世的或普遍存在的，而不是彼岸的或超越的。真理不是柏拉图理念论中以静态的本质悬于世界之上或在世界之先的东西，也不是现成的、包含在上帝的意识中而人类只能谦卑地诵读的永恒逻辑或法则。黑格尔认为，这些理解真理的方式将人贬低为现实的被动傀儡，让人无法在现实中塑造其自身。恰恰相反，我们最好将真理理解为困难重重的*事业*——这一过程可以被看作发现和发明的并举，发现世界上的客观存在之物，发明我们自身创造并有意维持之物。黑格尔被某些群体誉为不朽的朴素神学家，然而重要的乃是牢记黑格尔著作中深刻的存在主义之维，这解释了在 20 世纪黑格尔哲学理念为何能够迅速被西蒙娜·德·波伏娃（Simone de Beauvoir）、雅克·拉康（Jacques Lacan）、亨利·列斐伏尔（Henri Lefebvre）和让－保罗·萨特（Jean-Paul Sartre）等思想家接受。

在观念论者的宗教传统和哲学传统中，真理最终结出的果实通常是和平与安宁。对于这些传统而言，真理通过承诺一个崇高的对象（上帝）以规避世界的复杂性和不确定性，从而终止一切的矛盾、焦虑和怀疑。对黑格尔来说，与其认为真理是对崇高对象心安理得的占有，倒不如说真理是

---

① 原文斜体，下同。（译者注）

一种紧张的、矛盾的、持续的*活动*，使认识者体察到世界的系统规定性，揭示出认识本身的意义和目的。认识世界而不了解认识者，不反思认识的陌生性和意义（以及存在本身的陌生性和意义），这在黑格尔看来就相当于放弃了真理范畴。真理范畴的存亡取决于其统摄（甚至是*实现*）整体的能力。黑格尔认为，将真理设想为数学公式的形式，或作为一组第一原则的集合，或构想为有效命题与事态之间的简单对应关系，都是对真理范围的偏颇和有限的想象。这些立场除了太过想当然，最终还将知识简化为无生趣的认识——一种无声而空洞的凝视，在单纯的正确性外没有明显的利害关系或目的。当然，后者在黑格尔的体系中占有一席之地；谈论伪真理（不能正确通达事物，借鉴自然科学或致力实际问题）毫无意义。在黑格尔那里，真理远不止是简单的正确性，真理包含着人类最深层次的需求、希望和可能性。这些思考，对于作为个体和物种的我们如何存在于世具有重要影响。真理将我们与世界撕裂开来，将我们卷入它自身的生产之中；真理令常识解体，贯穿了存在之整体。有时我们难以忍受黑格尔作品的深奥、抽象，而实际上，他的最终目的是将人类经验极度具体化：意味深长地将我们置入历史，为我们提供内在的（和崇高的）本体论，使我们对存在潜力有更为敏锐的认识，最终加深我们对敞开着的世界的联系感和参与感。

黑格尔的历史哲学

黑格尔用"否定"一词来描述思想（以及许多其他类型的人类活动）如何突破被给予的形式，从而产生看待（和塑造）自身与世界的新方式。人类的这一破除直觉性的能力，在黑格尔的体系中占有重要地位，近乎作为"人的本质"在发挥着作用。如果说人类拥有一种功能或本质的观念让黑格尔似乎更接近于亚里士多德，那么我们理应非常清楚这种"本质"的自相矛盾之处。可以说，对黑格尔而言，人的本质就是根本没有本质；在所有其他存在物（石头、星星、海豚）中，人的本质的独特识别特征就在于能够自由地（这总意味着*理性地*）自我决定——否定它曾经所是，反思它可能所成，并固执地向他物转化。因此，人的本质就是突破旧有行事方式的能力，自由而理性地决定自我，兼之以发展政治制度，使人们生活在尊重和维护该能力的社会里。认识到这不只是黑格尔的形而上学虚妄（尽管它确实具有重要的形而上学含义）是很重要的；黑格尔只是在说，我们应该将人类真实历史实践的方面显性化，否则它将保持隐没且不被察觉。没有哪个物种像人类这样有着如此多种多样的经验形式（从乘坐喷气式飞机在空中飞行，到承诺不再发生性行为）。除此而外，没有哪个物种能够有目的地改变世界并达到人类所能够（和已经）达到的程度（从用核武器摧毁整个地球，到在 DNA 层面重塑生命）。对黑格尔而言，重要的不是为了变化而变化，也不仅仅是差异，而是实质性地实现我们的本质——我们的自我意识、理性和自由能力的变化。

黑格尔将"精神"（*Geist*）作为人类自身的历史的调解和冲突性的自我决定的同义词。这样的用词选择造成了混乱，但是黑格尔此处的思想却全无超自然的或宗教的东西（虽然有诸多评论家如此解读黑格尔）。我们实际上是自相矛盾、自我解释和自我决定的人——我们经常压抑或遗忘这一事实，反将世事混淆于自然或命运。黑格尔确实倾向于将理念或精神（"自为存在"）提升至惰性物质或无意识的身体（"自在存在"）之上，不过他非常清楚，我们是活生生的自然人，受动物性身体（以及行动于其中的物质世界）的形式、本能和局限的巨大影响。精神所无法超越的条件在于身体乃是确定的时间和空间中的存在。在实际存在的物与关系的现实世界中，我们是外在的、确定的、有血有肉的生物。在此，黑格尔与马基雅维利或霍布斯的唯物的经验主义基本一致。但是，我们总是比在任何特定时刻所碰巧决定和塑造我们的那套关系*更加难以穷尽*。因此，否定性只能在特定的局部条件下发挥作用，否定性永远不会被这些局部条件完全压制或彻底否定。没有永恒的或绝对的给定性。批判理性的运用、合目的的新习惯的养成、艺术和科学上的全面教育以及社会和政治制度的合理配置，都被黑格尔当成为摆脱直觉性（或"纯粹"动物性）以走向充分实现的人类生活前景而铺路。实在性（*Wirklichkeit*）是黑格尔借鉴自亚里士多德的概念，实在性暗示着对某物来说是自然的或必要的存在方式——它按照一种先天普遍能力来实现或完成。对黑格尔以及许多同时代的人来说，人类的实现意味着自我实现——一种将自我（及整个物种）推向自身能力和极限边缘的规划，这一规划是无法完成的。这听起来可能有点像尼采或德勒兹，然而黑格尔并没有将新体验或新生命形式的增殖本身看作目的。他对为新奇而新奇的东西不感兴趣。相反，自我实现无论如何开放和持续，也都涉及一种自相矛盾的封闭。在此意义上，个人或社会只有通过明确地限定自身（通过排除某些可能性，赋予其他可能性以特权，并以牺牲其他选择为代价，聚焦于特定的理想和目标），才能抵达自身极限的边缘。人们能在其中为所欲为的社会——远离自律、教育和国家利益——是由人形动物组成的社会，对他们来说，人类所特有的自由和自我决定的能力已经在无尽的心血来潮的直觉性中消逝远去了。因此，自我实现包括充分发展我们的基本能力，包括个人对自身独特存在的个体性表达，包括以道德清晰度、公共目的为特征的生活，还包括个人对于自身在存在整体中所处位置的深刻体验感。对黑格尔来说，这就需要人们终身参与到建立在理性法律和相互承认基础上的政治共同体当中去。与其他动物不同，人类可以从根本上区别于自身，而且特别地受制于内摄的理性规范与价值观念的改造，这些规范和观念用以完善和规训人类的方式是其他生命形式所无法想象的。黑格尔声称，再多的训练和教育也不能让蝙蝠变成形而上学家或者公民。后结构主义和后人文主义批评家将这类主张解释为沙文主义的人文主义——比如，正是这种观念导向了人类对动物进行工业化的大规模生产、屠宰和消费。不过，黑格尔认为他指出的是物种的客观属性：人类在动物学上是独特的，这种独特具有深刻的本体论意义——对*存在本身*的意义。

任何对真理的抱负都涉及批判性的反思，既批判性地反思我们的信仰和行为——这些被动物性的身体结构（本能、驱动力等）无意识地分到我们身上的诸方面，也批判性地反思文化、社会关系和政治制度（黑格尔称之为我们的"第二天性"）的隐性常识①。黑格尔将思想和事物本身通过冲突和对立而走向真理的过程称之为"辩证法"（*Dialektik*）。这种无休止的否定之否定的劳动——从那些不太令人信服的、不那么实质性的变体的成功和失败中拼凑出对世界的更真实、更全面的理解——在黑格尔看来，是一种内在的社会性和历史性。知识经常被世界历史人物（有远见的思想家、

---

① Hegel, G. W. F., Elements of the Philosophy of Right. Translated by H. B Nisbet. Cambridge: Cambridge University Press. 1991, p. 35.

发明家、艺术家和政治领袖）推向更高的复杂性和自我意识，但世界历史人物的立场是在他们所处的文化和时代的固有逻辑与价值观念之上形成的。即便黑格尔本人并没有使用赫尔德的术语*"时代精神"*（*Zeitgeist*）［或 "时代之精神"（spirit of the age）］，事实上他却经常与这个概念联系在一起；这个术语也确实与黑格尔此处的想法相当吻合。真理可以由重要的科学论文来推动，也可以由战争、危机或革命来推动：重要的是新的秩序被实例化了，它意味着相对于早期世界观和存在方式的进步。说思想是辩证的，就是暗示它不能脱离实际而发生，它总是先于个人或超越个人，从紧张和僵局中创造出新意，而且从不对自己的内容完全负责。没有人是自身或世界观的自透明的原点——思想本质上是社会性的，即便是理性的、自由自决的目标——对所有个体和整个物种而言都是如此——这是最高的黑格尔式理想。在费希特那里，这一理想也许应该被理解为调节性的（在康德意义上）——作为行动的目标，作为永无止境的追求，而不是作为已经（或可能）完全实现了的事态。

对于黑格尔来说，最终能够对世界作出更为全面或更为真实的解释的不仅是个人，而且是整个社会和民族。这些解释忽隐忽现，与产生它们的物质条件和社会条件形成了紧张而辩证的张力；然而，正是在自我理解的范畴和它们所遭遇的困境中，一种生活或文化形式的样态与命运被决定了。即便黑格尔同意 19 世纪史学家利奥波德·冯·兰克（Leopold von Ranke）的观点，即每个时代都与真理有特殊的关系——与上帝/存在/整体的关系，这种关系抓住了现实的某些方面，而且本身就应该受到尊重——但他仍将坚持这一事实：现代性与之前的事物之间存在着关键性的区别。自然科学对知识的显著的决定性作用，路德宗教改革引入文化的个人主体性（或良心）原则，以及法国大革命提出的自立基础的政治理想，都以某种不可逆的方式改变了世界。因此，黑格尔保留了历史主义的真理时刻，而不允许它演变为纯粹的文化相对主义（每一种生命形式，无论多么残酷、有限或不自由，都同样的真实、有价值和公平）。根据黑格尔的说法，历史中的每个民族和每种文化都使事物本质的某些持久的或基本的方面显现了出来。这是*理性本身*（也就是说，具有一定程度的内在连贯性和一致性），不能说这些民族和文化是自觉地发展了自身立场或是运用了现代科学和哲学的那种合理性标准。该论点之所以令许多评论家不安，是因为它是欧洲中心主义的甚至是原始帝国主义的。对于其他人来说，黑格尔的普遍主义为跨文化地拒斥非正义奠定了基础——如奴隶制或无约束的专制主义，两者在客观上都与人性相悖。

　　因此，现代性为历史引入了一个急剧的断裂，它令我们不安，也为我们开辟出了新的存在可能性。历史是个学习的进程，不是说在黑格尔之前的一切都是愚蠢的、幼稚的或虚假的，而是说，在某种意义上该进程的每一步都只是暂时正确的——以一种有限的、矛盾的方式迫使思想超越自身，走向一种新的、更完善的事物概念。例如，万事万物确实是相互联系的，但如此看待世界是局限的或错误的（并非所有事物都以同样的方式相联系，有些事物的相互联系比其他事物更为紧密）。在黑格尔看来，历史追踪了人类对现实的越来越深远的、元反思性的理解活动。它的曲线是混乱的，有时是倒退的，经常是人类竭力寻求真理的曲折而暴力的故事——一幅真实的事物图景，同时与人类本质的揭示同构，即根本上的（并且令人不安的）自由。真理和自由是同一历史辩证法历险或经验的两面：我们对世界和自身的认识越透彻，就越有能力行使自由，越有能力根据理性的要求改造世界和自身。这里的悖论是，所有人在本质上（潜在的）都是自由的，在黑格尔那里却并非所有的生命形式在实现这一本质的能力上（即捍卫、激励和供奉它）都是平等的。他认为，拿破仑占领莱茵兰后在欧洲德语地区发展起来的君主立宪制为一种社会结构提供了模板，这种社会结构极为尊重而非压制我们作为物种的潜能。黑格尔认为这一类国家是独特的。他们的经济（在 1810 年左右）日益自由化，开始抛弃基于血缘权利的封建观念。他们把重心放在义务性的世俗教育上，旨在建立以洪堡原则（全面发展、自我实现和积极、终身的公民意识）为基础的大学。他们的政府逐渐由专业的、受过良好教育的公务员而非由早期现代专制主义时的贵族随从组成。勤劳的中产阶级市民也开始呼吁更加合理、一致、透明的政府组织形式。他们要的是新闻自由、法治、法典的出版和以公民投票权为基础的议会。对黑格尔来说，这些国家虽然有大量工作仍待开展，但他们以符合人类理性和自由的基本成熟的方式，将权利和义务、自由和约束融合在了一起。黑格尔认为，这些都是对过去的客观的改进。

黑格尔真理观的 19 世纪背景

于黑格尔而言，能否获得绝对意义上的真理与个人所处的时间、地点和条件相关，真理却不是神秘的或揭示性的——那是封闭的精神贵族的权限——而是不分种族、阶级、文化或性别的任何人都可以通过运用思辨理性来掌握的。在这点上，黑格尔是笛卡尔理性主义传统的真正继承者，至少他是认识论上坚定的平等主义者。自然科学对黑格尔来说很重要，但真理主要是通过哲学以最高的清晰度来传达，其次是通过宗教和艺术的模糊实践来传达——这些认识方式被认为是通过图像和故事调动感情以发挥作用。因此，黑格尔既坚持哲学/科学（黑格尔的 *Wissenschaft*① 一词涵盖了这两个领域）和概念推理的真理特权，也不否认宗教和艺术是通向真理的补充路径。这种选择使他能够对一些相互争论的认识论传统和趋势进行调解。首先，这允许他保留浪漫主义赋予审美经验的价值，又不至于让理性从属于自我表现或直觉。黑格尔认为，对艺术的道德或精神层面的强调——在席勒、施莱格尔、谢林、歌德、洪堡等人的作品中清晰可见——可以作为对实证主义经验论的反制，在黑格尔眼中，实证主义经验论显得缺乏精气神，平淡无奇而又受限。世界沦入经验主义自然科学的严酷凝视，脱离了上帝、形而上学和绝对真理，固然勤勉而严谨，却面临着精神活力和全面性被耗尽的危险。黑格尔认为，这样的世界以牺牲整体性为代价获取其特殊性，它可以对现实的小部件或特定区域有很多的了解，却对现实的整体性质一无所知。与此同时，黑格尔拒绝将启蒙理性与法国唯物论或无神论［由雅可比（F. H. Jacobi）等 18 世纪晚期的思想家提出］联系起来，在不陷入浪漫主义的非理性主义、路德教正统及需要的情况下，为信仰的飞跃保留宗教的价值。黑格尔通过在体系中为宗教预留一席之地，巧妙地避开了随着维也纳会议和拿破仑自由主义的失败而在欧洲得到强化的国家审查制度。最深刻的真理——黑格尔的"绝对知识"（*Das absolute Wissen*）——只有通过哲学才能抵达，对这一点他表达得很清楚。即便对黑

---

① 德语词 Wissenschaft 意为科学、学问、科学界。（译者注）

格尔来说，真正的哲学家仍是被微妙而深刻的宗教和美学情感浸润的人。在黑格尔的体系中存在着制度化宗教的空间——它具有仪式和伦理的功能，他似乎认为这些功能对井然有序的社会的繁荣至关重要——但黑格尔在生活中有时深刻怀疑所谓"积极的"宗教——它们那诋毁理性和人类自主性的教条式信仰，将精神生活与不假思索的顺从或附和混为一谈。①

黑格尔的真理哲学是作为对特定历史危机的解决方案而提出的，牢记这一点非常重要。虽然黑格尔的文章给人感觉很抽象，脱离了对日常生活的关注，其著作却是对危机和变革时期的紧急干预。通过指出黑格尔的真理哲学与其古典的和早期现代的先行者——例如亚里士多德或斯宾诺莎——之间的真正相似之处，我们应该注意不要忽视它的新颖性和独特的理论运动精神。黑格尔的事业并不是急切地退回到前康德形而上学的坚实基础中去——我们今天经常将这种形而上学与莱布尼茨或者沃尔夫联系在一起——而是在一个拥挤的、许多方面都不友好的哲学领域内采取的一系列极其敏捷和困难的举措。毕竟，真理在 18 世纪末的欧洲处于危机之中。自 16 世纪以来，怀疑论已经开始蚕食哲学确定性的边缘。被质疑的不只是像上帝或精神这样的形而上学实体，还有其他思想乃至物质世界本身的存在——有人担心虚无即将成为一切。以商品交换为基础的资本主义和社会的出现替代了有稳定规范和等级制度的长期存在的生活方式，取而代之的是一种充满活力的、多变的商业文化，在许多 18 世纪人的眼中，这种文化显得粗俗而无序，终极目的丧失殆尽。法国大革命挑战了基督教君主制——以国王的神圣权力为基础的主权模式——的必然性，鼓励了一套以个人表面上的自然权利和自由为基础的共和、民主和自由的政治理想。主权（至少在理论上）应该来自"人民"，但"人民"究竟包括哪些人（男人、有产者、农民），可以对"人民"的欲望施加何种限制，以及社会（以普遍激励的利己主义、新形势的意识形态分裂和日益紧张的阶级关系为特征）将如何实际管理其自身？与此同时，受尤斯图斯·默泽尔（Justus Möser）和约翰·赫尔德（Johann Herder）的影响，卡尔·冯·萨维尼

---

① Hegel, G. W. F., *Early Theological Writings*. Translated by T. M Knox. Philadelphia: University of Pennsylvania Press. 2011, p. 71.

（Karl von Savigny）和兰克（Ranke）等保守的历史主义者拥护反启蒙的文化相对主义，对于他们来说，所有的真理和善最终都是局部的：历史没有进步的曲线，也没有任何总体的道德或本体论真理可以由历史的混乱推导出来（他们否定自由主义的自然权利和自由宣言的普遍性主张）。最终由尼采［以及后来的埃米尔·萧沆（Emil Cioran）或雅克·德里达（Jacques Derrida）］表达出来的对绝对真理的怀疑，在黑格尔的时代是非常普遍的。

像洛克和康德这样的思想家，曾试图将应用自然科学的非哲学实践与稳固的哲学基础联系起来以预测这些趋势。他们的目的是通过为经验主义提供认识论以捍卫真理，使其免受怀疑主义和相对主义的攻击。然而，他们的做法是以牺牲对事物自身的知识和对整个宇宙的形而上学描述为代价的。他们获得了表象世界的一致性和连贯性，却不能够解释这个世界从何而来，不能够说明在最深层的意义上这个世界是什么，也不能够赋予它任何终极意义或目的。康德因此赢获了自然科学的客观性，不过，他将其矛盾地安置在了与事物自身脱钩的超验主观性的范围内；他推断物*自体*是存在的——这个意义上他仍是一个现实主义者——而他坚信我们永远无法确知世界之"自在"为何物。谢林曾试图通过主张哲学与"绝对"之间的联系来应对这一状况。"绝对"一词指向先天的或通过自身而被认识的，在德国观念论传统中，它常常作为上帝、自然或整体的同义词发挥作用。然而谢林是通过贬低理性，凭借在感知的瞬间消解世界的确定性来实现这一点的。在这种感知中，所有的事物都可以被知觉为一体。黑格尔对此的回应引人注目。如果真理被理性剖析得体无完肤——信仰、直觉性和继承的习俗被经验主义的科学和笛卡尔/康德的怀疑取代，那么，只有理性才能将真理（并暗示世界）重新组合在一起。我们永远无法摆脱概念的中介；那些承诺通过感觉、宗教、直觉、传统或不干涉主义的"顺其自然"来恢复世界的人，总要在具有特定历史、限制和预设范畴的语言中进行。值得注意的是，对于黑格尔来说，世界的"重新组合"不是恢复主义或怀旧，而是一种前所未有的发明。我们无法通过现代性的认识论争辩来*回退*，以达到一种实质性的直觉性从而得到一劳永逸的安抚和引导。在这一点上黑格尔非常清楚——我们不能再退回到以精神为中心的、感到满足的雅典人或斯巴达人的状态了。不过，我们可以*凭借理性本身*来对世界进行临时性的整体描述——也许不是笛卡尔式的确信，当然也不是完结的或圆满的描述——这仍将为我们提供关于宇宙和我们所处位置的最广泛和最深刻的看法。

另一种说法是，黑格尔认为我们可以找到一条*同时*保持现代和古代的道路。我们可以享有现代性的所有优势——科学、自由、市场、宪法、个人主义，而不陷入虚无主义、反常或混乱。我们能够同时拥有温克尔曼（J. J. Winkelmann）的古代政体的一切持久优势——整体感、目的性，与自然、自身及他人的有意义的关系，而不需要那种建立在奴隶制基础上的政治经济，也不需要一个通过将理性淹没在毋庸置疑的神话中而取消了自由思想和活动的国度。古代和现代——一个在某种程度上将事物视为既定（上帝、自然、命运或必然性的结果）的世界，和一个一切都无情地服从于康德批判的世界——此两种世界之间的尖锐对立是可以克服的，只有通过理性本身，通过允许理性自由流通的世界和文化来克服。这种新旧结合只能发生在特定的社会组织内，这样的社会组织既是一项仍有待完成的规划，也是一项在世界范围内已经发生着的历史进程。那么，对黑格尔而言，形而上学的真理问题就不仅是学术问题，而是社会日常生活迫切需要关注的问题：黑格尔认为，国家丧失形而上学的思考能力——他意指全面、深入、着眼于最广泛的思辨，在文化上的严重性就如同它对自己的法律或宪法一无所知。在黑格尔的事业之后，我们将不再像洛克和康德那样被囚禁在表象之中，以牺牲形而上学的真理为代价而获得科学的一致性；我们也不会以牺牲理性为代价去获取绝对（如谢林或施莱格尔）。我们不只简单地反思认识，而是栖居于真理之中：我们将在明确围绕真理建立起的社会中成为真理的创造者。理性将存在于社会的诸建制（社会中的大学、宪法和法律、生产方式）以及个体的行为甚至欲望层面。因此，黑格尔的事业格外现代，对持续的改革持开放态度，而对试图按照总体规划从头开始重建社会的那类革命计划持怀疑态度［他与亚当·穆勒（Adam Müller）或弗里德里希·根茨（Friedrich Gentz）等德国保守派都有这种焦虑感］。他不以前所未有的正义观为名去消灭传统，他是要从*内部*发展出超越过去的新事物。黑格尔认为，理性在历史的曲线上缓慢地发挥作用；一些由人类实践演化出来的形式随着新的理性标准的出现而消失了（例如奴隶制）；其他的形式则持续存在并发挥着作用，它们的规模和意义在新的、更加合理的分配中被改变了。比如说，黑格尔将家庭视为古老的建制，认为不应放任它支配整个社会的逻辑——正如家庭在整个历史中所做的那样，但是家庭仍然提供了一种社会化的手段，对于面临着新兴市场失范和异化的现代国家的运作至关重要。它是新机体中的旧器官，其意味与在古希腊或中世纪的欧洲是不同的，而许多相同的功能至今仍在发挥作用，且对于现代生活的再生产非常重要。这些看似老旧的或残存的建制在黑格尔的体系中往往具有黏合性或必要性，有时似乎是维持世界现状的投机性借口（如，他认为只有已婚者是真正自由的，妇女的存在论义务是生育）。马克思主义者、女权主义者、酷儿理论家和后殖民批评家已经对这些残留元素提出了质疑。除了将这些残留物视为意识形态盲点，我们也可以将其理解为黑格尔在历史调解方面的尝试，一种寻求改革路径的现实政治：避免公开与过去（及那些利益仍旧与之紧密勾连的统治阶级）相对立。

黑格尔的绝对

如果对黑格尔来说，哲学的目的是"实事求是"，那么此"是"① 的内容究竟是什么？什么是黑格尔的绝对？从某种角度看来，它只是将自然理解为相互关联、自我关联的整体（我们将看到自然和自在存在并非全然重叠的类别）。在黑格尔看来，自然是一个由关系和元素组成的封闭系统，受到科学规律的统一制约。这些规律既可以通过自然科学的经验性努力来彰显，也可以通过黑格尔在其巨著《逻辑学》（*Science of Logic*，1812—1816）中所实践的思辨逻辑来揭示。坚持自然的整体性就是形而上地主张它是"一"而不是"多"，就是主张它在本体论上是基础性的和自在的，而非次要的和依赖的。如今这似乎是个晦涩的观点了，而在 18 世纪的欧洲，称自己是一元论者就是大胆地将自己与斯宾诺莎的作品联系起来。斯宾诺莎是个有争议的人物，其完全内在的自然主义本体论引发了对无神论唯物主义

---

① Hegel, G. W. F., *Phenomenolgy of Spirit*. Translated by A. V. Miller with analysis by J. N Findlay. Oxford：Oxford University Press. 1977，p. 46.

的指责，如果上帝是自然法则的延伸，那么还有什么能留给《圣经》中的天父？从哲学上讲，这一立场的结果是，自然不再是由它之外的东西所创造和维持的了，上帝的意志、神迹、模糊不明的精神力量不再是对现象的合法解释了。在这一点上，黑格尔认同斯宾诺莎的观点——对世界的理解始终要受到规则的约束，这是人类摆脱迷信和恐惧的先决条件。

除此之外，黑格尔的一元论使他能够绕过许多二元论——主体与客体、心灵与身体、精神与物质。二元论在笛卡尔以后开始困扰欧洲哲学家，并且在康德和费希特的著作中仍清晰可见。现实并不像笛卡尔的二元论那样是个矛盾的二元对立，在这个二元对立中，人类思想的自发性神秘地存在于以盲目的外在性和决定论为特征的机械主义的自然世界中。笛卡尔要用有神论和上帝的意志来克服这种二元论；黑格尔致力真正的内在性而坚决摒弃二元论。与此同时，黑格尔在把握整体性和事物基本的同一性时，并未牺牲其内部的多样性和复杂性。可以说存在是一，但这种同一性不必取消其确定性；可以说存在是整体，但这种整体性不必抹除其特殊性。因此，绝对或整体是个内部分化的系统，其中事物与自身、事物彼此之间、事物与整体都具有特定的关系，而整体的某个维度的变化将影响系统中其他点的关系。要确知某物是什么，就需要知道它如何融入自然/存在的整体：不可能脱离实际、摆脱从内外构建它的关系而理解诸如某概念、语言、制度、动物。换句话说，一旦忽视与他物的关系，则任何事物都无法被理解。

黑格尔并未止步于将绝对等同于自然的整体性。他若那样做了，则将停留在斯宾诺莎的决定论自然主义和根本上非历史的、静态的现实模型之中。他非常清楚："一切都事关对真实的把握和表达，不仅作为实体，同样也作为主体。"① 那么，绝对就不只是一个不变的整体——必然的、客观的关系和规律的系统，而且是结果和导致结果的过程。黑格尔写道，绝对是"它自身的生成过程"："只有努力达至其终点，[它]才是真实的。"② 对现代人（或者后现代人）而言，这显然是个奇怪的想法。类似斯宾诺莎，我

---

① Hegel, G. W. F., *Phenomenolgy of Spirit*. Translated by A. V. Miller with analysis by J. N Findlay. Oxford：Oxford University Press. 1977, p. 10.

② Ibid.

们倾向于将自然视作非目的论的；我们可能会承认它是一个过程，却不会承认它有目的或终点。说自然或人类历史的某一刻比另一刻更为实在（或更为实际）可能包含着何种意味？而黑格尔坚持认为，整体——存在／自然／实在——只有通过科学（*Wissenschaft*）变得具有自我意识，在历史上、文化上和政治上能够在个人和整个物种层面上自由自决，才是真正的整体（和适当的绝对）。在这个意义上，存在／自然／实在是在历史中实现的，就像历史本身是由人类自我意识的发展而完成的一样（这一存在之臻于圆满是必然不可终结的过程）。毕竟，人类是自然的一部分；为什么不把这一自我理解和自我决定的过程，看作自然借助我们在自我意识中出显的过程？在绝对知识中，主体将自身认作客体（作为系统的必然性），正如客体（系统自身）作为自由自决的主体性（作为一种自然的形式，通过否定以打破自身规律，并最终赋予自身内容）来认识和把握自己。在此起作用的目的论并不暗示预先形成的意识，甚至不需要暗示必然性（尽管后一点值得商榷）。对黑格尔的常见（错误）解读是把绝对知识说成是时空之外的宇宙精神以某种方式事先计划好的。照这种说法，上帝是永恒的非物质性存在［黑格尔在其《逻辑学》（*Science of Logic*）中阐述了其深层本质的逻各斯］，将在自然和历史中外化其自身作为自我实现的一种手段。如果确然如此，那么黑格尔显然不是内在性哲学家（这当然是一些读者采取的立场）。而如果黑格尔的形而上学始终是内在的，那么在他体系中起作用的目的论则必然是无意识的或不确定的；一种"欲望"、本能或结构性倾向，促使存在与自身发生变革性的相遇。

以上论述大多集中在黑格尔的历史哲学上，但黑格尔的体系实际上有三个核心领域：逻辑、自然和精神。考虑到上文提到的注意事项，这三个领域都可以说是以上帝（或绝对）为对象，因为上帝同时是：（1）永远必要但非物质性的存在，有意识的或现实化的逻各斯（逻辑）；（2）无止境自动生产的无意识的自然整体（自然）；（3）人类摸索着走向自我实现的历史过程（精神）（上文详述）。这些领域合在一起，奠定了一切存在（或曾经可能的存在）的坐标。换句话说，它们揭示了存在的结构、方向和意义。黑格尔的逻辑（与他的自然哲学一起）仍然与许多当代哲学和理论的精神背道而驰。在其中，他试图通过仅仅让纯粹的、无预设的思想矛盾辩证地解决自身，以成为对存在的越来越令人满意的描述，从而确定现实的逻辑推理的核心类别。这些描述在确定性、复杂性、具体性和总体充分性以及自我意识和自我关联性方面都有所提高（就像历史本身的自我理解朝着越来越清晰的方向发展）。这一过程，从思想本身开始，远离任何确定的内容，最终成为绝对理念——内部有差异的有机整体的理念，被驱使着（并且能够）理性地理解和自由地决定自身。如我们所见，这一整体既是主体又是客体，只有达至终点才能说它实际地或恰当地存在。黑格尔的逻辑不是一套准确无误的思维形式规则，而是试图从纯粹的思想中逐步演化出现实本身的结构。思想发现的辩证概念、关系和矛盾不仅适用于自身，而且适用于任何可能的现实（它们与亚里士多德的思想相呼应，*存在于事物本身*）。

黑格尔的自然哲学既是对自然科学的要求，又在认识论上与自然科学不同，它包括对自然的本体论意义的推测性反思，也包括对精神在历史进程中所起作用的推测性反思。像亚里士多德一样，黑格尔构建了一个垂直本体论，其中处于自然秩序底层的存在（化学品、石头、植物）几乎完全由外部决定，而处于顶层的存在（动物、人类、哲学家）的特点是高度的复杂性以及自我意识和自我决定的能力。因此，自然绝不只是精神的对立面，后者离开前者是不可想象的；然而，精神具有绝对的*特殊性*，它是自然的一种形式，与化学不同，它系统地打破自身的规律（或决定自身的内容）。也就是说，即使是最字面意义上的"非思考"形式——比如以光或空间的形式，自然在某种程度上总是"精神的"。这并不意味着黑格尔认为自然是心智或心智的产物（这将使他成为一个主观而非客观唯心主义者），而是说在自然中存在着类似于思想的方面，特别是它与自身有实质性差异或不一致的能力。世界不是一个静止的结晶体——它不是无自主能力的块状物。世界是动态的、自我差异的，是自动生产的、自我组织的。因此，物质本身就具有某种活力或能量，某种否定性或驱动性的自我差异，它使物质充满活力并超越自身（即便它仍然与精神全然不同）。对齐泽克来说，自然的"精神"不过是否定性，它使我们设想黑格尔式的自然，与世俗的现代宇宙学（宇宙大爆炸）、达尔文的进化论以及理论物理学中的最新发现完全兼容。对于更传统的解释来说，这种精神不是本质上的自我意识，而是类似于自我意识的趋势。这其实不是对自我认识的*欲望*，而是对自我认识的本体论开放。在其最具目的性和有机性的形式中，它被想象为一个胚胎（或橡树种子）；以不那么目的论的方式来理解，它不过是种本体论倾向——一种内置于存在本身结构中的机遇或可能性。

对黑格尔的接受情况

就影响而言，19 世纪思想家中只有达尔文或马克思对后来的欧洲哲学和思想产生了比黑格尔更大的影响。然而，在两种意义上，这种影响从根本上说是矛盾的。第一，关于这种影响的*特性*，黑格尔像马克思一样使读者产生了尖锐的分歧，往往迫使他们在对他著作的某种批判性忠诚和完全而彻底的谴责之间做出选择。黑格尔直接启发了 20 世纪最重要的一些哲学流派，如马克思主义、存在主义、现象学等，但他也经常被用以反对他自己的理论立场。理论家们觉得有必要援引黑格尔（往往是漫画式援引），以强调他们立场的新颖性和重要性；对于 20 世纪的分析哲学家和后结构主义者而言尤其如此，黑格尔被视为主要敌人或威胁。第二，黑格尔的影响是矛盾的，因为在对其著作的解释上，即使是他作品的严肃的终身读者，也具有不同程度的分歧。*在哲学史上，也许没有哪个人物比黑格尔产生过更多样化和更矛盾的阐释*。这受以下因素的影响：（1）黑格尔著名的晦涩风格；（2）其著作的系统性构造（要求人们不断地将自己置于部分和系统整体中，以理解正在发生的事）；（3）辩证法本身的性质（通过将真理主张置于与其他主张的持续紧张关系中而使其失去稳定性）；（4）19 世纪专制主义中的受限语境（这迫使黑格尔掩盖立场以躲避审查）；（5）黑格尔著作涉及的广泛范围，迫使读者在历史、逻辑和本体论的语域之间转换，而这些语域在今天通常是被分开的。这意味着，我在上面给出的论述几乎没有任何方面会得到黑格尔专家的普遍认同。黑格尔经常被认为是铁板一块，并与尼采这样的哲学家形成对照，尼采的作品被认为是更加零散和开放的，但事实上黑格尔的作品产生了更为多样化的诠释。尼采的写作当然是矛盾的（而且是内部矛盾的），但如今没有人认为他是基督徒、启蒙理性主义者或坚定的激进民主主义者。

黑格尔在世时，许多读者，如卡尔·弗里德里希·戈谢尔（Carl Friedrich Göschel）和菲利普·马海内克（Philip Marheineke）这样的思想家，把他看作自由主义保守派，拥护秩序和传统的既定价值，同时也为进步改革（例如宪法，或轻微的经济自由主义）留下了有限的可能性。对他们来说，黑格尔的理性主义形而上学以上帝在历史中的身份的目的论展开为中心，与路德宗的正统和开明的普鲁士专制主义是相容的。19世纪40年代，新一代的黑格尔主义者，像路德维希·费尔巴哈（Ludwig Feuerbach）、布鲁诺·鲍尔（Bruno Bauer）和卡尔·马克思（Karl Marx）这样的思想家们突破了这些解读，转而关注黑格尔的内在形而上学，关注对自由自决的承诺如何削弱既定的宗教和政治权威。这为既非决定论也非还原论的无神论唯物主义奠定了基础。黑格尔主张严格理性主义，他对自由权利和自由（法治、选择职业的权利、新闻自由等）的（有限）承诺，他对自由的理解依赖于自主和自决的概念，他坚持把（有限）自治和政治参与作为国家合法性的关键标准，都可以扩大到适合阿诺德·鲁格（Arnold Ruge）这样的世俗激进民主派以及摩西·赫斯（Moses Hess）或费迪南·拉萨尔（Ferdinand Lassalle）等社会主义者的政治方案。黑格尔的著作是保守的、自由的，还是激进主义的封闭形式，成为本世纪中期学界激烈猜测和辩论的问题。

黑格尔最有影响的追随者当属马克思，但同时，后者也认为黑格尔的作品存在许多值得批判之处。事实上，学者们始终不太确定马克思在多大程度上借鉴了黑格尔。泛泛言之，则是马克思认为黑格尔的历史哲学是根深蒂固的唯心主义，过于看重思想和意识在历史中起到的作用，而较少地考虑到物质力量和社会关系。在马克思历史唯物主义看来，哲学以经济学、社会学和历史学为基础，黑格尔的逻辑学和自然哲学似乎都受到了形而上学的严重污染，以至于它们有过时的危险。在马克思看来，黑格尔对观念之间的冲突如何反映阶级之间的分歧缺乏清晰的认识，他错误地将财产作为个人自由的先决条件，终究是对国家及其表面上普遍的（或不感兴趣的）官僚精英过于信任。马克思认为，黑格尔体系的许多方面似乎是为了适应现状而精心设计的，而不是为了创造更好的东西去破坏现状。譬如，为什么要让贵族地主控制两院制议会的上议院？为什么黑格尔理想的政治制度应该是基于世袭继承原则的君主立宪制？马克思认为，为这些安排——以及黑格尔体系中的许多其他安排——进行辩护的思辨逻辑缺乏说服力。

尽管存在诸如此类的批评，但要说马克思的作品脱离了对黑格尔思想的继承，那将是不可想象的。马克思强调人类的基本历史性，强调真理和整体性之间的关联，强调思想和行为被不可见的（超验的）结构内在地塑形，强调自由市场个人主义的形而上学盲点和矛盾，这些观点在很大程度上都来自黑格尔。虽然辩证法不是一种形式化的方法或工具，但将概念视为流动的、相互联系的、被张力击穿的历史痕迹的习惯也是马克思从黑格尔那里直接继承来的。马克思几乎没有明确地将自由理论化，这点对他个人的工作和黑格尔的工作同样重要。它是马克思批判资本主义的核心，也是他所宣称的共产主义方案的基本存在理由。对黑格尔来说，他的任务是将精神从客观形式——奴隶制、专制主义和积极的宗教——中解放出来，这些形式神秘化或扭曲了其本体论的开放性。马克思继承了这一事业，将其扩展到了对自然等级制度和教条的批判之外。他公开拒斥宗教，拒斥所有国家结构（包括那些基于自然化个人权利和自由的国家结构），认为资本主义作为一种生产方式系统化地对人类进行剥削，使人类无法过上更健康、更有意义和真正自由的生活。马克思的代表作《资本论》（*Das Kapital*）最好被理解为黑格尔辩证法和英国政治经济学的综合，以及与资本主义生活细节的经验主义历史探究的结合。将黑格尔的命运与马克思主义的遗产相融合，意味着黑格尔（通过马克思）被间接地纳入全部学科（古典经济学、社会学和政治学）的起源之中，尽管也意味着自由主义者对马克思的质疑同样也指向黑格尔（即便所有证据都与此相左，但在试图将黑格尔描述为专制主义的辩护者时，可以发现这种连带的罪恶感）。

黑格尔在马克思主义传统中的地位一直是起伏不定的。卡尔·考茨基（Karl Kautsky）这种第二国际马克思主义者，受到恩格斯思想的后期系统化马克思主义的影响，往往将黑格尔哲学看作与历史唯物主义对经验主义（甚至实证主义）社会科学的愿望不相符合。改革派社会民主党人爱德华·伯恩斯坦（Eduard Bernstein）拒绝马克思主义，理由是马克思主义被黑格尔过分的先验主义和形而上学荼毒（这是新古典主义批评马克思经济学的常见论调）。然而，奇怪的是，马克思的这种实证主义或科学化的变体往往属于深刻的目的论和必然论，这意味着它认为社会主义的到来是不可避免的，且与黑格尔本人的历史观相呼应，即无可阻挡地走向进步。对许多人来说，这种经济或技术决定论的历史观几乎没有给革命工人的能动性（或主体性）留下空间，淡化了偶然性在历史中的作用，与实际情况越来越不一致。这表明，西欧的资本主义正在发生转变，使其不太可能被马克思主义的革命推翻。这种自相矛盾的情况的后果是，它使接受这种观点的马克思主义者看起来不够"经验主义"，而不是更为"经验主义"。

与此同时，构成恩格斯辩证唯物主义的过于简化的辩证公式——这些明显源自黑格尔的公式，被认为不仅适用于历史，而且适用于自然本身——将进入制度化的苏联哲学。这无疑是讽刺的：苏联哲学家把他们的马克思主义变体说成是科学主义的——摆脱了唯心主义的形而上学，马克思则以唯物主义的名义果断与黑格尔决裂。其时，包括格奥尔格·卢卡奇（György Lukács）和安东尼奥·葛兰西（Antonio Gramsci）在内的马克思主义者的传统拒绝对马克思作实证主义的阐释，强调后者与黑格尔思想相近——特别是他的历史主义、人文主义，以及一个有意识的否定异化和完全自决的社会的政治理想。他们认为与其说马克思主义是一门科学，不如说它是历史中相对而言的革命真理；他们拒绝对马克思主义加以确定性解释，更加强调偶然性在历史中的作用；他们认为全体工人阶级的意识和参与度对于实现任何真正的共产主义都至关重要（它不能由少数人强加给多数人，也不能通过历史的客观运作在工人背后实施）。这种人文主义、黑格尔式的马克思主义对制度化的共产主义哲学的替代在 20 世纪 60 年代陷入了危机。结构主义在知识界的出现，从根本上改变了人们对黑格尔和马克思的理解。正是在这一背景之下，路易斯·阿尔都塞（Louis Althusser）试图将马克思主义与结构主义传统结合起来。阿尔都塞拒绝将马克思与黑格尔联系起来，并将前者的早期作品（仍然是黑格尔式的，明显被意识形态思维渗透）与后来的一系列文本（具有科学性且已将黑格尔抛诸脑后）划清了界限。阿尔都塞认为，马克思主义可以与黑格尔决裂，而不必回到第二国际马克思主义的幼稚经验主义。阿尔都塞将马克思的事业重新划定为一门复杂的（非实证主义的）认识论科学，拒绝将历史主义视为具有政治危险的（理论上是混乱的）相对主义的形式。凭借其基于结构的思想，阿尔都塞质疑黑格尔对主体的关注——无论在个人还是在群体层面——选择对首先产生主体性的制度过程进行唯物主义的解构。任何主体都不是自身的起源，也不可能是；所有主体化的过程从本质上讲都是意识形态的，被复杂的权力关系网笼罩；作为整体的历史没有必然的目的或终点，而是一个"无主体过程"。如果说 21 世纪初的马克思主义理论主导形态源自安东尼奥·内格里（Antonio Negri）反黑格尔的思想，源自德勒兹和福柯对他的启发，那么受斯拉沃热·齐泽克（Slavoj Žižek）影响的新一代思想家则产生了一个深受黑格尔（及拉康）影响的马克思主义思想创新学派。弗雷德里克·詹姆逊（Frederic Jameson）的辩证法批评在很大程度上源于法兰克福学派，自 20 世纪 70 年代以来，他一直在将马克思主义的黑格尔主义与结构主义、后结构主义元素综合在一起。

20 世纪哲学的主要分支都与黑格尔有着矛盾的关联。胡塞尔现象学试图摆脱德国观念论过度的推断性，摆脱它对个人经验的放弃，并将哲学转变为一门（非实证主义的）科学，关注事物在意识中的实际呈现方式。如果说胡塞尔的早期立场是理想主义的（因其并未注意到现象学的结构性条件），那么他晚期作品的精神则对感知总是受文化和社会形式影响的方式感兴趣，这显然是汲取了黑格尔的历史主义认识论。海德格尔在黑格尔的否定性和历史性中看到了他对自身事业的预期，但他指责黑格尔仍被笛卡尔的主体性束缚，未能理解存在与虚无之间的关联，并认为本体论从属于在场的形而上学，而这种形而上学终归是神学的伪装。萨特的存在主义直接借鉴了黑格尔将人的本质等同于否定的观点，他关于主体完全自由地决定自身的概念与黑格尔的概念也十分接近。然而，他的作品［尤其是《存在与虚无》（*Being and Nothingingness*）］高度质疑社会习俗的合理性，倾向于关注孤立的个体的存在困境，将自由与理性脱钩，将存在视为无意义或荒谬（黑格尔会认同这一点），并认为绝对知识实际上是不可能的。

分析哲学在多数情况下都对黑格尔抱有极大的敌意。伯特兰·罗素（Bertrand Russell）在强烈反对英国黑格尔主义的观念论派系的情况下发展了他的哲学，并在 19 世纪末变得有影响力。他不认同黑格尔的整体主义——罗素认为，世界不是一个整体，而是原子（或独立）事实的集合——他发现黑格尔的辩证逻辑极其不合理（认为后者迫使黑格尔实际放弃了不矛盾律）。一事物可能与另一事物有特定的事实关系，在罗素看来，一切都与其他事物有内在联系的想法是毫无意义的。罗素与辩证法相决裂，选择采用源自戈特洛布·弗雷格（Gottlob Frege）的概念符号，旨在将数学的分析精确性引入语言和哲学。在路德维希·维特根斯坦（Ludwig Wittgenstein）的《逻辑哲学论》（*Tractatus Logico-Philosophicus*）中，真理与本体论和伦理学脱钩，而对形而上学的概念，如存在或物质，或关于自由或理性等价值都无法精确表述，只是逻辑上有效的命题与经验上可验证的事态的巧合。自此以后，哲学的任务将是支持自然科学的真理主张，并监督语言（以哲学的方式）是否有形而上学胡说八道的迹象（黑格尔是"罪魁祸首"）。后来的分析哲学家，包括威尔弗里德·塞拉斯（Wilfrid Sellars）和约翰·麦克道威尔（John McDowell）试图使这种情况复杂化，为分析传统和黑格尔之间的和解奠定基础，这在罗伯特·布兰多姆（Robert Brandom）的著作《信任的精神》（*A Spirit of Trust*）中得到最终体现。

20世纪50年代的结构主义者们大都拒绝黑格尔，认为他是个理想主义的人文主义者，他的作品反科学并受到了形而上学的困扰，但结构主义者将意义（和主体性）构想为符号体系的作用，与黑格尔对现实的认识论调解的关注存在明显的同源性。福柯、德里达、利奥塔和德勒兹等后结构主义者与黑格尔传统高度对立。这些思想家大多反对黑格尔将历史理解为糟糕的理想主义目的论；他的主体形象过于笛卡尔式，并且是不可持续的自我透明的；他的理性主义源自被启蒙运动的乐观主义蒙蔽了双眼；辩证法是基于矛盾逻辑的形而上学的自负，与事物的复杂性、多样性和单一性几乎没有关联。后结构主义对黑格尔的强烈批判往往遮蔽了对其秘密的借用和延续。德勒兹和黑格尔一样，是反对笛卡尔二元论的形而上学家，他认为思维不是表象的剧场，而是直接的本体论。尽管福柯的话语体系是不连续的和非目的论的——这意味着它们不会朝着更大的综合或整体的方向发展，但福柯对结构在知识中所起作用的理解与黑格尔的认识论中的真理概念相呼应，即在认识论上以历史范畴系统为中介。德里达当然反对支配黑格尔作品的许多形而上学等级制度，但黑格尔差异产生意义的方式与德里达自己的（较少目的论的）延异概念存在着明显的联系。

后殖民主义理论家在黑格尔身上发现了很多值得批判的地方，最重要的是，他的历史哲学最终将前现代或非西方文化定性为不及现代欧洲知识体系渊博或自由。对许多后殖民主义批评家来说，黑格尔哲学是欧洲特殊主义和胜利主义最纯粹的表达，尽管黑格尔通过马克思传播的第三世界共产主义成为 20 世纪反帝国主义的最伟大阵地之一。生态批评家们称赞黑格尔的自然主义，称赞他对事物相互联系的整体感以及主客体身份的盖亚式共鸣，认为这是非常适合后人类主义自然观的要素。然而，其他人指出，黑格尔的垂直本体论——把自我维系的主体提升至他律的相互依赖和无意识之上，以及他习惯于将自由视为人类对自然的对抗性从属关系的前提，是根深蒂固的物种主义的标志。他们认为，后者是资本主义现代性历史中将自然工具化、对自然进行剥削的一个关键部分。这些关切在罗西·布雷多蒂（RosiBraidotti）和简·贝内特（Jane Bennet）等新唯物主义者的作品中得到了回应，他们在黑格尔的观念论中不仅找到了贬低动物的借口，还找到了贬低无生命物的借口。他们不是把现实分割为能动性的主体和无法打破自身规律的物理世界，而是主张将物质本身看作有生命的、自我变化的和充满活力的。同样，面向对象的本体论也抗拒黑格尔对人类理性和意识的关注，抗拒他的历史化的康德认识论，以期直接抵达事物本身的幽暗之处。在上述讨论的范围之内和之外，像朱迪思·巴特勒（Judith Butler）、罗伯特·皮平（Robert Pippin）、凯伦·吴（Karen Ng）、特里·平卡德（Terry Pinkard）、凯瑟琳·马拉布（Catherine Malabou）、凯瑟琳·吴（Katherine Ng）和丽贝卡·科迈（Rebecca Comay）这些思想家，继续对黑格尔进行着创新性的再诠释，这无疑确保了黑格尔将会是 21 世纪辩论的核心，正如在 20 世纪那样。

附：

《黑格尔哲学新论》译者简评

有关黑格尔的一个基本事实是：尽管人们对黑格尔的解释和褒贬是多种多样的，但是他在哲学史上所享有的祭酒地位是无可撼动的。如果从现代世界的角度来看，黑格尔的学说离我们也并不遥远，更不是那些夸夸其谈者所谓的"死的东西"，作为现代性预言者和批判者的黑格尔所要研究和解决的问题正是现代世界的根本性问题。换句话说，黑格尔绝不是那类我们可以简单翻阅甚至随意略过的哲学家，他对现代性问题的原创性思考，在当今这个属于现代之特殊阶段的后现代世界中尤其能够带给我们无穷的启发意义。因而我们不应忽视这一点：黑格尔去世快两百年了，对他的阅读和研究却仍旧被视为畏途，仍旧还只是极少数人的事业。当然了，这与其哲学自身的艰深广奥不无关系，他那曲折深邃的思想和抽象晦涩的语言，往往不仅令初学者望而却步，一般的浅学者也难以窥其门径。有鉴于此，当我们站在黑格尔哲学的殿堂之外，一篇既能够对黑格尔哲学的基本概念方法、理论体系和主要关切有较为准确的概说，又能够以明晰晓畅的语言进行表述的引导性文章将会是一把开门钥匙，它将有助于我们找到并打开黑格尔哲学的那扇庄严的大门。加拿大学者安德鲁·彭达基斯的近作《黑格尔哲学新论》正是这样一把钥匙。在对黑格尔哲学的论说及其产生背景的追溯中，作者试图对黑格尔"去神秘化"。他以此告诉我们，黑格尔的面貌不应该被看似难以穿透的模糊和抽象遮蔽，当拨开语言和思想的艰涩幕布，我们会发现黑格尔其实是个非常现实的哲学家，甚至会感叹黑格尔竟然一直就在我们身旁。这里用"现实"来形容黑格尔绝不仅仅是说他的哲学主张概念必须要外化为现实，唯有在本质与现象的有机统一中才能说是真正抵达了现实，更为重要的是，黑格尔对包括真理问题在内的哲学思考的出发点就是现实问题，他的最终目的也不脱离现实，而是正如作者所说的那样——将经验"极度具体化"，黑格尔希望的是通过其哲学为现代社会的"虚无"和"分裂"的危机提出解决方案，并最终加深人们与现代世界本身的联系感。正是在这种意义上，我们研究黑格尔哲学就是在研究现代世界的生活和文化本身。在译者看来，也正是基于这样的理解，作者除了阐释"真理""绝对""精神""否定""辩证法"等重要概念的基本内涵，尤为注重将黑格尔置于其思想前后的诸多链条之中，以开阔的视野考察黑格尔哲学的理论活力在现代世界的释放方式，从而指明包括马克思主义、现象学、存在主义、分析哲学、（后）结构主义、后殖民主义、生态主义等在内的理论学说与黑格尔哲学保持着的无法割断的或显或隐的联系。黑格尔哲学中那悬解现代世界众多议题的功能面，也在这一论说过程中开始了自然而然的呈现。

什么是现代?[①]

〔巴西〕维尔姆·弗卢瑟[②]　撰

刘　宝[③]　周天泽[④]　译

摘　要: 在这篇文章中,维尔姆·弗卢瑟从范式的概念出发,详细探讨了从先验范式到内在范式的转变、该转变所导致的历史加速,以及"后历史"的出现。

关键词: 现代性;后现代性;历史;后历史;范式

历史学家把人类文化的历史分作三个部分:古代、中世纪和现代。这种将年代划分强加于历史事件之上的做法,目的在于为历史塑形,过程大概类似于把面团塑造成面包。历史学家们就像面包师一样,不约而同地选择了上述三种"面包"形式。而事实上,他们也可以有别的选择,可以把

---

① 本文原题为"论现代",1967 年初次发表于巴西《圣保罗州报》(*O Estado de São Paulo*),现存于柏林维尔姆·弗卢瑟档案馆。作为该馆 2010 年到 2014 年常驻研究员,巴西艺术家、翻译家兼编辑罗德里戈·马尔蒂斯·诺瓦斯将本文从葡萄牙语翻译成英文。本文发表时,诺瓦斯正在编校维尔姆·弗卢瑟葡萄牙语作品全集。

② 作者简介:维尔姆·弗卢瑟(Vilém Flusser, 1920—1991),巴西籍哲学家、媒介理论家。生于布拉格,流亡巴西,20 世纪 70 年代回到欧洲。思想深受现象学和存在主义(尤其是海德格尔)的影响,著作涉及书写、摄影、技术影像以及媒介等多个领域,主要作品有《摄影哲学的思考》《技术图像的宇宙》《人类传播中的惊奇时刻》等。

③ 译者简介:刘宝,文学博士,南京邮电大学外国语学院副教授,硕士生导师,研究方向为比较文学与文化研究。

④ 译者简介:周天泽,南京邮电大学外国语学院硕士研究生。

人类历史分成2份，或者47份，或者更多。那么问题就来了：所有的形式都会令人感到同样满意吗？或者换一种更优雅的表述：是否所有范式都殊途同归？不同范式之间有无划分标准？比如说，面包师可以选择断臂维纳斯的形状来做面包吗？原始的面团会抵制这种选择吗？维纳斯会不会是一种错误的面包造型？对于历史学家来说，是否也存在这种"错误"的范式？"正确"的范式又会怎样（例如辩证法范式或教会范式）？概括来说，面团是能够适应任何形式、几种形式，还是只适应某一种形式呢？在这种情况下，那些被称为"人类文化历史"的事件究竟发生了什么，从而能够"证明"历史学家这种划分的正确性？今天，不管是在历史还是在其他知识领域中，有关真理的问题大概就是这样出现的。

定量、划分、赋形、塑造，这些动词都意味着一种知识活动，用"表征"（articulate）来概括这一类词语或许最为确切。历史学家将人类历史表征为古代、中世纪和现代，目的即在于对其有更好的了解；而为了实现更好的了解，他们必须对其进行清晰的表征。然而，这种表征是纯粹主体间性的常规惯习，抑或其中还有着客观的时刻？就比如说，历史事件中是否有某些存在要求"现代"作为其表征？此处我不想讨论"历史事件"具体意义之类的话题，也不想陷入形而上学的诱惑和无底深渊。但我要说的是，有一个历史事件成就了"现代"这种表达，哪怕其不够真实，也至少令人愉悦而富有内涵：15世纪初众多思想家，尤其是尼古拉斯·库斯纳斯（Nicolaus Cusanus），开始关注范式问题。他们对前文所提种种进行了大量思考，从而开创了一种知识理论。他们提出的范式问题以及随之而来的方法、模式和现代的问题，开始占据西方思想领域。这就是我为什么说"现代"是一个令人愉悦且富有内涵的表达。下文将对此进行详细讨论。

"范式"，指的是事物必然存在的某种形式。比如，"椅子"这个范式就表明了木材存在的状态。一名木匠将"椅子"范式应用于现实的"木头"之上，这就是他的工作方式。工作意味着对范式的实现以及对现实的范式化。由于范式是事物必然成为或存在的样子，或可以称之为"价值"。于是，工作便意味着实现价值并将现实价值化。在木匠的工作中，现实"木头"的价值体现在"椅子"的范式中，"椅子"的价值借助"木头"得以实现。工作，实际上是本体对世界的改造，通过这种改造，现实和理想两个世界被融合在一起（需要注意的是，"价值""观念""理想"等实则与"范式"意义相同）。当然，古代和中世纪的两个世界已自然而然地被人们确定。人类发现自己处于这两个世界之间，并通过自己的工作形成了两者之间的结合点。其世界观在于：人类之外，有一个独立的真实领域，我称之为"自然"；另有一个领域，同样是独立于人类之外的某种范式，我称之为"元自然"；最后就是人类自身，人类通过工作和对世界的改造，把前两个领域结合起来，形成第三个领域，我称之为"文化"，而文化出现的过程，我称之为"人类历史"。真实的世界是感官所赋予的，而范式的世界则是由哲学发现（希腊人的世界观）或揭示的（犹太教和基督教的世界观）。这种世界观解释了古代和中世纪人对工作的蔑视：由于范式的世界悬浮于现实世界之上，它比现实本身更"好"而且更加"真实"，因此，工作即意味着范式的贬损，工作使范式降格到更低级的现实领域。地位崇高之人则大多寻求通过理论或信仰将自己提升到范式的境界。

在现代，这种世界观陷入了危机。无论真实的世界还是范式的世界都开始被质疑，也就是说，它们开始从人类自身脱离出来。从根本上看，这就是"人文主义"的含义，但对真实世界的怀疑比对范式世界的怀疑更为激进。于现代所产生的世界观大抵如此：人类存于世界，人类也必须面对世界。人类的身后是范式——一种先验的、超越世界经验的范式。为了认识和改造世界，人类将各种范式投入其中。对人类来说，只有让世界出现在各种范式的结构之中，才可能认识它、改造它。因此，知识是对世界的改造，而改造是知识的延续。理论和实践之间的界限变得模糊，这就是为什么现代社会开始赞美工作，即便疯狂如希特勒也更赞同"行动胜于无为"。

这种世界观的结果是对世界的不断塑造、调整、修改和现代化，历史于是变成了一系列范式。文化元素开始反映可替换的范式，范式迭代的节奏也越来越快，这就是"进步"。比如，在人类迈入现代之前的一千年中，舰船形状（或称之为范式、观念、理想以及它应该呈现的样子）的变化远远小于最近二十年里的改变。由于人类更频繁地替换认识和改造世界的范式，历史因而逐渐加速，时间似乎也流逝得更快。范式更替的频率与时间流动的速度同义，在我看来，这就是现代的特征。

　　然而，这种加速有限，这个限度决定于人类的生命长度。在现代之前，同人类的生命长度相比，范式几乎是不变的，范式的有效性几乎是一种永恒。比如因纽特人油灯的样式几千年都不曾改变；再比如从罗马建立（约公元前 8 世纪）直到狄奥多里克大帝时期（公元五六世纪），男性时尚也几乎看不到任何变化的影子。这种范式的恒定性意味着柏拉图主义。从文艺复兴时期开始，时尚逐渐走向多变，即使如此，范式的有效性仍然可能持续几代人的时间：一个人在巴洛克时期出生，在巴洛克范式下学习，在同样的范式下工作一生，将这种范式传递给自己的子孙，然后在巴洛克时期死去，这种可能性极高。因此，识别范式与世界，并相信范式的有效性，也具有极大的可能性。这种可能性意味着康德主义。后来，随着进步的加速，人类的生命开始跨越两到三种范式：一个人可能出生在浪漫主义时期的黑格尔范式之中，成年后生活在达尔文范式之中，离世前又目睹了牛顿范式（现代最有效的范式之一）的衰落。虽然范式有效性的不一致性经验破坏了对其先验本质的信仰，但元范式依然值得信赖，它确定了每一个后验范式都优于被替代的前一个范式。换句话说：没有任何一个范式绝对有效，但每个范式相对来说都比前一个更有效，并且指向最后一个范式——一个绝对有效的范式。这种超历史的元范式是 19 世纪的特征（比如马克思主义范式）。

　　20 世纪下半叶，进步开始自我加速，各种范式你追我赶，争相将他者推下历史舞台。人们只看到最后一个范式（关于汽车、雕塑、宇宙起源、原子的范式），它留下"最新样式"（dernier cri）之后随即消失。人类的生命于是包含了几十种不同范式，人们总是试图抓住最后一种而不可得，因为它马上就变成了倒数第二种。

　　从这个意义上说，20 世纪下半叶是极其现代的。实际上，它的现代甚至使现代性变得荒谬，辩证地说，现代性开始变得不现代，现代开始走向死亡。这种死亡存在于对不稳定范式的直接体验中：从犹太－基督教意义上来说，这种体验等同于信仰的丧失；从希腊意义上来说，则等同于理论兴趣的丧失。换言之，过去人们的怀疑更多指向反对世界，而不是指向反对范式（因此人们用范式去研究世界），而现在，人们的怀疑开始更多地转向反对范式。这就是我们所谓的"现象学""存在主义""结构主义"，以及更重要的"逻辑"。

这标志着人们兴趣和努力的转向。现代人的兴趣集中于对世界的改造、塑形以及现代化，简而言之：进步。今天，人们的兴趣焦点已转移到范式以及范式带来的问题上。这些问题涉及领域众多，比如结构的比较、剧目和系统句法的一致性、信息和通信理论、语言学、翻译、博弈论等。针对这些问题进行研究的目的具有双重性：一是超越所有范式，走向递增指数的元范式，从而达到与希腊哲学相媲美的地位；二是移除所有范式，重新征服那种无范式体验的原始恐惧。这就产生了一种体现当代特征的后现代氛围，一种元理论氛围，一种回归具体的氛围，恰如胡塞尔常提到的"回到事物本身"（zurück zur Sache）。这种氛围目前尚不浓厚，无法与以发现范式为标志的现代时代开端的氛围相提并论，但这个氛围充满了未来的希望。新的问题出现，不仅新在内容，也新在形式，我们必须学会用新的方式去思考和生活，用指数递增的方式实现"元思考"和"元生活"。这个任务无比艰巨，因为这种"元生活"在某种程度上是对现在依然被范式掩盖的真实生活的回归。但这就是后历史，为自己代言的后历史。如果现代的历史是利用可替代范式的渐进性修改，那么我们的未来就是一个后历史时代。如果范式之间的相互否定已让历史变得自动和虚无，那么对未来而言，这难道不是一个乐观的前景吗？

文学哲学研究

欲望伦理学辩证法

刘长荣①

摘　要：拉康用精神分析理论颠覆了传统伦理学，对传统伦理学的善进行了批判，尤其把康德伦理学和萨德欲望哲学放在了同一高度。拉康认为精神分析伦理学的核心就是欲望，并且把他的欲望伦理学用来分析悲剧，例如《安提戈涅》，得出悲剧的本质就是坚持自己的欲望的结论。但是，依然从悲剧入手，我们将会发现，被拉康摒弃的传统伦理学价值依然深深地镶嵌在欲望伦理学之中，这是欲望伦理学无可避免的辩证法。

关键词：拉康；欲望伦理学；传统伦理学；辩证法

拉康在《雅克·拉康研讨班七：精神分析的伦理学》中经过一系列分析得出一个结论：伦理学的核心是欲望。拉康说精神分析的任务不是治好病人的精神和心理疾病，帮助其与社会和谐共处，从而获得幸福，而在于揭示人的精神疾病的真理。之所以这么说，是因为在拉康看来，幸福和善都是传统伦理学的核心，但是，以其为目的则都透着一种虚幻。那么他是通过怎样的分析得到这样的结论的？

---

①　作者简介：刘长荣，文学博士，现任教于广西民族大学文学院。

一、传统伦理学的善与欲

古希腊最早的伦理学著作是亚里士多德的《尼各马可伦理学》，主要讨论善、幸福、德性、快乐等问题，但是拉康特别关注到这部杰出的伦理学著作中显露的伦理学悖论。拉康问：倘若行动的规范位于"正当的逻格斯"中，倘若只有基于那些"正当的逻格斯"才可能有善的行动，那么亚里士多德所说的"不能自制"（intempé-rance）何以成立？主体之中的各种倾向朝向别处是如何做到的？这应当如何解释?①

拉康认为这个悖论构成了亚里士多德《尼各马可伦理学》沉思的主干。亚里士多德是在第七卷中谈到"不能自制"这个问题的。他罗列了人们关于"自制"和"不能自制"的七种普遍看法：

（1）自制和坚强是好的，是值得称赞的，而不能自制和软弱是坏的，是应该受到谴责的。

（2）自制者就是那些倾向于遵守经其推理而得出的结论的人，不能自制者则是倾向于放弃此种结论的人。

（3）不能自制者总是在激情的鼓动下做出他知道是错误的事情，而自制者则知道其激情是恶的，在理性的影响下，自制者拒绝追随激情。

（4）节制者具有自制和坚强这两种品质。有些人说每一个选择将这两种品质结合起来的人都是节制的，但另有些人反对这种看法。

（5）有些人混淆了放纵者和不能自制者。他们认为，不能自制者就是放纵者，放纵者就是不能自制者，两者不分。然而有些人对之做了区分。

（6）有时人们说，明智的人不会不能自制，有时人们又说明智、聪明的人不能自制。

（7）人们在对怒气以及在对荣誉或财富的追求方面不能自制。②

亚里士多德就这些常见的意见给出了非常详细的分析来回答人们认知

---

① 拉康：《雅克·拉康研讨班七：精神分析的伦理学》，卢毅译，北京：商务印书馆，2021 年版，第 31 页。

② 参见亚里士多德：《尼各马可伦理学》，王旭凤、陈晓旭译，北京：中国社会科学出版社，2007 年版，第 279 - 281 页。

中的这些悖论和令人疑惑之处。他没有否定这些悖论，而是努力去回答为何会有这些悖论，例如：有知识还是没有知识以及是否运用此知识与做某件事的关系；一个人能够自制不一定被认为面对所有的事都能够自制；当一个人在睡觉、醉酒、发疯的时候是有知识又没有知识的……亚里士多非常有趣地提到了要从不能自制者的灵魂的实际运作来考察不能自制这个现象。他首先认为所有的行为都可用三段论逻辑结构来分析：大前提、小前提、结论。大前提与公理有关，小前提与具体的事实有关，灵魂会根据来自这两个前提的结论去付诸实践。在此基础上，亚里士多德举了一个关于甜品的例子，他说如果大前提是"所有甜品都是令人愉悦的"，小前提是"这是个甜品"，那么当不自制者不被禁止品尝甜品的时候，一般他就会品尝，但如果内心有一个意见要阻止他品尝，这时候他可能还是会去品尝甜品，因为他正好有去品尝的欲望，欲望则有能力驱动器官，所以他就变得不自制了。① 亚里士多德在这个分析中肯定了欲望的存在，他还在论述快乐与痛苦时肯定了肉体欲望存在的合理性。亚里士多德反对违反理性去过度追求那些本质上是高贵的、和善的事情，比如过度热爱和关心自己的父母。从亚里士多德对"不能自制"的分析中，可以看到古代伦理学的确考虑到道德伦理与人的行为的关系，而人的行为如果顺从过度的快乐原则，就会被视为不能自制的人，就是不道德的人。从《尼各马可伦理学》对善的定义来说，善就是追求幸福，而幸福就是快乐。那么就过度的快乐或者只是沉溺于追求快乐这一行为本身来说，那就不是道德的人或者不道德的行为了。

拉康说弗洛伊德依循着伦理学家们的通路继续对快乐与道德问题的追问并不足为奇。他甚为欣赏亚里士德与弗洛伊德在某些方面的契合之处，赞扬了《尼各马可伦理学》对现在的意义。

二、以"欲"替"善"的欲望伦理学

拉康进入了弗洛伊德的快乐原则与现实原则的辩证关系中。拉康说弗

---

① 亚里士多德：《尼各马可伦理学》，王旭凤、陈晓旭译，北京：中国社会科学出版社，2007 年版，第 287 - 291 页。

洛伊德的快乐原则是一种惰性原则。"这一原则的功效凭借某种自动机制来调控所有通过某一个过程而聚集起来的东西。"① 在亚里士多德的分析中，快乐与欲望有关系，并且欲望具备对器官的驱动力，但他只是把这个理论落实到"自制"和"不自制"这个道德层面，没有深入人的精神层次，也就是还没有达到弗洛伊德的理论层面。弗洛伊德的快乐原则首先与人的精神层面的能量发生关系，他用了一个神经元的装置来解释精神的常规运作。现实原则的机制是对快乐原则的一种修正、克制、修复，以避免快乐过多或过少都会引发的不快乐。弗洛伊德的现实原则所指的不是所谓客观存在的现实，它指向的是为快乐原则进行的防御所面对的"实在"，或者说快乐原则要朝向的是史前大他者这个"实在"，现实原则就必须修正以避免快乐直接朝向这个史前大他者（例如孩子由从母亲的乳房所获得的最初满足开始，重复形成经验，但不是每一次重复都能够获得满足，因此需要替换物，比如人造奶嘴，所以快乐原则体现了一个不断要求得到满足的过程）。弗洛伊德认为主体从来没有在内部层面（包括思维层面）接受过快乐与痛苦的标记，直到语言的产生，思维只有在言语中才能被意识到。痛苦使得主体发声叫喊（语言的开始），敌对物才会引发主体的注意。语言和无意识话语终于浮出精神分析的"水面"。正是在这一机制的前提下，弗洛伊德对梦的构成和解释才是合理的：梦是乔装的欲望，不可直面的欲望之物必须通过无意识之梦存在。

不可直面之物——乱伦的欲望对象，拉康说这是自然与文化之间最神秘、最不可化约的点②，因为这个乱伦欲望会被终结和废除，快乐原则将继续寻找替换物。弗洛伊德在快乐原则层面迈出的那一步是向我们表明不存在"至善"——身为"物"、母亲、乱伦对象的至善是被禁止的善——也不存在其他的善。这就是在弗洛伊德那里颠倒过来的道德法则的根基。③ 弗洛

---

① 拉康：《雅克·拉康研讨班七：精神分析的伦理学》，卢毅译，北京：商务印书馆，2021年版，第39页。

② 拉康：《雅克·拉康研讨班七：精神分析的伦理学》，卢毅译，北京：商务印书馆，2021年版，第100页。

③ 拉康：《雅克·拉康研讨班七：精神分析的伦理学》，卢毅译，北京：商务印书馆，2021年版，第103页。

伊德的理论深入无意识精神层面，其理论内涵与亚里士多德理论吻合的地方就在于快乐不可过度，亚里士多德认为即使是好的欲望的快乐也不可过度，当然更不能达到极限。但他的说明似乎更像说教，而弗洛伊德的理论更依赖于生理能量的增减平衡。不过，两者都很好地说明了"至善"是不存在的。

但是康德的《实践理性批判》和萨德的《闺房里的哲学》都表达了对极限的追求，对不可接近之物的无限逼近。

康德最为有名的伦理学名言是：有两种东西，我对它们的思考越是深沉和持久，它们在我心灵中唤起的惊奇和敬畏就会日新月异，不断增长，这就是我头上的星空和心中的道德律令。这句名言出自《实践理性批判》最后一章，并且被镌刻在康德的墓碑上。康德向人类发出了要求无条件服从的道德命令。萨德（Donatien Alphonse François, Marquis de Sade）1740 年生于巴黎，是情色文学的鼻祖，因为淫乱罪、性虐待、强暴等罪名被囚禁28 年，后于 1814 年病死狱中。其著名的《闺房里的哲学》描述了为所欲为的情色生活。康德是一个极致的道德主义者，萨德是一个极致的淫乱主义者，但是在拉康的精神分析视域中，康德即萨德。

拉康之所以这么说，是因为他认为康德的道德绝对命令是一种先验的命令，其根基没有抵押物可以保证，并且是用理性对主体的行动进行抉择来证明道德律令的正当性。拉康认为康德的这种理性证明不周全，为此他援引了康德的两个论证情境，其中一个是：房间里有一位女士是一个淫乱者的欲望对象，人们允许他进入房间满足欲望，但会在门口放一个绞刑架，等他春风一度后出门就把他绞死。康德认为每个人的理性都不会选择为了一次欢好而丢掉性命。拉康觉得康德没有考虑到有人宁愿被绞死也想要满足其欲望的这种例外情况。拉康认为这种情形的发生与弗洛伊德对对象的过度拔高有关系，拉康则称之为"对对象的升华"①，他还举了骑士小说的例子，认为骑士小说把贵妇人这个对象提升到绝对高度，因此骑士之爱的不惜代价才富有浪漫和激情的意义。

---

① 拉康：《雅克·拉康研讨班七：精神分析的伦理学》，卢毅译，北京：商务印书馆，2021 年版，第 116 页。

康德的理性对道德律令的证明已经不成立了，拉康进一步指出康德道德律令的无情的排他性，即排除那些情感、感觉、快感的部分，这势必给主体带来一种痛苦。因此康德道德律令的绝对性并不会使人感到幸福，并且，忍受这种痛苦去执行无情的道德律令，使得主体像是道德的奴隶一般不得不服从律令的安排。因而，道德律令的绝对性、普遍性要求，无疑不是来自主体自身的决定，而是来自大他者的无情要求。拉康还认为康德的道德律令只是一个抽象的形式，并没有实际的道德内容，可是在这个内容匮乏的律令的空洞中，却显露了大他者的欲望。拉康认为，这个大他者的欲望实质上就是萨德的绝对欲望。

萨德的情色文学打开了相当可怕的欲望的极限维度，拉康这么形容他的作品：我们现在来看看萨德作品所处的地位，人们说，在能够用词汇表达对人类所有底线的触犯达到令人无法忍受的意义上，它是无法超越的作品；人们可以肯定，在任何时代的任何文献中都不曾有如此丑陋的作品，没有什么比它更深地伤害人类的情感和思想。① 萨德的情色作品带着赤裸显豁的词汇，人类所有的文明在他的情色乃至性虐待的描写中消失殆尽。拉康说萨德向我们表明的是这样一种观点，即他笔下的浪荡子们为追求快感无恶不作，他与康德坚持道德律令背道而驰：颠覆道德律令，鼓吹通奸、乱伦、偷窃和能够想到的所有坏行为。"把随便哪个他人都视为我们快乐的工具，让我们把这项权利当作我们行为的普遍准则。"② 萨德由此开启了欲望的极限之门。

一个是极致的理性伦理学，一个是极致的欲望伦理学。在过度逼近"物"这一点上，康德和萨德是一致的。过度将带来的是痛苦和疯狂。同时，因为所有的律令法则都要诉诸言语，而正是在言语中，极致的禁令和诏令都不可能完全实现，总是脱离"轨道"。拉康用摩西戒律对此进行说明，比如"不可说谎"的戒律，就命定地内涵了要说谎的冲动。言语阻止了我们对"物"的过度逼近。言语所陈述的律令总是包含着欲望——不可

---

① 拉康：《雅克·拉康研讨班七：精神分析的伦理学》，卢毅译，北京：商务印书馆，2021 年版，第 295 页。

② 拉康：《雅克·拉康研讨班七：精神分析的伦理学》，卢毅译，北京：商务印书馆，2021 年版，第 116 页。

磨灭的想要违背律令的欲望。

拉康对"善"的批判不止于此，他更批判了善所隐含的权力关系。比如无中生有的一片织物，可以形成一个织物链条：生产了织物，就有了保管织物、分配织物的需要，分配织物的权力就是由这个本来对人类有益的事物引发的，那么生产织物的善的欲望就旁落了，不可能了。所以，善本身是对人类欲望中心的阻隔，善的光芒"美"是第二重阻隔，并且是最邻近的阻隔。这是由于美学家们对美的谈论总是与减缓和平息欲望有关，"美的显现威胁、禁止欲望"①。但是拉康接着说道：这并非说美就不能在某个时刻与欲望结合，而是说它们总是只能非常神秘地以这一种形式结合，我只能以"侮辱"（outrage）这个词来指称这种形式，"人"这个词具有某种不为人知的隐线从中穿过的结构。此外，在我看来，"美"正如人们所言，是出于其本性而对侮辱无动于衷，而这并非其结构中最不重要的元素之一。②

欲望与美之间的结合形式是"侮辱"，但是还必须具有对这种侮辱形式无动于衷的内在本性才能称为美。这里从欲望与至善的道德伦理的关系直接过渡到欲望与美之间的结合关系，是以欲望之美替换了伦理之善。《安提戈涅》中的安提戈涅形象就是这个欲望之美的形象，她是界定欲望的目标点。

三、安提戈涅的光芒

安提戈涅的悲剧极其震撼人心：作为被命运捉弄的无辜女孩，安提戈涅以一弱女的身躯，悍不畏死，自然能够引起观众的怜悯。拉康对安提戈涅形象的分析用了"安提戈涅的光芒"来做标题，承认安提戈涅的美的光芒令人炫目。

拉康把安提戈涅视为对克瑞翁的国家律令的阻隔，因此可以说，欲望

---

① 拉康：《雅克·拉康研讨班七：精神分析的伦理学》，卢毅译，北京：商务印书馆，2021年版，第350页。
② 拉康：《雅克·拉康研讨班七：精神分析的伦理学》，卢毅译，北京：商务印书馆，2021年版，第350页。

之美是道德律令之善的界限。那么安提戈涅这个人物在剧情中面临了什么侮辱？她如何表现出对这种侮辱的无动于衷？

通过剧情我们将会发现，安提戈涅于第二次埋葬兄长的尸体被抓住后，一直在逼迫克瑞翁处死自己。克瑞翁试图说服安提戈涅放弃这个执拗的念头，对安提戈涅进行了规劝、恐吓甚至羞辱，软硬兼施，想让她承认自己的错误。让安提戈涅改变立场实际就是对她的最大羞辱。但是安提戈涅一直坚称自己的行为没有错误，也不打算改正。她在整个剧情中显得十分睿智，如同一个洞明世事的智者，同时又表现得勇敢无匹。例如她对嬷嬷说：

> 田野一片湿润，在等待着。一切都在等待着。我一个人在路上弄出很大的声音，我感到难为情，因为我知道它们等待的不是我。于是，我就脱了鞋，在田野没有察觉到的时候，我溜了进去。①

我们可以把这个对白视为隐喻，安提戈涅清楚看到了自己难堪的处境，这证实了她可能就是一个洞察人间一切隐秘的睿智者。她对克瑞翁用幸福生活来诱惑自己所作的回答显得勇敢又骄傲：

> 你们的幸福让我恶心，你们不惜任何代价，无比热爱的生活让我恶心！简直像狗舔着它们所找到的一切东西。还有那每日小小的运气——如果人们不太苛求的话。我，我要一切，立刻就要——完整的一切——否则我拒绝！我不愿谦虚，我，不愿意满足于如果我老老实实就可以得到的小小的一块。我要今天就有把握得到的一切，它得和我小的时候一样美——否则就死。②

安提戈涅所表现的洞明世事、义无反顾、绝不苟且的形象就是欲望深渊中散发的光芒。这种光芒就是那种义无反顾的死亡冲动，不畏惧，不苟且。无论如何不改变立场，悍不畏死，就是她面对侮辱的无动于衷。如果世界上还有什么是安提戈涅能够掌握的全部，那就是死亡，她完全掌控了

---

① 让·阿努伊：《安提戈涅》，郭宏安译，北京：人民文学出版社，2018年版，第23页。

② 让·阿努伊：《安提戈涅》，郭宏安译，北京：人民文学出版社，2018年版，第90页。

她的死亡，这是她的全部。这就是拉康所说的"死亡是以预见的方式经历的死亡、侵蚀这生命领域的死亡，生命是侵蚀着死亡的生命"①。安提戈涅的悲剧体现了"死亡冲动"的驱动力。

精神分析学的核心是欲望伦理学，而不是道德伦理学。拉康的一系列论证迂回曲折地从道德之善走到了欲望之美的目的地。在精神分析视域中，唯一有罪的不是违反了道德的善，而是违反了欲望，向自己的欲望让步。安提戈涅没有向自己的欲望让步。

四、传统伦理学已经完全被欲望伦理学取代了吗？

《雅克·拉康研讨班七：精神分析的伦理学》的最后一讲对亚里士多德伦理学和康德伦理学进行了批判。拉康认为亚里士多德的伦理学适合他那个时代的政治和城邦的结构，是主人的道德伦理学，是权力的道德；而康德的伦理学的无条件必然命令的证词"你应该"彰显的反而是欲望的位置（为伦理而伦理，伦理变成了欲望之对象）。可见，在拉康看来，传统伦理道德要么被理解为权力的道德，要么本身已经被论证变成了欲望。那么，诸如《安提戈涅》《俄狄浦斯王》《哈姆雷特》等悲剧中的主人公都体现了欲望的死亡冲动吗？其实，如果我们细读这些悲剧，会发现那些传统伦理学的价值观依然闪烁其中，拉康的分析为何对这些视而不见？

依照拉康关于康德的理论来看，安提戈涅的欲望就是"死亡"，为了死亡而死亡？拉康总是宣扬"欲望是他者的欲望"或者"欲望着他者的欲望"这样的断语，那么安提戈涅欲望着谁的欲望？谁又欲望着死亡，是她的父亲俄狄浦斯王吗？

在剧本《安提戈涅》中，安提戈涅在和克瑞翁的交锋中的确赞美了她的父亲俄狄浦斯王：

> 是的，我丑！这不体面，是不是？这些喊叫，这些暴躁，这场低
> 下的争斗？爸爸只是在他终于确信他杀了父亲，跟母亲睡觉，什么也

---

① 拉康：《雅克·拉康研讨班七：精神分析的伦理学》，卢毅译，北京：商务印书馆，2021 年版，第 365 页。

救不了他之后才变得高大美丽的。于是，他一下子平静下来：他仿佛微笑了，他变得美了，一切都完了。为了不再看见你们，他只需闭上眼睛就行了。啊！你们的脑袋，你们这些幸福追求者的可怜的脑袋！你们才丑，甚至最漂亮的也丑，你们的眼角或嘴角都有种丑陋的东西，你刚才说得好，克瑞翁，厨房。你们有着厨子的脑袋。①

拉康对俄狄浦斯王悲剧的分析与安提戈涅对她父亲的认知一致，俄狄浦斯王放弃了自己：人性的实存（existence），俄狄浦斯的实存倾向于在此终结。这一实存终结得如此完美，以至于他并非死于所有人的死，即偶然的死，而是死于真正的死，他亲自划掉了自己的存在（être）。这是被认可的诅咒；来自人的存在的真正的生存（subsistance），将自己从世界的序列中删去的生存。这种态度是美的，并且就像人们在牧歌中所言，它比美还要美一倍。②

俄狄浦斯一直在逃避关于他的命运的预言，而命运却在戏弄这个可怜的人。当他不逃避了，直接放弃一切包括他自己，让自己成为世界的多余的时候，命运的恶意终于失效了。俄狄浦斯的欲望是什么？要回答这个问题，就需要先理解俄狄浦斯的逃避行为——促使他采取积极的逃避策略的是命运的预言。命运的预言为何让他产生恐惧和害怕以至于逃避？因为那是一种未来入侵现时的刻度，这种入侵同时也告知俄狄浦斯王，这个预言的命运是恶的、是坏的，会威胁到他的存在。因而，俄狄浦斯的逃避行动就是出于保有自己的存在的欲望，希望不被淫邪的命运玷污，而这当然是这邪恶乱伦欲望的反面，即是符合传统道德伦常观念的存在。

安提戈涅理解她父亲的欲望，她也如同俄狄浦斯直面命运之恶一样去直面家族的厄运："她的欲望恰恰瞄准了 L'Atè 的彼岸。"③ L'Atè 是什么意思

---

① 让·阿努伊：《安提戈涅》，郭宏安译，北京：人民文学出版社，2018 年版，第 91 页。
② 拉康：《雅克·拉康研讨班七：精神分析的伦理学》，卢毅译，北京：商务印书馆，2021 年版，第 446 页。
③ 拉康：《雅克·拉康研讨班七：精神分析的伦理学》，卢毅译，北京：商务印书馆，2021 年版，第 366 页。

呢？拉康说可以用"残暴"的意义来解释，也可以用"厄运"来翻译。①安提戈涅背后的拉布达科斯家族的厄运来源于冤孽，来源于这个家族祖先做错事招致的诅咒。一个又一个事件都围绕这个诅咒展开，厄运接踵而至，始终笼罩在家族的每个成员身上，直至家族消亡。安提戈涅拼死也要违背克瑞翁命令的隐秘欲望，就是要逼近这个导致其不幸命运的 L'Atè；通过逼近，越过这个 L'Atè 界限，用身体的死亡来获得真正的生命。

俄狄浦斯和安提戈涅两个悲剧人物形象呈现的欲望伦理学奥秘在于：欲望着自己的存在。要说迷恋于存在的欲望，不得不提及《哈姆雷特》。当拉康在谈到安提戈涅悲剧时，特别提到了安提戈涅与哈姆雷特的关系：请好好琢磨下面这一点：她的欲望怎么了？这欲望难道不应该是大他者的欲望，并且栖息在母亲的欲望上吗？母亲的欲望既是奠定整个结构的欲望——它让厄忒俄克勒斯、波吕尼刻斯、安提戈涅、伊斯墨涅这些独一无二的苗裔来到世界上，同时也是一种有罪的欲望。我们在那里、在悲剧与人道主义的源头再次发现了一个与哈姆雷特的僵局相似的僵局，但特别之处是它更为根本。②

不管是弗洛伊德还是拉康，《哈姆雷特》这个戏剧最吸引他们的就是哈姆雷特在复仇过程中的延宕。在弗洛伊德的解释中，哈姆雷特之所以迟迟不能将复仇付诸行动，不停地拖延复仇时刻，是因为哈姆雷特在他的叔叔克劳狄斯身上窥见了自己弑父娶母的潜意识欲望的一面。克劳狄斯完成了他的潜意识欲望，乃至于克劳狄斯就是另一个哈姆雷特，杀死克劳狄斯就等于杀掉他自己。拉康则把《哈姆雷特》的悲剧核心视为迷失了欲望方向。哈姆雷特的复仇是不得不延宕，他只能在延宕中一步一步走向死亡，这是无法更改的事情，他在命运能指链中滑向死亡之渊。哈姆雷特对欲望的探寻与他的命运紧密地结合在一起。那么，哈姆雷特为何会迷失欲望方向？

拉康认为哈姆雷特的欲望是来自其母亲的欲望，也就是哈姆雷特"欲望着母亲的欲望"。而母亲的欲望对象发生了改变，从德高望重的前任丈夫

---

① 拉康：《雅克·拉康研讨班七：精神分析的伦理学》，卢毅译，北京：商务印书馆，2021 年版，第 366 – 367 页。

② 拉康：《雅克·拉康研讨班七：精神分析的伦理学》，卢毅译，北京：商务印书馆，2021 年版，第 414 页。

变成杀人篡位的现任丈夫，哈姆雷特却无法理解和接受母亲的这种选择（母亲实际上已经做出了选择，而不是拉康说的没有做出选择）。Tamise van Pelt 也这样写道："杀掉克罗迪斯意味着清除乔特鲁德的欲望对象，因为欲望着乔特鲁德的欲望，哈姆雷特不可能完成刺杀克罗迪斯的任务。"① 那么，哈姆雷特的欲望是可以选择的吗？于拉康而言，欲望始终只是一种空缺，无所谓选择，但是拉康的这个分析把哈姆雷特的欲望与母亲的欲望分割开了。按照"欲望是他者的欲望"这个论断，哈姆雷特应该认同其母亲的欲望，如果母亲的欲望对象变化了，哈姆雷特也应该随之认同，但是他没有，而是呈现为迷失状态。那么，出现迷失是因为其潜意识已经预知自己被排除在新的象征界之外，还是出于一种固守前象征秩序的惯性，又或者是因为他误解了王后的欲望？意即王后实际上欲望的始终是那个占据国王的位置的能指，不管是前任国王还是现任国王，谁在那个位置，她的欲望附着对象就是谁；但哈姆雷特却用了传统的伦理价值评价了父亲和叔叔，一个被评价为高贵的，一个被评价为卑鄙的。

Tamise van Pelt 尽量用符合精神分析的思路来看待这个问题，即认为哈姆雷特主体的叙事与母亲的欲望能指"菲勒斯"（phallus）有关。哈姆雷特的名言"to be or not to be"变成了"to be or not to be phallus"的问题，即他的主体性与母亲的欲望能指相联系，要么他成为菲勒斯，要么他拥有菲勒斯。但是他发现他的叔父占据了这个象征的菲勒斯能指位置。他在这个无序的世界里处处碰壁，才有了狂野撞击现有秩序的复仇行动。

这些推测都是有依据的。从悲剧剧情而言，哈姆雷特的未来岳父波洛涅斯在戏剧开端不久就要求女儿奥菲利亚不要与哈姆雷特来往，而奥菲利亚也遵从了父亲的要求。这个情节不应该被轻描淡写地忽略掉，而是可以考虑为波洛涅斯深知哈姆雷特已经不重要了：随着他的父亲的逝去、王位的旁落，哈姆雷特被排挤出新的象征秩序，这是可以被预见的。当奥菲利亚拒绝了哈姆雷特的时候，这个曾经的哈姆雷特的欲望对象也就失去了意义。就此而言，哈姆雷特认同或是不认同其母亲的欲望，都无关紧要。

---

① Tamise Van Pelt. the other side of desire: Lacan's theory of the registers, State University of New York Press. 2000, p. 110.

　　然而，旧有的象征秩序并没有马上消失，前任国王死不瞑目，其鬼魂还要求儿子为他复仇。这是来自大他者的绝对命令，对哈姆雷特而言，是不得不遵从的，但是这个大他者又是在现实象征能指链中已经消逝的能指，其权力的衰弱是无可争辩的。那么，哈姆雷特将如何遵从这个已经消逝的大他者的命令，并且说服母亲离开现在的丈夫，重返过去的欲望对象？在哈姆雷特看来，只有一种方法可以维护父亲作为大他者的存在的合法性，即把他描述为一个高贵优美的人，他有着太阳神一样的卷发，天神一样的额头，战神一样威风凛凛的眼睛；而另一边，克劳狄斯、乔特鲁德、波洛涅斯、奥菲利亚都被哈姆雷特放置到淫秽位置上。哈姆雷特依靠这种对立的善恶伦理价值评价维系他对父亲能指的再次确认。他的复仇延宕过程是一个时间过程，时间总是与存在相关联。拉康说哈姆雷特总是处在*他体*的时间中，实则这也是一部戏剧的延展过程。哈姆雷特在与他者的相遇中决定着自己的行动，劝说母亲，嘲讽母亲，嘲讽奥菲利亚，演戏试探克劳狄斯，暂时放过克劳狄斯，最后杀掉克劳狄斯，等等，都不过是他坚持维护原有象征秩序的欲望的过程。

　　但是，设想一下，如果老国王是一个暴君，是一个道德上有瑕疵的人，那么哈姆雷特要如何站在道德制高点上对其他人进行讽刺和复仇？这不得不再次提到安提戈涅。安提戈涅在戏剧中要埋葬死去的兄弟，但是这个兄弟品德上是有瑕疵的，他是一个被视为卖国贼的人，勾结了外国军队进攻本国。安提戈涅不顾当权者的禁令，一意孤行地做自己认为正确的事情，这给她带来了死亡，同时也让她成为一个悲剧英雄。那么这是不是说，如果哈姆雷特的父亲也是一个道德有瑕疵的人，他被谋害，哈姆雷特依然有权利去维护昔日的象征秩序，依然可以理直气壮地责备和嘲讽其母亲？他的欲望还会迷失吗？或者，安提戈涅是否太过分了，越过了所有人的道德底线和国家禁令？她为何执着于此？

五、欲望伦理学的另一面

　　拉康的无意识欲望主体理论是一个理论杂糅体。他借用了弗洛伊德的父－母－孩子的三角结构加上镜像实验理论，再加上语言学理论，来糅合成一个有别于弗洛伊德生理欲望的的欲望哲学。比如说镜像理论让孩子从镜像获得想象自我，父母再用语言加成，对着镜子里的孩子说："这就是你呀！"以此加固想象主体。语言的作用不单独在于加固想象结果，还在于拉康借用了弗洛伊德的例子，即孩子用线圈游戏（Fort /Da）来弥补母亲的离去与回来，从这里我们可以看到符号的替代性。除此之外，再用语言学能指所指理论加以改造，形成独特的能指链理论。拉康把无意识主体镶嵌在语言的能指链中，把欲望也镶嵌在语言的能指链中。能指链滑动的缝隙就是无意识主体闪现的地方，也就是欲望存在的地方。

拉康又总是宣称：欲望是他者的欲望，或者是欲望着他者的欲望。① 他用精神分析学惯用的家庭三角结构来说明：孩子欲望着母亲，母亲欲望着父亲，所以孩子从欲望母亲到欲望母亲的欲望。这个很清楚的逻辑回环结构才是他解释哈姆雷特悲剧的理论依据。

但是我们知道，哈姆雷特从前的家庭很幸福，他的父亲占据了母亲欲望能指位置的时候，他不会面临着"to be or not to be phallus"的问题，等父亲的菲勒斯位置被剥夺后他才面临这个问题。按照哈姆雷特所处的结构位置而言，他并没有改变自己的位置，而是改变了一种血缘关系，才会导致后续的事端。为什么"欲望着他者的欲望"一定要以母亲的欲望为基点？这个家庭结构的回环是不应该的，孩子要弄懂母亲的欲望，母亲得弄懂父亲的欲望，至于父亲，他欲望什么？难道我们一定要推测他在欲望母亲吗？这种从弗洛伊德精神分析借来的结构分明有弗洛伊德的生理欲望的遗产在默默起着作用，也只有在这样一个遗产继承基础上，"欲望他者的欲望"才是可能的。进入语言的能指链，如果要指认能指链中的主能指，每个能指本身就具只是差异而言都是平等的，每一个能指都可以是主能指，但最终主能指的形成所需要的只能是语言之外的条件。语言与现实是不能分割的，虽然拉康会说语言是对事物的谋杀，但就是因为谋杀，所以被铭刻，现实以死亡的姿态和语言联系在一起。每一次主体欲望滑动的短暂中止，都无非是遇到了某一个现实事件。或者说，欲望不可能只在能指链中空洞地滑

① 拉康：《雅克·拉康研讨班七：精神分析的伦理学》，卢毅译，北京：商务印书馆，2021年版，第568页。

动，而不诉诸行动。就如同哈姆雷特、安提戈涅和俄狄浦斯，只有行动才能标记他们真正的欲望。而每一次行动，都必须有足够的理由来说服自己和他者，来保证行动的意义。哪怕是萨德，尽管其在《闺房里的哲学》中鼓吹恶行，也不得不为恶行辩护，表示恶行能产生美德：恶行会引发原有系统的崩溃，创造新的开始。

欲望不可能无尽地在能指链中滑动，总会在现实显形，以有形的行动暗示那无意识深处的欲望，但行动需要意义的保证，而意义必须诉诸话语，因为意义也是需要得到他人的认可的，就像安提戈涅为自己申诉，让歌队为她叹息一样。主体诉诸不同的话语来体现自己的欲望的意义，而意义总是需要价值来保证的。比如安提戈涅的行动意义的保障来自她认为克瑞翁的禁令不是宙斯向她颁发的，所以可以不听从克瑞翁的命令；况且，她还有个理由，就是冥王哈得斯也不一定判死者有罪。她用神界大他者的命令反对了人界大他者的命令，来保障她的行动的价值；而俄狄浦斯的戳瞎双目、自我流放，难道不是以高贵的人的形式对抗了命运的恶吗？俄狄浦斯本身就是那个"弑父娶母"欲望的化身，但这个化身的最后姿态难道不是惩罚了这个无情的欲望？这个惩罚的价值不是彰显了传统的伦理秩序对于人的存在的重要性吗（例如已经凝固为现实传统的家庭关系）？

因此，正如传统伦理学不可避免要走向欲望伦理学，欲望伦理学同样难以摆脱传统伦理学，两者互相嵌入，此即为欲望伦理学辩证法。

事实的差异性面孔

——以胡塞尔、海德格尔、哈贝马斯为例

刘志兵①

摘　要: 本文在 20 世纪德国的思想视域中，以胡塞尔、海德格尔、哈贝马斯为例，简略考察事实作为认识对象、作为当时此在、作为交往行动的三种面相，试图呈现同一世界之中因不同的立场、视域、道路而形成的差异现象，以及这种差异如何承载思想之间的对话。

关键词: 事实；差异；对话；胡塞尔；海德格尔；哈贝马斯

什么叫作事实? 这个似乎有着标准答案的问题，在德国现当代思想家那里却引发了持续的争辩。海德格尔认为，"争辩是真正的批判"，是对思想家进行"真实评价的最高且唯一的方式"。② 海德格尔似乎把话说得很满，我们即使不能确定争辩是不是思想之间最高且唯一的对话方式，却也不能否认，如果没有争辩，不经立足于当下场域、当下视角、当下道路（亦即立场、观点、方法）的现实批判和发声，则很难与曾在的思想发生真正的

---

① 作者简介: 刘志兵，中国社会科学院博士，中国社会科学出版社编辑、历史与考古出版中心副主任。

② Martin Heidegger, *Nietzsche I*, *Gesamtausgabe*, Band 6.1, hrsg. von Brigitte Schillbach, Frankfurt am Main: Vittorio Klostermann, 1996, S. 3. 海德格尔:《尼采》上卷，孙周兴译，北京: 商务印书馆，2015 年版，第 5 页。

聚集。从这个意义上说，争辩既是对同一问题的言说与思考，又呈现出世界的差异性意义，因而属于对话的一种举动。

关于德国现当代哲学中的事实（Faktum）或者事实性（Faktizität）概念及其价值，邓晓芒曾指出，"事实"一词有"做"和"事"双重含义，康德所谓的事实是"能动活动"，是不受经验限制、实践法则和有效性同一的能动活动。胡塞尔、海德格尔的事实性是立足于这种同一性的直接明证性来展开现象学视野考察的，这一理解进而影响到萨特、哈贝马斯，堪称整个现象学运动的基本概念。① 也就是说，事实概念的界定呈现出思想者对于人和世界等根本问题的一贯探讨，可以作为审视德国现当代哲学思想之流变的一个切入点。

当人审视一个问题或者现象时，往往伴随置身其中的场域、角度或者路径，其中自然存在价值的设定。关键在于，我们不能把价值本身看作彻头彻尾的"人"造物，或者纯粹的主观意义。人通过设定自身的价值来审视世界并有所作为，根本上是一种生发于世界本身的举动。只要人处身世界之中，就要以区分和归属的方式与世界保持关联，通过思想之举动来承载传统和现实之间的对话。因此，场域、角度或者道路的选择，以对话的举动呈现出世界的差异性意义。本文在 20 世纪德国的思想视域中，以胡塞尔、海德格尔、哈贝马斯为例，试图简略考察事实概念的不同意义，呈现在同一世界之中因思想道路或者价值取向等缘故而形成的差异，以及这种差异如何承载思想之间的对话。

胡塞尔：作为认识对象的事实

无论是哈勒大学时期、哥根廷大学时期，还是弗莱堡大学时期以及退休后，胡塞尔都在不遗余力地推动现象学的发展，虽然在一些具体的观点和阐述方面时常变化，但是构建纯粹现象学的初心从未改变，或者说，愈发明确地显现出来。事实或者事实性在胡塞尔现象学思想中是比较重要的

---

① 邓晓芒：《从康德的 Faktum 到海德格尔的 Faktizität》，载《武汉大学学报（人文科学版）》第 66 卷第 2 期。

概念，因为本质和本质形式、个体直观和本质直观、本质还原和先验还原等现象学的标志性术语都要涉及前者。为了深入理解胡塞尔事实或者事实性概念的含义，我们有必要协同考察其现象学思想的生成语境和发生领域。

胡塞尔所处的时代是一个心理学大行其道的时代，心理主义作为一种思想倾向已经渗透到哲学及其他科学领域。为了抵制这种倾向，胡塞尔举起现象学的旗帜，对科学中的心理主义进行了深刻的批判。1900 年，他对心理主义"作为怀疑论的相对主义"以及各种"成见"问题做过透彻的分析。① 1913 年，他还在郑重提醒："我们时代中存在着极其广泛的将本质事物心理化的倾向。"② 在他看来，本质或者观念与意识之间界限分明，不容混淆。如果说内在的经验意识活动是心理学之地盘的话，那么，本质就是超出内在经验，或者说不在心理领域之内的东西。因此，有关本质的意识不等于本质自身。1929 年，他批评了"逻辑心理主义"倾向即将概念、判断、推理、证明等理性行为纳入心理现象范畴的做法。他指出这种做法的病灶在于，"将判断构成物（当然也指所有类似的理性行为的构成物）与内在经验现象相等同。这种等同是通过这些构成物和内在经验现象在行为意识本身之中的出现而得到论证的"③。尽管理性行为要通过意识活动来完成，但是，理性行为的过程和结果同时也是外在的，并非纯粹的内在的心理经验。

所谓心理化，就是内在经验化，是一种将外在事物理解成内在意识活动产物的倾向；站在这样的立场上审视、处理一切问题，便是心理主义。在胡塞尔看来，不能将观念或者本质等看成心理活动的产物，也不应该把逻辑学等学科划拨到心理学的领域。心理主义的最大弊端就在于混淆了这种差异，将人的认识心理化、经验化，继而难免落入怀疑主义、相对主义或者经验主义、唯心主义的窠臼。

---

① 胡塞尔：《逻辑研究》第 1 卷（1900/1913），载胡塞尔著，倪梁康选编《胡塞尔选集》，上海：上海三联书店，1997 年版，第 193－268 页。

② 胡塞尔：《现象学还原》（1913），载胡塞尔著，倪梁康选编《胡塞尔选集》，上海：上海三联书店，1997 年版，第 440 页。引文中黑体部分为原文所标示，下同。

③ 胡塞尔：《形式的和先验的逻辑》（1929），载胡塞尔著，倪梁康选编《胡塞尔选集》，上海：上海三联书店，1997 年版，第 275 页。

需要指出的是，胡塞尔并不否定作为一门科学的心理学，他反对的是心理主义，也就是将一切科学心理学化的做法。实际上，胡塞尔是非常重视心理科学的，正如他致力于哲学科学的建构那样。他在建构先验现象学的过程中，对描述心理学、现象学的心理学等问题做过深入论述，说明现象学和心理学之间有着密切联系。

如果说，心理学或者心理主义问题是胡塞尔与他所处的时代发生思想碰撞的激发点，那么，面对以笛卡尔、康德等人为代表的欧洲近代现象学思想传统，胡塞尔则是通过现象学或者先验意识问题来争辩的。

在胡塞尔看来，心理学是一门经验科学。所谓"经验"，既指"事实"——对实际发生的事情的经验，也指"实在"——对现实特定存在的显现。① 因此，心理学作为经验科学，具有事实性，属于事实科学。事实科学是宽泛意义上的"自然"科学，既包括生理学、心理学等狭义上的直接"及物"的自然科学，也包括历史学、文化学和社会学等精神科学。② 这里的"自然"，不是指与人类社会相对的那个大自然实体，而是指特定时空中"自然而然"发生的实在现象。本质科学与事实科学相对，包括逻辑学、数学、时间学、空间学等。③ 本质科学原则上不依赖于事实科学，恰恰相反，事实科学却要依赖于本质科学。④

然而，无论事实科学还是本质科学，都不是胡塞尔心目中终极的纯粹现象学。他最终要建构的不是一般的心理学，也不是一般的逻辑学，而是将事实、经验、实在等意识之外的东西统统放进括号中搁置起来的先验现象学。这门科学在方法上的突出特征就是本质还原和先验还原："纯粹的或先验的现象学将不是作为事实科学，而是作为本质科学（作为'埃多斯'的科学）而得到论证……这门本质科学所具有的还原方法将引导人们从心

---

① 胡塞尔：《纯粹现象学和现象学哲学的观念》第 1 卷（1913），载胡塞尔著，倪梁康选编《胡塞尔选集》，上海：上海三联书店，1997 年版，第 147 页。

② 胡塞尔：《事实和本质》（1913），载胡塞尔著，倪梁康选编《胡塞尔选集》，上海：上海三联书店，1997 年版，第 450 页。

③ 胡塞尔：《事实和本质》（1913），载胡塞尔著，倪梁康选编《胡塞尔选集》，上海：上海三联书店，1997 年版，第 460 页。

④ 胡塞尔：《事实和本质》（1913），载胡塞尔著，倪梁康选编《胡塞尔选集》，上海：上海三联书店，1997 年版，第 462 页。

理学的现象出发达到纯粹的'本质'，或者说，在判断思维中引导人们从事实的（'经验的'）一般性出发达到'本质的'一般性，这种还原方法就是本质还原。……先验现象学的现象可以被描述为非实在的现象。其他的还原，尤其是先验的还原将会对心理学现象进行'纯化'，使它们不再带有实在所赋予它们的并因此而使它们被纳入到实在'世界'之中的那些东西。我们的现象学不是实在现象的本质论，而是经过先验还原的现象的本质论。"① 通过本质还原和先验还原，经验的、事实的、实在的东西被搁置，先验意识或者纯粹意识，亦即意识的真身得以显现。于是，经由事实性、本质性的东西之剥离，先验性的东西得以留存；经由事实科学、本质科学之分离，先验现象学得以确立。

正是在事实科学、本质科学与先验现象学的区分中，事实和事实性、本质和本质形式的含义或者意义得以确定。在胡塞尔那里，所谓事实，就是特定时空中的此在，也就是个体事物。事实性意味着个体性、偶然性，与普遍性、必然性相对。"任何偶然之物的意义都在于具有一个本质，并且因此而具有一个可纯粹把握到的埃多斯（Eidos），并且这个埃多斯处于不同的普遍性阶段的本质真理中。"② 需要注意的是，胡塞尔所说的"此在"延续了德国古典哲学的用法，指的是在某一时间、某一空间点上的具体存在者。这个存在者关联着经验认识行为，是一种作为认识对象的此在（这个此在同海德格尔所说的此在取向各异，这一差异稍后在我们阐述海德格尔的事实概念时便可知晓）。胡塞尔将事实与本质相对举，为我们排列出一个对立的二元组合：事实—个体性—偶然性—事实性；本质—普遍性—必然性—本质性。

什么是本质？胡塞尔明确说，本质即"埃多斯"（Eidos），就是柏拉图意义上的"理念"（idea）。"本质（埃多斯）是一个新型的对象。正如个体的或经验的直观的被给予之物是一个个体对象一样，本质直观的被给予之

① 胡塞尔：《纯粹现象学和现象学哲学的观念》第1卷（1913），载胡塞尔著，倪梁康选编《胡塞尔选集》，上海：上海三联书店，1997年版，第147-148页。
② 胡塞尔：《事实和本质》（1913），载胡塞尔著，倪梁康选编《胡塞尔选集》，上海：上海三联书店，1997年版，第450-451页。

物是一个纯粹的本质。"① 他警示说，对于这个理念，要摆脱掉所有形而上学的解释，要通过直观的方式如其"被给予"的那样来理解。② 胡塞尔强调的是：第一，本质直观以本质为对象，个体直观以此在或者个体的事实、经验为对象。第二，个体直观亦可称为感性直观，是可以经验的，而本质直观不具有可感性，它较之个体直观更具纯粹性，也就是距离感性世界更加遥远。

概括来说，直观即能动的意识。意识既可以指向此在，成为关于这个特定对象的意识，也可以指向本质，成为关于这个不可经验的对象的意识。指向性，亦即意向性，是意识的存在特征。但是，这不等于说，意识没有自身的独立存在而仅仅是存在之物的"附件"。纵观胡塞尔的现象学行动，我们认为，对事实与本质、个体直观与本质直观等所做的区分，最终指向的都是思想的这样一个立场、这样一种视角，或者这样一条道路：意识不依赖于外在之物而存在，意识本身就存在！

这样，胡塞尔就从诸多维度为我们设计出一个三级跳式的通达纯粹意识存在的结构：事实—本质—意识；事实性—本质性—先验性；个体直观—本质直观—先验还原；事实科学—本质科学—先验现象学。这个结构是一个等级结构或者层级结构：由低到高，由外到内，从混杂到纯粹，从依赖到独立，从偶然到必然。这个结构从根本上讲，是一个认识论的结构。也就是说，胡塞尔是着眼于认识维度来审视事实问题的。每一层级都可以看作各个认识阶段的对象、特征、方法或者科学。如果不从意识这个本体或者认识这个领域着眼，我们就很难确切地把握胡塞尔的事实或者事实性的真正意义。

其实，早在 1907 年，胡塞尔就强调了现象学作为一门科学、一种思维态度或者哲学方法的目标："如果我们不去考虑认识批判的形而上学目的，而是纯粹地坚持它的阐明认识和认识对象之本质的任务，那么它就是认识

---

① 胡塞尔：《事实和本质》（1913），载胡塞尔著，倪梁康选编《胡塞尔选集》，上海：上海三联书店，1997 年版，第 453－454 页。

② 胡塞尔：《本质直观作为把握先天的真正方法》（1925），载胡塞尔著，倪梁康选编《胡塞尔选集》，上海：上海三联书店，1997 年版，第 479 页。

和认识对象的现象学，这就构成现象学的第一的和基本的部分。"① 正是在认识论的视域中，以纯粹意识为标的，胡塞尔给予事实或者事实性这样的定位：事实就是意识的一种对象，事实性就是一种认识性。在胡塞尔那里，事实总是与意识相对立的那个东西，总是需要人加以认识的对象。历史地看，胡塞尔致力坚持的认识论立场，恰恰是其后继者、同行者海德格尔小心提防的东西，因此，事实或者事实性在后者那里也就有了另一种意谓。

海德格尔：作为当时此在的事实②

《存在与时间》一般被看作海德格尔，特别是其前期思想的代表著作。实际上，《存在与时间》所呈现的存在论视域和道路，海德格尔早在弗莱堡时期就已开辟并且逐渐呈现出来。由于《存在与时间》中的实际性概念在含义上与其弗莱堡时期的界定保持了同一性，因此，我们在这里主要分析海德格尔早期的弗莱堡讲稿，特别是《存在论（实际性的解释学）》中的阐述。

首先需要说明的是，就一般的用法而言，与德文原词 Faktum 和 Faktizität 同义的还有 Tatsache 和 Tatsächlichkeit 两个词。尽管谈的都是事实问题，但海德格尔将现成事物的事实与此在的事实作了区分：用 Faktizität 标画此在，用 Tatsächlichkeit 标画一般的现成事物。海德格尔说："此在在某一种'事实上的现成存在'的意义下领会着它最本己的存在。然而，自己的此在这一事实的'事实性'在存在论上却根本有别于一块石头事实上搁在那里。每一此在总都就作为实际此在而存在，我们把实际此在的这一事实性称作此在的实际性。"③因此，本文选取"实际性"作为 Faktizität 的译名。

①　胡塞尔：《现象学的观念》（1907），载胡塞尔著，倪梁康选编《胡塞尔选集》，上海：上海三联书店，1997年版，第40页。
②　本节内容参考、吸收了本人在硕士阶段的研究成果，见刘志兵《对〈存在论（实际性的解释学）〉的阐释性研究》，硕士学位论文，中国社会科学院研究生院，2007年。
③　Martin Heidegger, *Sein und Zeit*, *Gesamtausgabe*, Band 2, hrsg. von Friedrich-Wilhelm von Herrmann. Frankfurt am Main：Vittorio Klostermann, 1977, S. 75. 海德格尔：《存在与时间》，王庆节、陈嘉映译，北京：商务印书馆，2016年，第83页。

　　海德格尔在《宗教生活现象学》的讲稿中，已经注意到事实的历史意义或者时间特征，以此来抵御对事实的认识论的主流阐释。实际之物，不能从认识理论来理解，不是像自然或者物那样起作用的东西，而只能按历史之物来理解，也就是从时机特征来理解。① 事实与知晓原本共同被经验。事情之为事实，原初就伴随着人对于事情的知晓，也就是以情为实，把事情经验为事实。曾经之所是，即现在之所是；现在之所是，即曾经之所是。人对待过往的经验，不能像对待物那样，随意地摆在面前加以处置；相反，曾经者与现在者是同一的，都属于人的存在。② 可见，事实是人所经历的事情，是在时间（差异）中所呈现的经历（同一）。在接下来的讲稿《对亚里士多德的现象学解释——现象学研究导论》和《对亚里士多德关于存在论和逻辑学的有关论文的现象学解释》中，海德格尔从实际生活出发，进一步审视事实与人和世界的关联问题。Faktizität 一词被频繁提及，但还没有作为同 Tatsächlichkeit 相区别的存在论范畴出现；相应地，此在（Dasein）一词也没有明确地用来专门标示人的存在意义。

　　在《存在论（实际性的解释学)》讲稿中，海德格尔已经明确地用Faktizität 来刻画此在的存在特征了。他在讲座的开头便对实际性的含义做了较为经典的阐述："实际性是对'我们的''本己的'此在之存在特征的称谓。这一表达更确切的含义是：当时的这个此在（'当时性'现象；参见逗留，不离去，寄寓于此，在此），就此在存在性地在其存在特征'那里'存在而言。存在性地存在于此是指：它不，并且永远不首先作为直观或直观规定的对象，或者只是作为我们对其认知并且获得知识的对象，就其自身来说，此在就存在于其本己的存在之如何那里。这种存在之如何打开并且包裹着这个当时的、可能的'此'。存在——及物的：是实际生活！存在本

---

　　① Martin Heidegger, *Phänomenologie des religiösen Leben*, *Gesamtausgabe*, Band 60, hrsg. von Matthias Jung, Thomas Regehly und Claudius Strube. Frankfurt am Main: Vittorio Klostermann, 1995, S. 9. 海德格尔：《宗教生活现象学》，欧东明、张振华译，北京：商务印书馆，2018 年版，第 9 页。

　　② Martin Heidegger, *Phänomenologie des religiösen Leben*, S. 96. 海德格尔：《宗教生活现象学》，欧东明、张振华译，北京：商务印书馆，2018 年版，第 94 页。

身永远不可能成为一种占有的对象，只要它取决于自身，即存在。"①

首先应该明确，实际性与此在相关联，是对此在的一种标示。此在，不是站在人对面的某种东西，而是属于人自己的东西；不是对人来说无关紧要、可有可无的东西，而是充盈人自身、彰显其存在的东西。此在虽然不专门指称人的存在，却道出了人最根本的存在特征：在此存在，而人无疑是最具这种特征的存在者。可见，所谓事实，就是此在，即存在；所谓实际性，也就是存在性。与胡塞尔相比，海德格尔认为，人的存在绝不首先作为直观的对象，或者仅仅作为认识的对象。前面我们已经提及，认识论的立场是海德格尔极力抵制和批驳的东西，他要坚持的是生存论或者存在论的立场。② 在他看来，认识论的立场是对人的生命的否定，因为，"认识论只是理论的塑造"③，而"所有的理论举动都是去生命化"④。

基于存在论的立场，海德格尔认为，存在特征显示出此在的存在之如何。也就是说，存在特征不仅对此在的"是什么"做了规定，同时还展现了它的"如何是"。存在是无法直观到、触摸到和把握到的，因此也不能当作"占有"的对象。但是，此在的如何存在却是绽放出来的东西。海德格尔明确地说，此在与它的存在特征是"存在性的"关系。所谓"存在性的"，就不单纯是对象性的或者认识性的。抵制不是扼杀，而是一种防御。海德格尔没有说存在不能是对象性的，而是说存在"首先"不是对象性的。此在首先不把自己的存在之如何看作认识的对象，也就是说，不把自己看作主体，把自己的如何存在看作与主体相对立的客体。恰恰相反，此在就"是"它的存在之如何。

---

① Martin Heidegger, *Ontologie（Hermeneutik der Faktizität）*, *Gesamtausgabe*, Band 63, hrsg. von Käte Bröcker-Oltmanns. Frankfurt am Main: Vittorio Klostermann, 1995, S. 7.

② Martin Heidegger, *Ontologie（Hermeneutik der Faktizität）*, S. 81 – 82. Martin Heidegger, *Sein und Zeit*, S. 59 – 60. 海德格尔：《存在与时间》（中文修订第二版），第67页。

③ Martin Heidegger, *Ontologie（Hermeneutik der Faktizität）*, S. 101.

④ Martin Heidegger, *Ontologie（Hermeneutik der Faktizität）*, S. 100.

在明确了实际性的存在意义的同时，还要注意它的时间意义："当时的"①。事实总是发生在某一特定的时间内，并且只有发生了的事情才可能称作事实，事实就是当时那一时间内存在的东西。所谓实际性，即当时的此在，就是"处于其当时性之中的此在"。此在镶嵌在已经成为事实的当时的境遇之中，它就"是"那个停留在当时的存在者。"当时的""当时性"与"逗留"的德文原词分别为 jeweilig、Jeweiligkeit 和 Verweilen，它们在词形上都有一个"weil"，海德格尔通过词形上的关联来挖掘"当时性"的意义。Verweilen（逗留），就是暂时的停留，就是片刻的不离去；而 jeweilig 和 Jeweiligkeit 则是在当时那个时段内的片刻逗留。可是，这种驻足不是在纯粹计数、"空洞无物"意义上的时间之中逗留，此在驻足于时机化的境遇当中，也就是说，此在现身于不断逼迫而来的、当时的空间处境之中。因此，"当时性"就不只是一个"时间"概念，它更是一个"处境"概念，一个"周遭世界"性的、"时到境来"的"境遇"概念。实际性中含有某种存在者的处世之在，这种存在者在其自有世界中照面，因其命运中绑定照面者之存在而能够自行理解。② 从存在论的角度讲，相较于宽泛意义上的事实性，实际性具有更切近人本身的意义："实"，是事实，也就是事实地

---

① 德文原词 jeweilig，一般是指在一个特定的情境中刚好现成的（参阅叶本度主编《朗氏德汉双解大词典》，外语教学与研究出版社，2000年版，第921页）。英译本将其译为："in each case for a while at the particular time"（每一个在特定的时间里的瞬间）。（参阅 Martin Heidegger, *Ontology—The Hermeneutics of Facticity*, trans. by John van Buren. Bloomington and Indianapolis：Indiana University Press，1999，p. 129）jeweilig 一词意指某个特定的时间，既可以是过去，也可以是现在。汉语里的"当时"一词，一般指"过去发生某件事情的时候"，属过去。孙周兴把 jeweilig 译为"当下"。"当下"主要有两个义项，一是"立即、立刻"与 jeweilig 的含义不符；一是"当前"属现在，符合 jeweilig 的部分含义。张祥龙把这个词译为"那时各自状态"（参阅叶秀山、王树人总主编《西方哲学史》学术版第7卷，凤凰出版社、江苏人民出版社，2005年版，第500页），突显了这个词的两个"意向"：一是"某个时段之内"的时间意义，另一个是"独特的"或者"本己的"之所属意义。但是，考虑到实际性主要标示此在"总是已经这样地在世界中存在"的特征，并且变动不居的"现在"总要成为"当时"，这里把 jeweilig 译为"当时"，表"正当其时（正当此在之时）"义。

② Martin Heidegger, *Sein und Zeit*, S. 75. 海德格尔：《存在与时间》（中文修订第二版），第83-84页。

存在过（着）；"际"，是时空的边界——事情发生时的境遇，也就是遭遇的周围世界。

　　总体上说，海德格尔从此在，也就是人的存在来审视事实的意义。着眼于人与世界之间的关联，人对世界的牵系呈现出时间－空间方面的差异特征，具体展开为即将存在之生存性、曾经存在之实际性、当下存在之沉浸性，三者共属一体，都属于人的世界性。我们认为，海德格尔的世界思想本身是有视角差异的。海德格尔后期著作中较少提及实际性，同其思想道路相一致：从积极的方面讲，体现出通过人来看世界与通过世界来看人之间的区别；从消极方面讲，也是为了免除主体主义的嫌疑。人以处世而在（在世界之中存在）（in-der-Welt-sein）的方式实际地存在，虽然强调了人与世界的共属关系，但是容易陷入对世界的主观主义理解（世界是人存在的结果）。因此，突破以此在为中心来领会世界的限制，从世界本身来思考语言、艺术、真理、思想等问题，让人囊括其中又不突出显现，成为海德格尔思想的一种思路或者视角。

哈贝马斯：作为交往行动的事实

　　哈贝马斯的事实概念具有新的视域，且在他的代表性著作《事实性和有效性：关于法律和民主法制国的商谈理论》[①] 中得到了集中而又详尽的阐述，甚至有些评论认为"事实性和有效性"大概可以作为哈贝马斯的整个哲学思想的主题。[②] 可以说，探究事实概念对于理解哈贝马斯的哲学思想十分必要。哈贝马斯的事实概念有哪些基本规定呢？我们认为，至少可以从三个方面来把握。

────────────

　　① 该书德文原版的主书名为 *Faktizität und Geltung*（Frankfurt am Main：Suhrkamp Verlag, 1992）。William Rehg 的英译本（Cambridge, Mass.：The MIT Press, 1996）翻译为 *Between Facts and Norms*，童世骏的汉译本参考英译本采用"在事实与规范之间"的译法。本文除引文外，采用"事实性和有效性"的译法。
　　② 哈贝马斯：《在事实与规范之间：关于法律和民主法制国的商谈理论》（修订译本），童世骏译，北京：生活·读书·新知三联书店，2014 年版，中译者后记，第 701－702 页。

其一，交往行动中的事实。

在《事实性和有效性》一书中，哈贝马斯明确指出，自己的分析是以交往行动理论为基础的，要用交往理性替代实践理性，不再将理性归属于单个主体或者国家－社会层次的宏观主体，而是强调交往行动主体通过语言媒介达成对于某种事物理解方面的共识，共同承认某些可批判的有效性主张。①

我们知道，实践理性是康德哲学中的基本概念，但主要运用于道德实践之中。哈贝马斯以交往理性替代实践理性，意在表明自己的分析并不拘囿于道德领域，而是广泛涉及以语言为媒介的日常生活，以及政治、法律、社会和文化等公共领域。交往理性在内涵、取向和功能上有别于实践理性，但在哈贝马斯重构性的理论中，两者之间有交叉、有承接。交往理性不像实践理性那样旨在形成动机和指导意志，而是通过商谈达成对于某种事物理解方面的共识。在哈贝马斯看来，"命题之真实、主观上的真诚和规范上的正当"② 是商谈的基本要求。一方面，这些要求超越了道德领域，同时具有真理和规范方面的意义；另一方面，这些要求使商谈成为一个有效的举动，切实保证共识的真正达成。可见，所谓有效，就是共同认可、一起承认；所谓有效性，就是理解上的共同性。

与理解上的共识相伴随的，是行动上的事实。也就是说，交往主体在公共领域内的实际行动即为事实。哈贝马斯认为，从规范交往主体的关系和行动来说，法律在当今社会具有特别重要的地位。由此，交往主体在公共领域内制定、实施、遵守法律规范的实际行动，也就成为哈贝马斯界定事实概念的主要着眼点。

其二，与规范共识保持张力的事实。

在交往行动理论或者商谈论的框架下，规范的事实性同有效性紧密相关，二者之间存在一种不容忽视的张力关系。能否处理好这种关系，关系

---

① 哈贝马斯：《在事实与规范之间：关于法律和民主法制国的商谈理论》（修订译本），童世骏译，北京：生活·读书·新知三联书店，2014 年版，第 4－6 页。

② 哈贝马斯：《在事实与规范之间：关于法律和民主法制国的商谈理论》（修订译本），童世骏译，北京：生活·读书·新知三联书店，2014 年版，第 6 页。

到国家政治是否合理合法、社会整合能否真正实现等重大问题。

事实性和有效性，既可以指向内在于语言的真理与意义问题，也可以指向道德、法律、政治、社会等领域内的规范问题，但主要指向法律行动的实施及其合法性问题。按照哈贝马斯的区分，事实性和有效性之间的张力有内在和外在之分：一是存在于法律之内的张力；二是存在于法律和其他领域之间的张力。在法律之内，"一方面是行为的合法律性（Legalität），也就是必要时借助于制裁来强制实施的对规范的平均遵守，另一方面是规则本身的合法性（Legitimität），它使任何时候出于对法律的尊重而遵守规范成为可能"①；在法律之外，"一方面是用商谈论所解释的对法治国的规范性自我理解，另一方面是或多或少按法治国方式进行的政治过程的社会事实性"②。

实际上，内在、外在的区分是相对的，只是各有侧重而已。法律是交往行动之公共领域的一部分，它不能脱离经济、政治、社会、文化等领域而独立存在；当然，其他领域的影响要通过法律行动的内部因素才能发挥作用。如果说法的事实性标示的是交往主体在公共领域内制定、实施、遵守法律规范的实际行动，那么，法的有效性标示的则是交往主体对于法律规范达成的理解共识。也可以简单地理解为，事实性说的是法律的社会现实性、实际接受性，有效性讲的是法律的合理性、规范认同性。二者不能截然分开：共识是内因，为法律的彻底实施提供认识上的可能；实施是效果，使法律规范的意义成为行动上的现实。如果只讲事实性，甚至是单纯外在的、强制的事实性，那么，法律就会失去它的真理性，社会也不会真诚地加以执行；相反，如果只讲有效性，没有落实到行动上，那么，法律就会失去它的规范性，社会整合的目的也不会达成。无论哪一种选择，法律最终都会失去它作为规范存在的正当性。

其三，致力于过程合法的事实。

如何协调事实性和有效性之间的张力，保证法律在社会中不仅切实可

---

① 哈贝马斯：《在事实与规范之间：关于法律和民主法制国的商谈理论》（修订译本），童世骏译，北京：生活·读书·新知三联书店，2014年版，第37－38页。

② 哈贝马斯：《在事实与规范之间：关于法律和民主法制国的商谈理论》（修订译本），童世骏译，北京：生活·读书·新知三联书店，2014年版，第358页。

行，而且自主实行呢? 哈贝马斯认为，制定法律的程序本身合法是根本的途径。因为，程序合法保证了交往主体的"自由"①，也就是人们作为交往主体参加法律的制定过程的事实性。

哈贝马斯说："法律获得充分的规范意义，既不是通过其形式本身，也不是通过先天地给予的道德内容，而是通过立法的程序，正是这种程序产生了合法性。"② 法律要想真正发挥其规范作用，单单依靠形式上、表面上的贯彻实施是不够的，仅仅依靠道德规范的导引也不可行，而是要通过立法程序的合法来保证司法、守法的有效性。也就是说，不是对于法律这个现成的规范达成共识就可以了，更重要的是，对于制定法律的程序或者过程也要取得共识。前一个共识是关于"什么"的问题，后一个共识则是关于"如何"的问题。从根本上说，后一个共识乃是更具力量、更深层次的共识，因为，相对于现成的规范，交往理性的商谈行动无疑在确立规范的过程中更具活动空间，更能发挥整合作用。

综合起来看，哈贝马斯的事实性阐述虽然大致可以归入法哲学的范围，但不拘囿于哲学领域，而是具有多元的学科视角和探求路径。这与哈贝马斯的"开放态度"有关："规范主义的思路始终有脱离社会现实的危险，而客观主义的思路则淡忘了所有规范的方面。这两个方面之间的紧张关系，可以被理解为对我们的一种提醒：不要固执于一个学科的眼光，而要持开放的态度，不同的方法论立场（参与者和观察者），不同的理论目标（意义诠释、概念分析和描述、经验说明），不同的角色视域（法官、政治家、立法者、当事人和公民），以及不同的语用研究态度（诠释学的，批判的，分析的，等等），对这些都要持开放态度。"③

尽管哈贝马斯对于法的事实性和有效性的解析主要针对的是现代法，描述了资本主义国家的社会状况，但是，他的交往理论或者商谈论对于法

---

① 哈贝马斯：《在事实与规范之间：关于法律和民主法制国的商谈理论》（修订译本），童世骏译，北京：生活·读书·新知三联书店，2014 年版，第 34 页。

② 哈贝马斯：《在事实与规范之间：关于法律和民主法制国的商谈理论》（修订译本），童世骏译，北京：生活·读书·新知三联书店，2014 年版，第 167 页。

③ 哈贝马斯：《在事实与规范之间：关于法律和民主法制国的商谈理论》（修订译本），童世骏译，北京：生活·读书·新知三联书店，2014 年版，第 8－9 页。

律施行的现实批判、对于法律规范合法性的理想期待、对于程序主义法律范式的特别强调，都有着极强的行动取向和交往意愿。在哈贝马斯看来，只有在真诚的交往中不断达成真正的共识和理解，法律等规范才能成为现实的，才具有真实性，而合法的商谈程序是一个根本的途径。

对话：经差异而来

综上所述，无论胡塞尔、海德格尔还是哈贝马斯，都没有简单沿袭事实的传统含义，而是呈现出事实的差异性意义。

海德格尔是胡塞尔的后继者，因为其思想的发生确实处于后者主导的现象学运动之境遇，并且深受其启发，以至于存在论思想与现象学思想之间具有无法割断的联系。在反对心理主义、建设新哲学方面，海德格尔是跟随胡塞尔的，或者说，是同胡塞尔站在一起的。早在弗莱堡时期，甚至更早的时期，海德格尔就曾抵制心理主义，表示认识并不归属于心理领域①，逻辑学的对象并非心理体验②；同时抵制将哲学归入科学的倾向③。至于这种新哲学应该是什么样子的，却是另外一个问题。海德格尔也是胡塞尔的同行者，因为他并没有亦步亦趋地沿着胡塞尔所开创的道路前行，而是开辟出新的道路——所谓的存在论转向。

对于事实，胡塞尔是站在认识论的立场上审视其意义的，致力划清经验与先验、实在与意识等之间的界限，维护的是纯粹意识或者先验意识，也就是意识的独立性或者主体性；海德格尔却站在了存在论的立场上，抵制的是主客体二元对立的认识模式，强调此在及其境遇的不可分割性，当然也包括人与世界的一体性。实际上，这种看似迥异的意谓骨子里有着一

---

① Martin Heidegger, *Frühe Schriften*, *Gesamtausgabe*, Band 1, hrsg. von Friedrich-Wilhelm von Herrmann. Frankfurt am Main: Vittorio Klostermann, 1978, S. 48. 海德格尔：《早期著作集》，张柯、马小虎译，北京：商务印书馆，2015年版，第59页。

② Martin Heidegger, *Frühe Schriften*, S. 85. 海德格尔：《早期著作集》，张柯、马小虎译，北京：商务印书馆，2015年版，第96页。

③ Martin Heidegger, *Phänomenologie des religiösen Leben*, S. 9. 海德格尔：《宗教生活现象学》，欧东明、张振华译，北京：商务印书馆，2018年版，第9页。

致的东西，那就是，要维护人作为此在或者意识的存在。只不过，胡塞尔是把独立自主的意识作为人之存在的明证，海德格尔则是将处世之在当作人的根本。

阅读海德格尔的著作，我们明显感受到，他是无意止步于意识这个终点的，而是要继续追问：现代认识论的形而上学所构造的意识基础本身奠基于何处？海德格尔曾经细致分析纯粹意识的基本规定，认为意识成为现象学的课题领域并不是通过溯源至事情本身来实现的，而是通过溯源至传统哲学观念（笛卡尔以来的现代哲学）来实现的。纯粹意识的基本规定并非源自意识本身。① 现代哲学以认识论的方式来思考意识问题。意识的存在、现实的存在之间的基本区分，设置了主体与客体之间意义的鸿沟。因此，现象学耽搁了两种追问：意向式存在者的存在；存在本身的意义。② 也就是说，现象学与传统哲学一样，对于存在者与存在之间的差异都采取"遗忘"式或者非自觉的姿态。不过，这种耽搁并非纯粹的主观念想，而是源自此在本身沉浸于世界这个根本的现实。在他看来，现象学所面对的还不是真正的事情本身，事情本身应该是为意识奠基的存在。

如果说，胡塞尔、海德格尔都是在纯粹哲学的视域中探讨事实问题的，那么，哈贝马斯的分析综合了哲学、法学、社会学等多样视角。哈贝马斯的事实概念是在交往行动理论框架下界定的，强调的是人在交往行动中如何通过商谈达成对规范的理解和共识，从而更好地实现人在各领域中的自主行动，实现社会整合。我们前面提到过，这种多元视角的取向与哈贝马斯本人的开放姿态有关。但是，哈贝马斯作为法兰克福学派的重要代表人物，这种开放姿态也并非其个体所独有，而是反映了战后哲学思想的实践吁求，即更加重视思想或者理论在社会政治、法律、文化乃至日常生活中

---

① Martin Heidegger, *Prolegomena zur Geschichte des Zeitbegriffs*, *Gesamtausgabe*, Band 20, hrsg. von Petra Jaeger. Frankfurt am Main: Vittorio Klostermann, 1994, SS. 141 – 142, 147, 149. 海德格尔：《时间概念史导论》，欧东明译，北京：商务印书馆，2014年版，第155、161、163页。

② Martin Heidegger, *Prolegomena zur Geschichte des Zeitbegriffs*, SS. 158 – 159, 179 – 180. 海德格尔：《时间概念史导论》，欧东明译，北京：商务印书馆，2014年版，第173 – 174、198页。

的建构作用。相对来说，哈贝马斯的理论学说与现实情境（如意识形态因素）的关联，往往让人更易觉察。①

我们认为，胡塞尔、海德格尔、哈贝马斯虽然身处同一个文化世界之中，但他们各自对于事实的言说，体现了立场、视角、道路等方面的差异。然而，这些差异并非思想之间阻断往来的诸多借口，而是因此呈现出事实的差异性面孔和世界（思想）本身的丰富多彩。因差异而争辩，经差异而对话，是思想本身的基本事实。

---

① 刘志兵：《在差异与同一之间——马克思主义在西方的"文化转向"》，载《浙江社会科学》2020 年第 4 期。

组织研究和系统理论视域下的文学复杂性

芮雨薇①

摘　要： 尼古拉·格劳比茨借用社会学的概念，指出文学在其组织中已发生转向，并深入探讨了"管理文学复杂性"的议题。在帕森斯功能社会学的基础上，德国系统理论家尼克拉斯·卢曼对系统理论的建构采取了独特的研究视点，将系统理论同现代社会的多元脉络联合起来加以观察。复杂性、悖论性和偶然性的特征牵动了组织与系统之间的关联，文学也在组织研究和系统理论的映照下，逐步探寻管理的形式与方法。当下，文学转向不仅是基于社会系统这一环境的复杂性，更是基于文学自身内部系统的复杂性，而其复杂性又与文本生产过程中的灵活性和偶然性交织在一起。在思考如何管理文学复杂性时，我们需要反思"管理"的缘由、方式、目的以及这一复杂行为本身。

关键词： 复杂性；文学；组织与系统；管理

在《管理复杂性：组织研究中的文学转向》一文中，尼古拉·格劳比茨（Nicola Glaubitz）梳理了组织研究在社会学领域的历时性发展。20 世纪 40 年代前后，组织研究初期主要借鉴社会学中"科学管理学""人力资源管理"等研究方法。至六七十年代，组织研究向更广阔的自然科学领域拓

---

① 作者简介：芮雨薇，四川大学文学与新闻学院文艺学专业硕士研究生。

展，与功能主义、实证主义、理性主义产生了思想上的交集。随着人们对理性主义产生疑问，组织研究中绝对纯粹的理性色彩也受到了挑战，如卡尔·维克（Karl E. Weick）提出：功能主义、理性选择、控制论等是否能有效地解释组织研究？80年代末出现了"去中心化""低等级结构"等新的组织形式，这表明纯粹的理性分析难以解答组织的"无结构"特征。

我们不禁追问将组织研究与系统理论并置的原因。当探究组织研究和系统理论的相关性时，尼尔逊·菲利普斯（Nelson Phillips）发现，在组织研究的理论框架中缺失的术语复杂性、悖论性和偶然性，正是他所认为的"还原主义理论"（即系统理论）的核心。组织研究对复杂性、悖论性和偶然性的分析，一方面借鉴系统理论，并在移植过程中自我衍生；另一方面又体现出对理性主义的异议与批判。在物理学中，克劳修斯（Clausius）于1865年提出的"熵"（entropy）这一概念泛指某些物质系统状态的一种量度，且最初用于"能量退化"。这一概念揭示了当一个过程被界定为具有可逆性时，在此过程每个极短的步骤中，系统都保持着趋于平衡的状态。当把这一概念置于组织研究时，不难发现，短时间里，在"要素"转移或者"能量"变化的影响下，组织内部也能保持一种"准静止过程"。

一、组织和系统的识别功能

和社会分类一样，组织与系统会借助审美等感性方式来区分内部与外部世界。在社会分化的进程中，人类的社会情感在某一时期被削弱，感性让步于知性。感性与知性的辩证关系在很长的历史时期处于混沌状态，两者很难保持相对的平衡，例如当下神话、巫术、宗教同算法、论证、科学的幽暗关系。当考察人类的原始分类时，如果采用类比和分析的方法，则可以看出语言系统内部的识别形式，在一定程度上和原始分类中以情感上的亲和性（即个体之间关系的远近）为基础来划分的法则相似。

列维－斯特劳斯（Levi-Strauss）在《野性的思维》中提到：森姆帕逊借用19世纪生物学中的例子指出，"科学说明总是相当于发现一种'配置'（arrangement）；任何这类企图，即使是由非科学性的原则所产生的，都能导致真正的'配置'结果"①。科学中的"非科学原则"给组织研究和系统理论中的"非理性元素"提供了另一种观察方式——不管导致"结构化活动"的原则和方法是什么，这些活动都具有自身固有的功效。组织与系统无法一直宣称自身的有序性和规整性，也无法借用科学理性的触角来抵抗感性的不充分要素。"审美感本身就能通向分类学"② 这一论断，一方面打破了感性和理性之间对立的平衡；另一方面，也为看似纯粹理性的科学过程提供了感性路径。

个体对组织和系统内部架构的识别，在某种程度上都带有感性与理性的复合色彩。组织与系统既作为研究对象，也作为使人类得以自我研究、自我省察的图式。在雅克·朗西埃（Jacques Rancière）看来，一件事物被当作艺术作品，"是因为它属于某种识别体制，这一识别体制规定了艺术作品中可见性、可说性和可能性的分配"③。主体接收客观事物的过程并非客观形象的直接投射，而是经过主观感性的复杂过滤。这些感性因素包括个体的喜好与记忆，也包括语言产生的偶然性干扰。在带有意识形态色彩的区分机制中，对语言的"选择"行为本身带有感性的印记，同时它也体现出个体对概念的识别和转化。"选择"与"拒绝"成为依赖于意识的具体行为，意味着将事物本身视为组织或系统，进而突显它的合理性成分；它也意味着需要将客体放置在某个宏观视域中来研究某物的"存在"。"感性的分配"是极为复杂的区分机制，它强调个体随时间建立起来的感知能力，这种感知能力会潜在地参与整个分配过程。

尼克拉斯·卢曼（Niklas Luhmann）对系统理论的研究是社会理论的一次革新，他一以贯之地以差异为基点，将系统理论的运转框架套用到对社会科学的研究中。在分析社会科学的问题与方法时，其差异性、偶然性和复杂性存在着三角结构式的互射关系。复杂性是差异性和偶然性的结果，

---

① 列维－斯特劳斯：《野性的思维》，李幼蒸译，北京：商务印书馆，1997 年版，第 16－17 页。

② 列维－斯特劳斯：《野性的思维》，李幼蒸译，北京：商务印书馆，1997 年版，第 18 页。

③ Battista Emiliano, *Dissenting Words：Interviews with Jacques Rancière*. Trans，Emiliano Battista. New York：Bloomsbury Academic，2017，p. 232.

这意味着除了那些已然实现的选择，还存在其他选择的可能。如同维特根斯坦《逻辑哲学论》中提到的："每一个物可以说都处于一个由诸可能的基本事态构成的空间中。"① 这与朗西埃的区分机制存在相似之处，它反映出被某种"选择"排除在外的隐性存在是一种"实存"，组织和系统各要素之间也得以形成多元的组合。

卢曼指出系统具有"自我观察""自我套用"的能力，这一能力有助于识别系统内部要素以及系统的观察对象。"复杂性是指可能世界及状态的全部，某种事物至少有两个状态，那么就是复杂的。"② 卢曼借助"复杂性"统合了他所研究的"世界"，并在此基础上探讨了"外部世界"何以形成。复杂性之所以能对"复杂世界"的特性加以概括，是因为它可以自我衍生——复杂性意味着必须采取进一步的选择行动。在此情况下，如果一个系统各个组成部分之间的连续性关联失效，那么这个系统便会观察自身。这一观察既暗含卢曼提出的"二阶观察"，又指向系统的"自我套用"功能。卢曼认为，自我套用是"系统的一种反省能力：系统不仅是观察对象而已，它同时也将自己的观察方式看成是自己观察的对象"③。和卢曼不同，米格诺罗（Mignolo）认为"观察"首先需要真实的、有区别的观察者，"观察"并非"自生系统"的起源和动力，而是从系统自生动力中分离出来的外部单位。系统在观察对象时，会使用到"区别"：系统不仅是观察的对象，也将自己的观察方式作为观察的对象，此处"自我套用"将系统具有观察能力这一假设作为前提。

卢曼进一步分析到系统的"区别"功能可以调节系统的复杂程度。系统以"区别"来观察它所制造的现象，即区别被套用于区分出来的材料时，便会不断衍生，进而引发一种复杂的事态。复杂性还要求系统"在其组成

---

① 路德维希·维特根斯坦：《逻辑哲学论》，王平复译，北京：九州出版社，2007年版，第13页。
② 克内尔、纳塞希：《卢曼社会系统理论导引》，鲁贵显译，台北：巨流图书公司，1998年版，第52页。
③ 克内尔、纳塞希：《卢曼社会系统理论导引》，鲁贵显译，台北：巨流图书公司，1998年版，第34页。

部分之间建立选择性的关系，即将它们组织成集群"①。卢曼将智利生物学家马图拉纳（Maturana）和瓦雷拉（Varela）在细胞研究中提出的"自我再制"引进系统理论，并认为系统能自己维持自己，且按照自己的动力与内部状态来引导整个运行过程。系统的组成部分不存在"输入"或"输出"，也不取决于环境，而只是受到环境的激扰。如细胞可以自我繁殖，系统也生产出与自身相统合的要素，进而生产出构成系统的一切单元。值得注意的是，系统组成部分的繁衍方式是有节制的、定向的。卢曼结合"自我套用"的概念，给系统的生产施加了限制，使系统在理论层面维持了平衡。

此外，系统还通过一种"递回过程"以限制复杂性的创生：在算式逻辑中，系统的生产要素将不断地以前一次结果作为下一次运算的起点，从而达到固定值"1"。它既是输入的结果，也是输出的结果，这一模式实现了系统的自由与统一，也使研究系统的复杂性成为可能。卢曼在反观自己的理论时指出："如果第一代的一般系统理论的问题仍是组织了的复杂的话，那么，现在的兴趣则较强地指向组织特有的自我套用。"②

这表明在系统研究中对"复杂性"的动态转移，同时也加深了研究的复杂程度。在反思系统理论时，卢曼对佛思特（Heinz V. Foerster）谈到的递回过程操控论的思考模式加以评价，他觉察到佛思特试图准确地表达出那些动态的、能够自我强化的过程，但又并非将整个过程化约到个别独立的因果关系中。佛思特的想法重新定义了旧有的系统研究范式，他不是将系统放在某一场域或某种制度下研究，而是对它普遍的研究惯例提出质疑。同语言学中对"复调"和"一词多义"的研究一样，组织研究和系统理论都在探求新的发展路径，以此来观察系统之外的特殊成分。

二、复杂性——文本、组织、系统

在卢曼看来，复杂性是"一个系统通过一个基本的选择过程来构成它

---

① Martin Middeke & Christoph Reinfandt, *Theory Matters: The Place of Theory in Literary and Cultural Studies Today*. London: Palgrave Macmillan, 2016, p. 186.

② 克内尔、纳塞希：《卢曼社会系统理论导引》，鲁贵显译，台北：巨流图书公司，1998年版，第33页。

自己，由此区分属于这个系统的元素和它外部的元素"①。系统内部要素偶然地组合在一起，其偶然性的非定向特征直接关联着系统的复杂性与灵活性。组织研究和系统理论不仅应注意系统的自我再制、自我观察、自我套用、自我选择，还应探究其内部各元素之间如何进行自由流通。

当组织与系统内部的分化方式不再追求"等级化"时，其内部要素才有实现自由流通的可能。内部分化即社会系统的动力来源，这一过程促成了系统结构的存续和稳定。如果系统保证自身在自我观察的基础上运行，那么灵活性和适应性就会增加。社会系统在基于语言意义的媒介中复制和观察自己。而语言本身可以作为悖论的来源。系统理论考虑了不同观察者位置的可用性，且考虑到观察者和观察对象之间的依赖作用。用卢曼的话说，它提供了一个多背景的、超复杂的且没有统一视角的描述框架。

一些研究者借助"民族志书写"的背景及其具体时代语境的转变，来说明文学研究与组织研究的相关性和可移性。格劳比茨指出，"组织研究的文学转向只有在'民族志转向'这一更广阔的背景下才对文学研究具有指导意义"②。无论是民族志方法的话语分析，还是后现代文学理论中涉及人种学方法的"深度描述"，都引起了文学和文学理论的位移。注重细节的田野调查与访谈以及采用定性方式探析的民族志阐释等，都与文学研究、组织研究之间存在着共同的基础。

在探索民族志学者的实践过程时，詹姆斯·克利福德（James Clifford）注意到文学形式是民族志作品本身不可或缺的元素。人类学家扮演着"人类工程记录仪"的角色，在观察、阅读、交流、叙述、写作的整个活动中，他们努力地创造着文学实践、民族志书写和组织研究的新型网络。格劳比茨在克利福德研究的基础上，找到了一个焦点，这个焦点"是一种接近对象，并得以构成对象的特殊风格，它承诺贴近现实——在先入为主的概念

---

① Martin Middeke & Christoph Reinfandt, *Theory Matters: The Place of Theory in Literary and Cultural Studies Today*. London: Palgrave Macmillan, 2016, p. 186.

② Martin Middeke & Christoph Reinfandt, *Theory Matters: The Place of Theory in Literary and Cultural Studies Today*. London: Palgrave Macmillan, p. 190.

和系统连贯但具有高度选择性的理论框架的距离感之上"①。这正好说明了文学研究得以转变为组织研究的能力——二者都呈现出灵活的反系统姿态，在处理、建构、分析对象的进程中具有理论框架下仪式化的生产力。

在实践中，民族志学者和文学学者都旨在贴近现实，同时，他们也时刻保持自我批评的自觉，如针对认识、阐释、书写、阅读、形成文本这一过程的语用学反思，既应确保特定的认识论关联，又应逃避程式化与泛化，它和新历史主义相似，都试图将特殊与普遍结合起来。这种逃避可以理解为对社会普遍规范的抵制，如同克利福德在研究哈林特的文本时讲到的那样，"根据方言文本的中心地位，人种学家认为，它们代表了美拉尼西亚（Melanesia）表达的最真实可用的来源。他们的信念基于他们'收藏'的特定方式"②。美拉尼西亚是以交换的节奏作为时间的结构。西方视野下的人种学时间通常是固化的、线性的、循环的，研究者们收集数据，在这种文学形式与组织方式中，研究者首先需要清楚自己在他民族中的时间定位及社会定位，同时还要清楚在探究意义时，阐释的多义性、复杂性和不稳定性。他们拒绝"制造"某些惊人的数据，也拒绝与某类信息发出者合作。虽然田野调查需要某种共谋，但是这种共谋不是跨民族的互惠，而是不断地赠予和互赠，在研究者与本土的逐步融合中，逐渐形成共谋和互赠的节奏。

对克利福德而言，研究者深入体察并非民族志书写的最好形式，它应实现自身在组织内容及结构层面的转型。如果研究者以"告密者"的身份书写，那么他们可能陷入文献和翻译的困惑，他们的告密行为或许也不符合任何类别的传说，因为语言本身是洞察力的主要来源，它影响着文化书写的认知方式与表现形式。马林诺夫斯基（Malinowski）的文本侧重人种学家的在场，他的人种学阐释以一种外来的视野自居。哈林特的文本则与之

---

① Martin Middeke & Christoph Reinfandt, *Theory Matters: The Place of Theory in Literary and Cultural Studies Today*. London: Palgrave Macmillan, p. 191.

② James Clifford, "Fieldwork, Reciprocity, and the Making of Ethnographic Texts: The Example of Maurice Leenhardt", *Man*, New Series, Vol. 15, No. 3, 1980, pp. 518 – 532.

相反，"它们由告密者私下编写，使用的是他们最近学会读写的该民族母语"①。此外，哈林特编写了一套美拉尼西亚人使用的词汇和语法，为严肃的读者提供了精选的工具，以便了解新喀里多尼亚地区的话语和仪式的语义复杂性及其具体的情景变化。正如法尔津（Sina Farzin）对卢曼理论中的观察者所评价的那样："排他的观察者不是任何一种自我参照的系统，而是明显的拟人化。"② 这表明观察者本人必须做出行为上的选择，他要相信自己的感官，并有持续思考的能力以及叙述的欲望。

在对后殖民的批判中，米格诺罗认为"差异不是在系统边界内产生的，而是在具体的跨文化接触中，由系统之间的认知摩擦产生"③。米格诺罗的看法和克利福德对民族志书写的研究存有共通之处，在文化系统的复杂构成中，差异离不开跨文化的认知摩擦，且总是同多元、悖论、歧义捆绑在一起。差异在不断的变动中自我呈现，当谈及后殖民批判对差异的分析时，米格诺罗强调"中心的流动性，说话或写作的力量，以及对话语发音位点的建构"④。这便于我们进一步的观察与定位。在系统中，无论我们对发音位点秉持何种态度，都指向了现代性的逻辑。这又再次回到了系统观察的局限。差异并非只存在于系统内部，它与观察者结合在具体的情境之中，并与他者系统发生反应，因此，差异可以成为特定系统的循环动力。

苏迪普·达斯古普塔（Sudeep Dasgupta）认为"文化旅行"的延迟、绕道和目的地都具有空间和时间维度，"时间的偶然性正是它在现代性语境中被操纵的原因。旅行可以被映射为身体的时间运动，其偶然性对现代性

---

① James Clifford, "Fieldwork, Reciprocity, and the Making of Ethnographic Texts: The Example of Maurice Leenhardt", *Man*, New Series, Vol. 15, No. 3, 1980, pp. 518 - 532.

② Martin Middeke & Christoph Reinfandt, *Theory Matters: The Place of Theory in Literary and Cultural Studies Today*. London: Palgrave Macmillan, 2016, p. 159.

③ Martin Middeke & Christoph Reinfandt, *Theory Matters: The Place of Theory in Literary and Cultural Studies Today*. London: Palgrave Macmillan, 2016, p. 161.

④ Martin Middeke & Christoph Reinfandt, *Theory Matters: The Place of Theory in Literary and Cultural Studies Today*. London: Palgrave Macmillan, p. 161.

的体验至关重要"①。文化旅行不能被简化为出发点与目的地的两点式结构，旅行中的延迟、绕道都带来了单一系统之外的偶然性线条。这些线条来源于偶发事件的迂回和延误，且能带来更加复杂的文化体验。

在促进组织和文本的有机结合时，格劳比茨的探讨从文本同组织研究、系统理论的复杂性转移到了"灵活性"上。组织研究中的文学转向无法忽视文本自身的灵活性优势，当下对文本的接受与阐释带有浓厚的后现代主义色彩。一部分理论代表主张将读者的个体性融合到对文本的阅读过程中，因此，被限定的观察方式沦为假象。研究者关注到"审美概念和风格对于观察组织中参与者的实际行为具有'启发'和'感化'功能"②。读者的感知力一方面基于阅读视野、联想与想象、读者对规范式审美技巧的回避、读者与文本的非正式互动、读者的联想与想象等；另一方面则又基于文本中的复杂语境。

文本的不稳定性并未随着"作者之死"的设定而消失，在传播、接受、再生产的链条中，文本的复杂性附带着偶然因素。克利斯蒂娃（Kristeva）在《诗歌语言革命》中谈道，每个文本从一开始，便受到其他文本的管辖，任何文本都在不同程度上与其他文本相互参照，相互交涉。文本之间的关联性表明：当遭到他者的扰动时，其内部组织可能发生不同程度的变异，这有利于文本在系统中维持特性。此外，文本"不是一个产品，而是生产"③。作为一种组织形式，文本具有不断衍生的能力。它可以借助作家的非线性叙事、插入对话、限定视角、割裂时空等特殊化处理，同时也可以借助个性化、具体化的案例，来反对某种普遍认证。正如埃里克·阿约特（Eric Hayot）强调文学是逃避一般化的东西。在复杂性面前，文学应该思考如何有效地管理自身。"作为文学特质的整体性形态已不复存在，而它作为

---

① Christoph Lindner & Andrew Hussey, *Paris-Amsterdam Underground*: *Essays on Cultural Resistance*, *Subversion*, *and Diversion*. Amsterdam: Amsterdam University Press, 2013, p. 68.

② De Cock, Christian & Christopher Land, "Organization/Literature: Exploring the Seam", *Organization Studies*, Vol 27, No. 4, 2006, pp. 517 – 535.

③ 钱翰：《二十世纪法国先锋文学理论和批评的"文本"概念研究》，北京：北京大学出版社，2014年版，第30页。

碎片化了的文学性要素或成分，却又似乎在所有领域都无所不在、随处可见，这就是所谓文学性的泛化、扩张与蔓延。"① 文学抵抗社会和规范的方式之一，便是打破自身的完整性，通过碎片式的自由组合实现自我调节。

文本天生的独立性体现在文本自我表露的能力及其辅助式的表现策略上。不管是结构上的非线性架构，还是语言上的修饰和隔膜，都是对文学组织形式多样化的探寻实践。在维克多·什克洛夫斯基（Victor Shklovsky）看来，艺术的目的是把事物提供为一种可观可见之物，而不是可认可知之物。艺术的手法是将事物陌生化的手法，是把形式艰深化，从而增加感受的难度和时间的手法。② 这涉及艺术目的和手法的问题。可以看出，在组织研究和系统理论的视域下，艺术和文学会回归到对偶然性、复杂性和灵活性的考察。文学组织不可预测的特征源于符号的不确定性及语义的漂移性。朗西埃所谓的"文学性"是指"写下来的词语任意流通，没有一个合法的体制来规定词语的发出者和接收者之间的关系"③。当研究文学的复杂性时，组织和系统并非一种静态的图式，而是包括篆刻、打磨、抛光、流通、定制等一系列生产过程。文本的语词可以处在一种流通的状态，并对语法结构施加张力。词语的自由在于意义的偏离，其表意的偶然性和灵活性使它在语言系统中能够找到众多不可预知的替位者，由此产生意义的多元组合。

从特里·伊格尔顿（Terry Eagleton）对"文学事件"的论述来看，其要义在于反对将文学作品视为一种稳固的结构，伊格尔顿强调的"事件"是一种文学"行动"或文学"策略"，它与读者的阅读行为密切相关，只有在文本结构与阅读行为的互动关系之中，才能真正理解文学意义及其功能。④ 文本的意义没有终结，它在每次与读者意志的"迎合"中诞生崭新的

① 赖大仁：《"文学性"问题百年回眸：理论转向与观念嬗变》，载《文艺研究》，2021年第9期，第39页。

② 维·什克洛夫斯基：《散文理论》，刘宗次译，南昌：百花洲文艺出版社，2010年版，第11页。

③ Solange, Guénoun, et al. "Jacques Rancière: Literature, Politics, Aesthetics: Approaches to Democratic Disagreement", *SubStance*, Vol. 29, No. 2, 2000, pp. 3–24.

④ 特里·伊格尔顿：《文学事件》，阴志科译，开封：河南大学出版社，2017年版，第189–191页。

样貌，这与雅克·德里达（Jacques Derrida）提出的"延异"之意相近。"延异"表现为文本意义随着时间的不断延续而变异，时间的无止境使意义释放得更为彻底。"延异"暗示了语言文字诞生之初就具有的自我更新的能力——如同德里达笔下的"马克思的幽灵"，它超越了"在场与非在场、有效性与无效性、生命和非生命之间的对立"，对于不在场的东西而言，总是有着某种可能性，使得能够在某种"将来"（à-venir）之中呈现。[①] 结构主义带有机械化、图示化的倾向，它否定主体的历史性在场以及主体的具体差异。

三、文学复杂性的管理

复杂性并非某种化约公式，文学的、组织的、系统的复杂性也无法无限繁殖，若借助卢曼系统理论中"拟人化的管理者"，或许能对复杂性加以有效的管理。

当再次引入审美观念和审美形式时，读者的感知视野存在既定的边界。审美中的主观因素对组织观察者的影响是有限的，观察者难以逃脱文本的理性逻辑，即便是灌输到文本中的个体想象，也会受到理性的限制。理论上，在研究文学复杂性时，观察者只能有节制地注入感性的变量。胡塞尔认为"意向性"弥合了主客体之间的分离，所有意识总是关于某一对象的意识，文学在审美层面的复杂性虽然会面临个体意识的激扰，但文学审美对象总是处于某种意识之中，意向性在主客体之间建立起了一种"切合性"或"一致性"（adéquation）[②]。

文本和叙述本身可以作为一种减少复杂性的形式，这与约翰·劳（John Law）的观点相照应。约翰·劳认为，写作即排列工作。或者可以说，写作即有序的工作。文学文本的组织性特征表明：文本具有强加秩序的能力。不管写作对文本施加秩序的强度怎样，文本始终处在写作的管控之中。正

---

① 邓刚：《从绵延到延异：德里达对柏格森的批判性推进》，载《厦门大学学报（哲学社会科学版）》，2015 年第 5 期，第 114 页。

② 王嘉军：《他者的暴力与解构的差异：德里达与列维纳斯的语言论互动》，载《南京社会科学》，2017 年第 1 期，第 56 页。

因如此，文本在后期自我再制、自我生产时部分地躲避了被毁灭的风险。组织研究的理论家认为文学创造秩序能力的重点在于："这种秩序突出了其自身的不稳定性，并对具体的组织现实保持敏感。"① 文本秩序反对自我僵化，文本在组织现实中会做出些许让步——以不过度危害自身灵活性和复杂性为前提。

在某种意义上，写作可以被理解为共享意义的建设活动，毕竟，即使最明显的私人经验也含有普遍性。私人经验需要依靠语言来实现文学的转化，语言的目的导向却仍会受到时空限制，这种限制也是文学之所以成为文学的要素之一。就统计概率而言，文本可以被视为一种概率的呈现，对自然语言的处理大多是从统计概率上完成的。

为了存在，为了创造出二元式认知以外的世界，首先，文学、组织和系统应该将复杂性规束在合理的范围之内，其次，复杂性也要尽量忽视差异。

管理复杂性并非棘手之事，观察者与研究者可以扰乱原有的逻辑，在组织或系统中注入必要的隐形事物。此外，如果将文学、组织、系统的复杂从原有的观察背景中分离出来，让它处于"一个比它本身更大的框架中捕获一个分类系统，且不沿着同一条线进行区分"② 的情景中时，对于复杂性的管理会在管理方式的复杂性上得到些许释放。芮塔·菲尔斯基（Rita Felski）提出，批评家总是通过文学的外部批评，将文本的符号结构放入更大的框架中加以阐释——而不是像传统的文学批评那样，仅仅满足于在文本的独立系统之内进行审美判断。③ 当把对文学及其复杂性的研究放置在更广的话语空间与观察空间时，文学在新的批评与反思中，也就更有可能实现"文学自觉"，这种自觉能让文学在他者的场域降低固化风险，也能让文学在参与他者的过程中避免自我中心化。

---

① Martin Middeke & Christoph Reinfandt, *Theory Matters: The Place of Theory in Literary and Cultural Studies Today*. London: Palgrave Macmillan, 2016, p. 188.

② Martin Middeke & Christoph Reinfandt, *Theory Matters: The Place of Theory in Literary and Cultural Studies Today*. London: Palgrave Macmillan, 2016, p. 139.

③ 但汉松：《走向"后批判"：西方文学研究的未来之辩》，载《文艺理论研究》，2021年第3期，第79页。

以福楼拜写作小说采取的补救方式为例，他用文学的"总体化"来整合溢出的细节——这样的总体化是对文学纯粹性即"美文"的回归，体现出福楼拜对*民主文学性游历*的收－放力度——文学以总体化压制了文学性。① 这与结构主义所设想的阅读方式一样，作品被视为一种"已经完成"的事物，只需等待读者借用逻辑法则整理出某种"既成事实"。由此看来，文学实践与组织研究仿佛被赋予了某种可视的痕迹，结构本身能向文学内部发出命令程序。从结构主义的视角看来，文本的各个部分被预设为共时的呈现，当找到了适当的链接与结构，文本各要素也就找到了一种定位方式。

如果不再追求文本的完整性，不再追求文本的平面化，那么文本的形式与意义便会瓦解。德里达指出：作品的力量，天才的力量，一切能够有所创造者的力量，就在于抵抗一切*几何*的隐喻，也才是文学批评的本来对象。② 文本不是从形式结构中获取意义，而是借助文本内部的驱动力量，不断地生成并实现语言差异。在与列维纳斯的争论中，德里达提出，任何语言都是包含暴力的，如果这种暴力消失，言语便不再被规定。相较于口头语言，他指出，书写可以实现自助，"因为它既有时间也有自由，它比言语更容易逃离经验世界的迫切性"③。

当把文学组织与系统理论结合起来时，格劳比茨论道："正如系统理论按照解构主义的观点所论证的那样，语言是一个悖论的永恒来源。"④ 对语言的选择和使用，就如同原始分类所采取的方法一样，存在着一套熟练的运行法则。一旦我们捕获到某物的意义，也就暗含着其剩余意义被排除在外。尽管如此，被我们拒绝在外的、未被识别出来的部分仍然可以用于潜

---

① 郑海婷：《雅克·朗西埃论"文学性"》，载《文艺理论研究》，2019 年第 6 期，第 165 页。

② 转引自邓刚：《从绵延到延异：德里达对柏格森的批判性推进》，载《厦门大学学报（哲学社会科学版）》，2015 年第 5 期，第 111 页。

③ 转引自王嘉军：《他者的暴力与解构的差异：德里达与列维纳斯的语言论互动》，载《南京社会科学》，2017 年第 1 期，第 60 页。

④ Martin Middeke & Christoph Reinfandt, *Theory Matters: The Place of Theory in Literary and Cultural Studies Today*. London: Palgrave Macmillan, 2016, p. 186.

在的交流。这种交流模式不再纯粹地依赖语言媒介，而是指涉人体器官的"通感"功能。这进而提升了系统的适应性与灵活性，同时，媒介的多样性也为系统提供了更具弹性、更有力度的自由。

四、对"管理文学复杂性"的反思

在组织研究中，除了提出有关管理文学复杂性的议题，我们还需进一步反问：文学实践、文学文本、文学组织及系统的复杂性能否被建立起来？其复杂性是否存在崩塌的可能？如果文本、组织、系统存在"偏离"，即当语言符号无法被识别或转化之时，我们需要追问观察者与研究者是否处于一种被动状态。复杂性并非一种纯理性的架构，它不仅依赖于受众，不仅需要在众多的主体之间完成编码转译工作，还需要促使主体将观察对象识别为"带有复杂性的"。

德克·维曼（Dirk Wiemann）认为，当西方读者阅读来自南半球的文本时，他们要"冒险地让自己暴露在有文化差异文本的困难和不透明中"[1]。在有关后殖民理论的研究中，复杂性随着研究者对卢曼"外部世界"产生的质疑而被悬置。卢曼对系统理论的抽象论述与后殖民系统的具体现象之间可能发生脱节。他将"系统"与"环境"放在不平等的地位，因此在分析现实问题时，系统中有关"排他"与"包容"的概念可能遭遇失败。在这种情况下，被排斥的领域因没有办法进入系统的全面观察之中而无法实现理论推想的可能。

在卢曼的理论中，媒介是构成形式的底物，而系统中形式的生产是由沟通这种操作来完成的。[2] 正是因为这些沟通，系统的分化与闭合才成为可能。传播者与接收者不能保证共时的互动，虽然网络媒体的介入有利于完成沟通行为本身，但我们无法相信系统中每一次的沟通都能成功。我们应该思考，在非单一的时空中，系统的偶然性与复杂性是否会促使沟通出现

---

[1]　Martin Middeke & Christoph Reinfandt, *Theory Matters：The Place of Theory in Literary and Cultural Studies Today*. London：Palgrave Macmillan, 2016, p. 168.

[2]　秦明瑞：《系统的逻辑：卢曼思想研究》，北京：商务印书馆，2019 年版，第69－70 页。

偏差？而且沟通的可能性又受两种选择机制的限制，即媒体的传播意愿和受众的接受兴趣，两种机制都无法由某个机构集中调控。① 以超文本为例，其特点之一是具备链接性，即一个文本并不是一个独立自闭的实体，它与很多其他文本处在一种复杂的网状关联状态。② 文本不再囿于限定的空间，而是被牵连到"过去式链接"与"将来式链接"之中。一个链接文本既作为读者在"后文本"中的阅读视野，又作为"前文本"的延续与中转。信息不再处于休憩状态，而是以显性或隐性的方式存在于信息交流的高维空间。

卢曼将沟通视为社会系统的元素，即系统无法再细分的最后单元——社会活动并不是由"人"来完成，而是由"沟通"组成；"人"无法沟通，只有"沟通"才能沟通。文学系统的沟通会产生不同的系统语境，文学作为一个系统，也必然会在理论层面实现"自我观察""自我套用""自我再制""自我选择"以及"与环境的交流"。我们应充分地相信文学作为系统创造出的可能性。就文学研究而言，卢曼基于形式的差异理论实现了社会理论的转向，尽管这种转向带来的意义是巨大而深远的，但是忽略了文艺领域丰富的审美经验的存在性思考，也忽略了对审美价值的反思，结果其文艺理论不得不基于意义的结构主义与后结构主义理解。③ 但这又与他对差异的强调产生了分离，且容易造成卢曼后期对系统的反思指向其意义所在的其他术语，而无法直接指向现实。

在《对空言说：传播的观念史》一书中，约翰·彼得斯提道：交流（communication）不仅是单向的、形式上的物质迁移，在如今的话语传播中，交流更侧重于指向跨越时空的准物质链接。当交流强调双向的协作时，便会涉及物质性或精神内容的迁移，会涉及交换心扉式的交谈，还会涉及各种符号的互动含义。文学在组织研究中的转向脱离不了交流与传播的环

---

① 秦明瑞：《大众传播媒体是如何影响社会的？——卢曼系统论视角下的分析》，载《社会科学辑刊》，2021 年第 5 期，第 53 页。

② 周宪、朱国华：《文学与文学研究的未来（中）》，载《名作欣赏》，2021 年第 5 期，第 34 页。

③ 傅其林：《基于差异性交往的文艺理论——论卢曼社会理论视野下的文艺合法性思考》，载《重庆广播电视大学学报》，2012 年第 4 期，第 16 页。

节，而交流的复杂性正是因为主体虽能彼此交流，却无法充分地分享自身的存在。彼得斯认为，交流以符合人类的利益为基点，我们如果试图彻底地消除交流中的误解，就会远离"共同建设各自世界的任务"。我们无法期望通过交流来使他者真实地对待主体内在性（interiority），而应接受交流过程和沟通过程中产生的差异。

格劳比茨认为，"组织研究中的文学转向，只有在更广泛的民族志转向的背景下，才对文学研究具有指导意义"①。这一观点无疑将探索文学转向的视角置于一个过度狭小的平面。文学在各个学科的外部转向中、在与各个学科的交流互动中发生了位移。如果从内部加以考察，便会发现文学的历史、文学的叙事、文学的理论都生活在各自的觉醒年代，并不断地进行自我革命，由此带动了文学的自转。

当从微观的层面来探究民族志时，会发现民族志书写容易将文化文本本土化，或将一种文本书写固化在某一确定的领域。对民族志书写与文学实践的研究如果跳出研究者的主客视角，并将注意力集中在对话对象上，那么在宏观的层面，跨文化研究中的普遍性与特殊性会以更复杂的方式呈现。对民族志再概念化的重点在于：我们应该反思如何进行有效的阐释，当然，这很难走出欧洲中心主义、人类中心主义、机械时间中心主义的窠臼，但我们仍然应该去追求一种局外人视角下的虚幻的"真实"。格劳比茨关注到了民族志书写与文学研究的转向，即采取一种将共通性与特殊性相联系的认识方式。因此，二者的转向不存在前景与背景的关系，而是像两个齿轮一样交互运转。

结 语

管理？管理复杂性？谁在管理？管理的主体是文本还是千千万万的主体？格劳比茨提出"为什么文学小说和文学理论能够取代系统理论方法呢？

---

① Martin Middeke & Christoph Reinfandt, *Theory Matters: The Place of Theory in Literary and Cultural Studies Today*. London: Palgrave Macmillan, 2016, p. 190.

一个回答是，组织研究中的文学转向解决了理论变得过于复杂的问题"①。这样看来，格劳比茨有将"管理"一词简化的嫌疑——"管理"既是一种方法，也是一次有趋向性的行动。格劳比茨论述的"文学转向"仍是基于文学的传统研究，他仍以文学本身既存的复杂性为研究对象。格劳比茨引入"管理"这一概念来说明文学的转向，恰似卢曼在论述系统理论时设定了"拟人化的观察者"，格劳比茨则在研究如何管理文学和组织复杂性时，设立了一个虚拟的"管理者"。同时，我们应该反思，文学的转向是否可以成功？文学是向更好的方向进化，或是向更广阔的领域拓展，还是引进新的观念来实现一次水平线式的滑动？如此看来，这种滑动未免太过轻松，这不仅因为它的动力仍然来源于自身，也因为文学中的复杂性不依赖"管理"这一概念，就已经实现了自我编排和自我表露。

---

① Martin Middeke & Christoph Reinfandt, *Theory Matters: The Place of Theory in Literary and Cultural Studies Today*. London: Palgrave Macmillan, 2016, p. 187.

符号任意性：索绪尔与黑格尔观点之异同

孔令洁①

摘　要：在对符号任意性理论的研究中，黑格尔一直处于缺席的状态。文章提出黑格尔先于索绪尔表述了一种符号任意性的思想，指出了二人的观点在具体论述上存在颇多相似之处的事实，将二人符号任意性观点的关系提炼为观点上的基本相似和理论旨归上的高度对立，以此方式对符号任意性理论体系进行增补。在此基础上，文章以索绪尔语言符号任意性原则与黑格尔符号任意性思想的关系为入口，透析索绪尔与黑格尔在哲学观念上的差异，揭示现代语言哲学与传统形而上学的根本性分歧。

关键词：索绪尔；黑格尔；语言；符号；任意性

索绪尔将语言符号任意性（arbitrary，又译为"武断的"）原则称作语言符号的"原始特征"（primordial characteristic）②，并以之为核心立足点和基本出发点，构建了极具突破性的现代语言学理论体系，发起了一场语言学领域的"哥白尼式革命"。如果说索绪尔的语言符号学理论对 20 世纪以

---

　　① 作者简介：孔令洁，四川大学文学与新闻学院文艺学专业博士研究生，研究方向为文化与文论。

　　② Ferdinand de Saussure, *Course in General Linguistics*. Trans. Wade Baskin. New York：Columbia University Press, 2011, p. 67.

来的人文科学的发展产生了至关重要的影响，起到了奠基性的作用，那么，语言符号任意性原则显然就是"对奠基的奠基"——是位于索绪尔语言学理论基底的那块巨石。一个多世纪以来，研究索绪尔语言符号任意性原则的文章可谓浩如烟海，但吊诡的是，黑格尔在 19 世纪初期所表述的符号任意性思想与索绪尔语言符号任意性原则的关系，至今却尚未被明确指出。虽然本文并不主张索绪尔的符号任意性原则是借鉴或者源出于黑格尔的符号任意性思想（那需要更为详尽周密的考证工作，不是本文的任务），但是二人的符号任意性观点有着颇多相似之处是不容争辩的事实。近乎矛盾的是，这一事实竟然并不妨碍他们论述符号任意性的理论旨归高度对立。将索绪尔的语言符号任意性原则与黑格尔的符号任意性思想做比照性的梳理分析，显然能够在一定程度上改变当前符号任意性原则研究中黑格尔缺席的现状，进而增补和丰富符号任意性理论的体系，而展示二人在符号任意性观点基本相似和理论旨归高度对立之间的张力，又将揭示出现代语言哲学与传统形而上学之间的根本性分歧。换言之，以索绪尔语言符号任意性原则与黑格尔符号任意性思想的关系为入口，我们将踏上一条驻足回望现代和传统两种哲学立场之争端的崭新路径。

一、索绪尔如何论述语言符号任意性原则？

索绪尔的《普通语言学教程》中，集中探讨语言符号任意性原则的章节实际上包括理论前提、核心要义以及补充说明三个部分。

理论前提是在逻辑上位于理论之先的东西。按照索绪尔的观点，语言是用以表达观念的最复杂、最广泛也最重要的符号系统①，那么，从语言学是符号学的组成部分，研究语言问题实际上就是研究符号问题的意义上来说，索绪尔必然要将语言学原则的前提引向更为基础的语言符号，在对语言符号本身作出分析和界定的基础上，确立语言符号任意性的基本前提。能指（signifier）和所指（signified）的区分正是来源于对语言符号的分析和

---

① 参见 Ferdinand de Saussure, *Course in General Linguistics*. Trans. Wade Baskin. New York：Columbia University Press，2011，p. 16，p. 68.

界定。能指与所指作为一种广为人知、被大家普遍接受的区分，它们的实际意义在多数时候显然都是毋庸赘言的，但是耳熟能详却也可能会带来某种程度上的熟视无睹，从而令我们忽视其本意。事实上，人们对索绪尔的能指和所指的理解往往就存在一种最为常见的混淆，即认为能指和所指等同于指称和被指称者，进而能指和所指就是名称和事物的同义替换。这是一种应当被首先澄清的误解。索绪尔所说的能指和所指的本意，确切地说，分别是音响形象（sound-image）和音响形象所指涉的概念（从哲学上说，概念事实上又位于音响形象和事物之间①）。索绪尔将语言符号视为能指和所指的结合体，在语言符号中，能指和所指总是紧密相连的。在索绪尔看来，一个语言符号总是内在地涵括了概念和音响形象，我们无法通过物理上的划分将一个语言符号切割为概念和音响形象，就像我们不能真正地将一张纸的两面分离开来（这个例子并不十分恰当，原因在于，一张纸的两面可以存有某种对等关系，而能指和所指不具有这样的对等性），对能指和所指的拆分只能是在对语言符号进行分析的基础上从观念上作出的二元对立式的区分，而实际上它们在语言符号中是合二为一的。语言符号任意性要回答的正是能指和所指的联系问题，也就是说，能指和所指的联系赋予符号以意义。那么，这样的联系如何被确定？

索绪尔的回答是：能指与所指之间并不具有天然的联系，它们的联系是任意的。要怎么理解这种任意性，或者说，语言符号任意性的核心要义是什么？索绪尔的意思是说，在能指和所指之间并不存在一种自然的联系，反而应当说它们之间的联系有着一种"无理据性"。正如我们在"树"的音响形象中找不到它与树的概念的必然联系，又如汉语中用语音"shù"来指涉树的概念，而英语中用"tree"的发音来指称这个概念，这些都说明了"树"的音响形象与其概念之间的联系充满了偶然性和不确定性。能指和所指联系的不可论证性，意味着我们无法对这二者结合的原因作追究和解释——它们只是任意联系在一起的。这便是索绪尔语言符号任意性原则的核心要义。对索绪尔来说，如果关于语言符号任意性的讨论是共时性的，那么在符号的历时性的流传和衍变中还有着一种相对的确定性：当能指与

①　陈嘉映：《语言哲学》，北京：北京大学出版社，2003年版，第73页。

所指的匹配关系经社会约定俗成以后，个人就不能再对它有任何改变了。能指和所指之间的自然联系，是我们无法解释和论证的任意性；让符号流传和沿袭下来成为群体共识的，是约定俗成的社会性力量。因此，索绪尔所说的语言符号的任意性，除重点强调能指和所指联系的不可论证性以外，实际上也不排除符号在历时衍变中的理据性。语言任意性原则事实上是符号任意性原则，它适用于所有符号系统，"只要是符号系统，必然以任意性为前提，从而使符号变得'不透明'，自身不能导向意义，必须依靠社会文化的约定俗成来确定意义"①。

为了进一步阐释语言符号任意性原则，索绪尔对符号（sign）和象征（symbol）做了区分，二者的差别可以被看作索绪尔对语言符号任意性原则的一个补充说明。索绪尔认为，象征与符号之所以不能画等号，恰恰是语言符号任意性原则使然。符号是被任意性原则支配的，因此必须与象征区分开来。象征"永远不是完全任意的；它不是空洞的，因为在能指和所指之间存有一点自然联系的根基。象征法律的天平不能随便用什么象征来代替，例如用一辆车"②。这也就是说，象征的能指和所指之间具有某种固有的相似性或自然联系，而符号却是能指和所指的任意结合的关系。从这个意义上讲，语言符号的任意性原则就是对象征的否定，因为"'象征'这个词，总想把我们的注意力引向词和它们所表示的东西或者是现实世界中的对应物之间的关系。的确，'象征'这个词本身就意味着词与物之间的关系根本不是任意的，在最初把它们联系起来的时候是有一种基本的对应关系的"③。因此，索绪尔对符号和象征的区分，也就彻底否弃了为语言符号逐一寻找对应物的传统语言学方法，以补充说明的方式加固了符号自身能指和所指的内在任意性关系的意义。

---

① 赵毅衡：《符号学：原理与推演》，南京：南京大学出版社，2016 年版，第 65 页。

② Ferdinand de Saussure, *Course in General Linguistics*. Trans. Wade Baskin. New York：Columbia University Press，2011，p. 68.

③ 弗雷德里克·詹姆逊：《语言的牢笼》，钱佼汝、朱刚译，北京：中国人民大学出版社，2018 年版，第 25 页。

二、黑格尔的符号任意性思想

何以说黑格尔也表述过一种符号任意性的思想？要回答这一问题，就需要我们将目光投向黑格尔《美学》第二卷《总论象征型艺术》中论述"象征"和"符号"的部分章节，黑格尔的符号任意性思想所包含的基本内容也将在此显明出来。

在"象征作为符号"一节中，黑格尔谈道："在单纯的符号里，意义和它的表现的联系是一种完全任意构成的拼凑。"① 事实上，这正是黑格尔符号任意性思想的明确表述，但是为了让这句话的表述更加清楚明白，我们必须对黑格尔如何看待符号有明晰的认识。根据黑格尔的说法，"象征首先是一种符号"②，这首先就意味着符号是一种比象征更为基本的概念和范畴，其次这也为我们指明了一条认识符号的道路，即黑格尔对象征的看法直接关乎他对符号的认识。在黑格尔看来，象征中可以区分出表现和意义两种因素。表现可以被看作一种形象，而意义可以被看作一种观念。③ 黑格尔在此所表达的意思是，符号和象征都是由形象和观念组成的，都是形象与观念的结合。我们如果还记得索绪尔在论述语言符号任意性原则之先对能指和所指所做出的观念上的区分，自然会发现黑格尔所言的符号的形象和观念几乎无异于索绪尔语言符号中的音响形象（能指）和概念（所指），从而更能够领会黑格尔在形式可分的意义上从象征中分出形象和观念的意图——正是黑格尔进一步表述其符号任意性思想的前提。我们认为这在内容和形式上与索绪尔语言符号任意性的理论前提极为近似，最大的不同体现在用词上，而其意义是无差别的。那么，既然在符号中形象和观念的关系是完全任意的，黑格尔又如何理解这一"完全任意"？在黑格尔看来，语言符号是一种"单纯的符号"，这种"单纯的符号"实际上是将象征剔除在外而留下的纯粹的符号。他以语言这种纯粹的符号为例解释道："一种语言

---

① 黑格尔：《美学》第二卷，朱光潜译，北京：商务印书馆，1979 年版，第 10 页。
② 黑格尔：《美学》第二卷，朱光潜译，北京：商务印书馆，1979 年版，第 10 页。
③ 黑格尔：《美学》第二卷，朱光潜译，北京：商务印书馆，1979 年版，第 10 页。

里绝大部分语音和它们所代表的观念在意义上都是任意结合在一起的，尽管语言发展史说明了语音与语义的联系在起源时和现在并不一样；不同语言之间的差别首先就在于同一观念是用不同的语音来表现的。"① 这也就是说，黑格尔的任意性处理的是形象（包括音响形象）和其所连接的观念的关系，这二者的关系不具有必然性。黑格尔进一步补充道："徽章或旗帜上用来标志人或船的国籍的颜色。颜色本身并不具有什么性质，能把它联系到它所代表的意义，即国籍。"② 如前所述，黑格尔认为形象与观念的联系具有一种漠不相关性，但是在这里，即便黑格尔没有明确表达，我们仍然很容易看出，旗帜的颜色可以被用来标示国籍，不正是社会性的规约所致吗？于此，黑格尔的语言符号任意性思想已经跃然纸上：符号中的形象与观念的联系既是任意的，也不能无视其具有理据性的一面，这种理据性也就是一种约定俗成的社会性。在这里，索绪尔与黑格尔的符号任意性观点形成第二个近乎重叠之处——含义表述上的近似。

黑格尔将形象与观念之间联系的任意性看作符号最为要紧的特质，同时这又是符号区别于象征的主要特点。那么确切而言，象征与符号的差异性又表现在哪里呢？黑格尔认为，在象征中，形象与观念之间的关联不再是完全任意的，形象与观念之间反而存在着某种确定性的关联和暗示性。"象征就不只是一种本身无足轻重的符号，而是一种在外表形状上就已可暗示要表达的那种思想内容的符号。"③ 这就足以表明，黑格尔对象征和符号的区分方式正符合索绪尔对语言符号任意性原则的补充说明——索绪尔认为符号与象征的差别突出表现在能指与所指是否存有稳定的自然联系的根基。因此，这也就构成了索绪尔与黑格尔在符号任意性观点中的又一处近乎同义的表达。

但是，与索绪尔对象征的简短说明不同的是，黑格尔论述的重点不在符号而在象征，他对象征做出了更为细致全面的剖析。按照黑格尔的看法，象征中的形象与观念之间的自然联系既存在部分的协调，又存在部分的不

---

① 黑格尔：《美学》第二卷，朱光潜译，北京：商务印书馆，1979 年版，第 10 页。
② 黑格尔：《美学》第二卷，朱光潜译，北京：商务印书馆，1979 年版，第 10 页。
③ 黑格尔：《美学》第二卷，朱光潜译，北京：商务印书馆，1979 年版，第 11 页。

协调。部分的协调是说，象征中的形象与其所指涉的观念之间有一种明确的暗示关系，形象本身就具有它所要表达的那种观念："例如狮子象征刚强，狐狸象征狡猾，圆形象征永恒，三角形象征神的三身一体。其中狮子和狐狸都有作为符号时所要表达的性质。圆形也不代表一条有终点或不回头和本身相交的直线或其它线形，即不代表某一个有限的时间段落；三角形作为一个整体具有同样数目的边和角，如果用数目把宗教所理解的神的观念表达出来，三角形就可以胜任。"① 以此为基础，形象就不再仅仅驻足于指涉作为概念的观念，而是暗示了一种更具普遍性的意义，并与这样一种普遍性的意义相连通。这就是说，在象征中，狮子和狐狸的形象可以分别象征刚强和狡猾，而这显然已经突破和超越了在符号中狮子和狐狸的形象所指涉的作为两种动物本身概念的观念，从而接通了它们的形象所暗示的普遍性的意义。在黑格尔看来，这种普遍性的意义也就是绝对精神或理念本身。黑格尔正是在这个意义上认为象征"不只是一种本身无足轻重的符号"②。显然，在黑格尔这里，符号因形象和观念之间关系的任意性而不适于表达意义，象征却因形象和观念间固有的暗示性而可以在一定程度上表达意义，这已经暗含了对符号的否定意味。如果说象征内含了形象和观念的部分协调的一面，那么，形象和观念之间也还有部分不协调的另一面："既然是象征，它也就不能完全和意义相吻合。因为从一方面看，内容意义和表示它们形象在某一个特点上固然彼此协调；而从另一方面看，象征的形象却还有完全与所象征的普遍意义毫不相干的一些其它性质；至于内容也可以不只是象征刚强狡猾之类抽象的性质，而是一种具体的东西，包含用象征所表现的那个性质以外的许多其它性质，与象征的意义毫不相干。"③在我们的认识中，狮子和狐狸的确具有刚强和狡猾的性质，因而用它们的形象分别来表示作为观念的刚强和狡猾是说得通的，但是，刚强与狮子、狡猾与狐狸却又绝不是一种完全对等的关系，刚强和狡猾所具备的丰富意义，绝对不是用狮子和狐狸的形象就可以完全充实起来的，一种普遍的观

---

① 黑格尔：《美学》第二卷，朱光潜译，北京：商务印书馆，1979 年版，第 11 页。
② 黑格尔：《美学》第二卷，朱光潜译，北京：商务印书馆，1979 年版，第 11 页。
③ 黑格尔：《美学》第二卷，朱光潜译，北京：商务印书馆，1979 年版，第 11 页。

念也可以用一系列的其他形象来暗示。于是，"内容对表现它的形象毕竟有些不相干，内容的抽象意义可以用无穷无尽的其他事物和形象来表达。一种具体的内容也同样有许多意义，只要其他形象具有这些意义，也就可以用来表达它们。"① 除此以外，黑格尔强调的是，狮子和狐狸的形象毕竟是一种具体的感性存在，相对于观念来说这种形象并不纯粹，狮子的形象固然可以暗示刚强，狐狸的形象也固然可以暗示狡猾，但它们同样可以分别暗示凶猛、灵活等观念，"既是具体的事物，它们也具有许多用作象征的性质"②。

通过分析黑格尔的论述并结合其思想体系，我们显然能够得出如下结论：符号作为象征的一个反面，其形象与观念的任意性是毋庸置疑的，尽管象征中形象与观念的关系并不完善，它却不再是纯粹的符号，而在一定程度上否定和超越了符号的任意性联系，从而寻找到了一条通向普遍性（理念）的道路。

三、索绪尔语言符号任意性原则与黑格尔符号任意性思想观点上的基本相似和理论旨归上的高度对立

基于上述分析和认识，可见索绪尔的符号任意性原则与黑格尔的符号任意性思想的诸多观点是基本相似的。这表现在：索绪尔和黑格尔都在符号内部从形式上区分出形象（能指）和观念（所指），并以此作为论述符号任意性观点的理论前提；在对符号任意性核心要义的阐释中，索绪尔和黑格尔分别确认了能指和所指、形象和观念在自然联系上的任意性，其中索绪尔明确表示语言符号任意性原则不排除语言符号在历史的发展过程中有其理据性的一面，而黑格尔则通过徽章、旗帜的例子暗示了这一点；最后，在区分象征与符号的论述的时候，索绪尔和黑格尔都将目光锁定在象征中能指（形象）和所指（观念）不可切断的自然联系（黑格尔称为暗示性）上，从而确保了符号以其任意性成为"单纯符号"或语言符号的专属特权。

---

① 黑格尔：《美学》第二卷，朱光潜译，北京：商务印书馆，1979 年版，第 11 页。
② 黑格尔：《美学》第二卷，朱光潜译，北京：商务印书馆，1979 年版，第 12 页。

在梳理论述并简要总结了索绪尔的语言符号任意性原则与黑格尔的符号任意性思想观点相似的一面以后，为避免不必要的误解，我们必须即刻指出一个几近矛盾的事实：索绪尔和黑格尔在符号任意性观点上是基本相似的，但是二人谈论符号任意性的理论旨归却是高度对立的。

我们认为，黑格尔探讨符号任意性问题是为讨论象征型艺术服务的，其理论旨归就在于通过象征的暗示性来否定符号的任意性，为理念的自身发展铺平道路。在黑格尔的形而上学体系里，客观世界的万事万物都被看作绝对精神的外化。绝对精神又分为艺术、宗教和哲学三个发展阶段，这三者都将理念作为各自的内容和对象，差别只在于认识和把握理念的方式。艺术作为最初级、最原始的发展阶段，通过直接性①来认识理念，或者说，在艺术中，理念于外在的感性对象（形象）之中显现。众所周知，黑格尔正是以理念是否产生了适合于显现自身的感性对象为根据，将艺术的发生发展史分为象征型艺术、古典型艺术和浪漫型艺术。在象征型艺术这一阶段，理念只是抽象的和不确定的，本身还无法产生与自身相符合的表现方式，只能随意地把握住感性形象，还做不到让自身与感性形象融为一体、完美契合。因此，象征型艺术就被黑格尔认为是艺术发展中最为初级的阶段，甚至还只是艺术前（Vorkunst）的阶段。② 如果我们暂且将观念理解为一种片面或不完善的理念，那么，象征型艺术之所以被黑格尔否定，就是由于象征中的感性形象还不能恰如其分地显现观念，而只能以一种暗示性的方式与观念相连接，这样的暗示性指出了感性形象与观念之间的部分的协调和部分的不协调，远不能充分、恰当地揭示感性形象与观念的全部关系，故而作为感性形象与观念任意结合在一起的符号，显然就应该在否定象征之前被否定。象征作为一个更高的阶段而否定和贬斥符号，正是由于符号的任意性——符号任意性意味着感性形象与观念毫无关联，意味着感性形象不是理念的对象。在黑格尔的逻辑中，理念自身的发展是一个永无止境的否定之否定的过程，在这一连串的否定中，作为感性形式最高阶段

---

① 参见黑格尔：《哲学科学百科全书Ⅲ　精神哲学》，杨祖陶译，北京：人民出版社，2015年版，第326页。

② 黑格尔：《美学》第二卷，朱光潜译，北京：商务印书馆，1979年版，第9页。

的浪漫型艺术也无法摆脱感性形式自身的局限性，因而理念自身跃出艺术，经过宗教的表象形式阶段，最终抵达最高、最适合的形象——哲学的对象"纯思想"和"纯概念"。由此可见，在黑格尔这里，在感性形象与观念的变动不居的联系中，观念始终处于绝对的中心位置，观念始终主导和支配着感性形象，不论是作为感性形象的图像形象抑或音响形象都紧紧围绕着观念，都只作为工具来传达观念或者力图让观念显现。感性形象是观念的附庸和装饰。观念对感性形象的支配模式带着传统形而上学的烙印，观念的至高无上性正是传统形而上学的特质，进一步而言，遵循这样一种感性形象和观念的关系自然就是对传统形而上学的接纳。事实上，索绪尔语言符号任意性原则的理论旨归指向了一个与之相反的方向——对抗乃至颠覆传统形而上学。

要深刻理解索绪尔符号任意性原则的理论旨归，必须首先对这一原则背后的深意有所察觉。索绪尔的语言符号任意性原则不断以或明或暗的方式告诉我们，象征中能指与所指所具备的自然联系的稳固根基并不存在于语言符号当中，原则上，我们可以用任意的音响形象来指称任意的概念。既然如此，与语言符号任意性原则紧密相关的一个问题也就接踵而至：语言符号之间的意义的不同又该如何被区分？索绪尔认为，语言符号的意义并不是在能指与所指的相互关联中形成的，而是在差异性的关系中建立的。这就是说，"一个孤立的符号没有意义，它必须由另外的、不同的符号来界定和指涉"[1]。如果说"红色"作为一个语言符号具有意义，那只是在说"红色"在与"绿色""黑色""白色"的差异性关系中获得了意义，而一旦脱离了这种差异性关系，我们就无法说"红色"还存在一个专属的意义。这为我们揭示出人类境况中一个深刻的事实，那就是："在人与世界之间，在人与人之间，不存在自然的、立即的和直接的关系。"[2] 事实上，如果语言符号建立在任意性原则之上，以其差异性的关系网络形成意义，那么，作为语言的符号就不是对现实世界的反映，而是其自身就是现实之外的一

---

[1] 金惠敏：《生命与意义：论狄尔泰的"体验"概念与间在解释学》，载《文艺研究》，2022 年第 2 期，第 40 页。

[2] 埃米尔·本维尼斯特：《普通语言学问题》，王东亮等译，北京：生活·读书·新知三联书店，2008 年版，第 17 页。

个独立系统。因而，当音响形象被揭示出它的存在不是为事物命名、让观念显现，而是建立一个独立的、与观念世界相平行的世界，能指自然就不再是"为概念的存在"，进一步则是，观念世界也是由语言符号本身创造的。例如，我们绝不能简单粗暴地认为中文中的"喜欢"和英文中的"like"是同一所指的不同能指，由于它们分属不同的语言差异性网络，它们的所指也相应存在区别。① 这也就意味着不一样的语言符号创造了不同的所指，每一种语言都把世界划分为了不同的概念范畴，所以符号本身就创造了观念世界——这正是索绪尔符号任意性原则所蕴含的深刻意蕴。在这里我们看到，凭借语言符号任意性原则，感性形象与观念之间的关系出现了相对传统形而上学而言的深刻而彻底的反转。如果说黑格尔是要否定符号的任意性，让象征成为理念自身发展的起点，那么索绪尔恰恰就是要肯定和高扬符号的任意性，让作为形象的能指彻底挣脱作为概念的所指的统治，以语言符号所创造的世界的价值来对抗那个曾经处于绝对中心位置的观念世界。因此，索绪尔的语言符号任意性原则真正刀锋所向、竭力反对的乃是"假定有现成的先于词语而存在的概念"② 的传统形而上学认识模式，他呼吁用对语言的认识问题去取代传统形而上学对观念的认识问题。由此，索绪尔以语言符号任意性原则为旗帜，置换了语言符号和观念世界的位置，发出了对结构主义、后结构主义而言可谓振聋发聩的呼喊：唯有凭借语言才能接触到现实，语言符号才是直指现实的东西，它比观念更靠近现实。也正是在这个意义上，索绪尔的语言符号任意性原则与黑格尔的符号任意性思想在观点上基本相似的事实，与二人理论旨归的高度对立并不矛盾，在索绪尔和黑格尔符号任意性观点之关系的张力空间，现代语言哲学与传统形而上学之间的根本性分歧反而展现了出来。

---

① 肖伟胜：《索绪尔的语言学革命与"文化主义"范式的奠基》，载《西南民族大学学报（人文社会科学版）》，2016 年第 3 期，第 187 页。

② Ferdinand de Saussure, *Course in General Linguistics*. Trans. Wade Baskin. New York：Columbia University Press，2011，p. 65.

解释学研究

施莱尔马赫对文本意义的阐释[*]

柴一凡①　秦明利②

摘　要： 施莱尔马赫对文本意义的阐释建立在文本语言本身、作者的个体性以及经由阐释者作为中介关联的生命共同体三重维度之上。作为浪漫主义的集大成者，施莱尔马赫力图回归文本本身，以文本语言蕴含的历史性和生命力反思理性主义的僵化，在语言的对话性中探寻作为文本意义本源的语言的真理性表达。此外，施莱尔马赫坚守作者在文本意义构成中的价值与影响，坚持人作为语言的处所并在人的发展中理解语言及其意义表达，从而为本体化和工具化的语言注入人性力量。最后，施莱尔马赫坚持阐释者的双重中介地位，力图在文本语言、作者及阐释者所联结的生命共同体，及其所展现的伦理维度中建构文本意义。

关键词： 语言；个体；共同体；施莱尔马赫

---

* 本文系国家社科基金重大项目"德国早期诠释学关键文本翻译与研究"（项目编号：19ZDA268）子项目"英美学界德国早期诠释学研究"阶段性成果。

① 作者简介：柴一凡，大连理工大学哲学系博士研究生，主要研究方向为文学哲学、诠释学。

② 作者简介：秦明利，大连理工大学外国语学院教授，博士生导师，主要研究方向为诠释学、文学哲学和外国哲学。

一、引言

对文本意义的理解是现代阐释学的一条主线。以伽达默尔为典范的现代阐释学侧重于从读者的阐释意来理解文本意义，认为意义是预先存在于文本之中的，意义的解蔽和揭示是在读者的当下视域与特定的历史视域的融合中重新被阐发的，因此读者或阐释者在文本意义的形成和理解中具有不可替代甚至超越创作者本身的重要作用。然而，对阐释者的推崇以及对创作者的流放，无疑为文本意义的客观性打上了相对主义以及强制阐释的烙印，从而难以形成对文本意义的普遍的和公共的理解。在此基础上，以利科为代表的阐释学传统坚持以文本本身作为理解的基础，坚持文本意义的客观性与自主性，指出意义存在于文本的语言结构所揭示的世界之中，并且无需通过重构创作者意图即可解释与说明。此种阐释思想虽然在语言结构的基础上为文本意义规定了阐释的界限，但仍然将创作者的个体独特性排除在文本意义的构成之外，这也为文本语言及其创作者个体的关系带来了挑战：究竟是语言把控人和人的思想，成为存在之家或结构之家，还是人通过语言表达情感，进行实践活动，构建与他人及世界的联系，从而使语言成为人伦理的寓居之所？面对当下阐释学在文本意义理解方法上的疑难与困境，作为现代阐释学之父的施莱尔马赫对文本语言、作者以及阐释者进行了三位一体的论辩与反思：语言是文本意义的本源，独特的个体创作者是文本意义的载体，而由阐释者所贯通的与他者的伦理关系则是文本意义的教化基础。对施莱尔马赫而言，理解文本的意义离不开文本语言、作者和阐释者的合作与共享，唯有三者相互依托，才能够真正揭示文本的意义与内涵。

二、流变的生命源泉：语言作为文本意义之源

作为 19 世纪浪漫主义的代表之一，施莱尔马赫阐释思想的起点依旧是对启蒙的基本信条——理性权威的反思。施莱尔马赫反对将理性视为唯一真实而有能力的判断，反对自启蒙运动以来以普遍、客观、绝对的理性和

科学方法来认识世界的方式，而是认为每一种活动和理解均有其独特性，需要运用一种"活"的和更具生命力的理性和理解力量，从整体上去认识和把握世界，而这种"活"的理性和理解力量，就是语言。施莱尔马赫试图在语言流变的生命力中反思理性的机械与僵化，在语言的对话性中探寻其真理性表达。

语言何以成为文本意义之源？施莱尔马赫的根本考量是将语言视为流变的生命源泉，并指出对文本意义的理解需要通过语言被注入生命的理解力而非倾向于思辨和说明的理性力方能达成。那么应该如何理解施莱尔马赫"作为流变的生命源泉"的语言思想呢？

首先，施莱尔马赫继承和发展了浪漫主义思想家们所假定的一种普遍的历史性思想，并在对语言的阐释中，将之作为所有人类表达的基础。① 施莱尔马赫推崇语言的历史性表达，与在浪漫主义思想家们之间逐渐兴起的历史兴趣密切相关。在德国浪漫主义思想家阿斯特和沃尔夫那里，施莱尔马赫意识到历史理解的重要性，它不仅要求在艺术、科学、哲学等方面对作品内容进行综合的和普遍的考量，而且要对作品创作的时代背景、历史环境等有清晰而准确的理解。在赫尔德这里，施莱尔马赫意识到一种由历史变化感所引领的人文科学的以人为本的历史化的新趋势。与黑格尔"基于理性而先天的构造历史之进路"不同，赫尔德主张每个历史时代均有其个体印记，它由时代精神和民族精神决定，对历史的理解本质上是在历史中的人的自我理解。② 对赫尔德来说，历史性表达必须以个体所面对的时代、民族或文化的流变作为理解的基础，不能依赖某种抽象的理性标准。因此，对于文本的理解总与个体生命、历史环境和时代变化息息相关。在洪堡那里，施莱尔马赫发展了一种历史连贯性的原则，即在历史传统与当下阐释之间进行贯通与整合。在对浪漫主义的历史性思想的继承基础上，施莱尔马赫发展了他"在历史的整体生命中联结"的文本阐释思想，也就是他在 1819 年的讲演中所指出的："每一话语只能通过它所属的历史的整

---

① Robert S. Leventhal. *The Disciplines of Interpretation：Lessing，Herder，Schlegel and Hermeneutics in Germany* 1750－1800. Berlin：Walter de Gruyter，1994，p. 13.

② 潘德荣：《西方诠释学史》，北京：北京大学出版社，2016 年版，第 230 页。

体生命（Gesamtleben）的认识，或者通过与它相关的历史的认识而被理解。"①

　　施莱尔马赫所谓的"在历史的整体生命中联结"的语言阐释思想，或者说施莱尔马赫所强调的文本语言的历史性主要包含两方面内容，一是注重历史意识，对文本语言的阐释要依赖于一种大历史观，既要保持一种世界史的宽视域，又要保持一种传统与现代的对话，一种自由的创造关系。施莱尔马赫追求理解世界史的理想与浪漫主义诠释学所引领和发展的历史主义思想密切相关，关于这一点，伽达默尔也在《真理与方法》中进行了说明：追求理解世界史这一大目标的历史世界观一直依靠与浪漫主义的个性理论以及与这种理论相应的诠释学。② 此外，施莱尔马赫对世界史理想的追求也是对作为德国历史编纂传统及其唯心主义根源的黑格尔思想的反驳，也就是与先天构造世界史的做法以及历史先验论的决裂，要求从纯粹思辨哲学意义上的历史理解回归到从生命出发的历史理解。在此基础之上，施莱尔马赫指出要以一种大历史的眼光，或一种历史反思的方式理解语言的意义。正如施莱尔马赫所指出的那样，每一话语（或语言）只能通过与它相关的历史的认识而被理解，"如果不理解某个语言的全部历史和性质，我们也不能理解该语言的某个时期，并且如果不知道一般语言，我们也不能理解一个语言时期"③。二是注重语言与整体生命的联结，既认识到语言与个体生命的关联，同时也认识到语言与整个生命历史或者生活世界的关联。在1819年的诠释学讲演中，施莱尔马赫指出，"每一话语总只是通过它所属的整体生命而理解"④，这也就是说，在施莱尔马赫这里，作为话语行为的语言，是与其讲话者的生命环节及其整体环境，包括其民族精神与时代特征等息息相关的。在日常的实际生活中，在人们的相互交往中，人们得

---

① 施莱尔马赫：《诠释学讲演》，载洪汉鼎主编《理解与解释：诠释学经典文选》，北京：东方出版社，2001年版，第49页。

② 伽达默尔：《真理与方法》，洪汉鼎译，北京：商务印书馆，2010年版，第284页。

③ 洪汉鼎：《理解与解释：诠释学经典文选》，北京：东方出版社，2001年版，第29页。

④ 施莱尔马赫：《诠释学讲演》，载洪汉鼎主编《理解与解释：诠释学经典文选》，北京：东方出版社，2001年版，第51页。

以相互理解，因而对语言的理解需要深入语言的实施者，即讲话者的生命与生活世界之中。

其次，对施莱尔马赫而言，语言作为流变的生命源泉，其最初实践存在于对话和交流之中。施莱尔马赫将语言意义的展现置放在对话与交流中，主要是基于两点考量：一是认为只有在对话中，语言的活力与开放性才能够得到保证，这也是语言能够阻碍获得纯粹理性的原因所在；二是尽管施莱尔马赫坚持语言所蕴含的历史感以及开放性，但他同样认为在对话中的语言是具有真理性的，这也是施莱尔马赫将语言置于文本意义之源的根本原因。施莱尔马赫在对话中寻求真理性表达，具体体现为他对柏拉图对话辩证法传统的回归。辩证法被施莱尔马赫定义为一门"对话的艺术"，主要关注的就是话语的真实性问题①，但无论是在形式上将辩证法作为对话的艺术，还是在内容上将其作为追求真理的方法，这一定性的直接来源皆出自柏拉图的贡献。柏拉图将其在对话中探寻真理的论辩方法统称为辩证法，这为施莱尔马赫论述语言可以在对话中获得真理性表达提供了理论依据。施莱尔马赫因此指出，柏拉图之所以重视对话，根本原因就在于"对智慧的追求只能通过对话——不管是口头对话还是书面对话；无论是现实的对话还是潜在的对话……也只有对话才能成就哲人的追求"②。然而需要提请注意的是，尽管施莱尔马赫在对话中探寻真理意义的方法是源自柏拉图对话传统的，但施莱尔马赫最终追寻的真理并不与柏拉图在洞穴隐喻中将太阳视为唯一的认识来源或至上的理念相一致，而是与后来的海德格尔的真理与非－真理的一体两面更加接近。在《论真理的本质》中，海德格尔论述了真理的两种本质状态，一是让存在者存在的解蔽状态，二是存在者整体的遮蔽状态，二者同根同源，对立相依，在解蔽与遮蔽的交融互动中，真理得以发生。与海德格尔相类似，施莱尔马赫将对真理的思考同样建立在误解与理解这一相互对立又相互依存的概念之上。作为现代阐释学之父，施莱尔马赫将阐释学定义为一门正确理解文本语言或话语的艺术。但是施

---

① Schleiermacher, *Hermeneutics and Criticism and Other Writings*, Andrew Bowie, ed. Cambnidge：Cambridge University Press, 1998, p. 179.

② 施莱尔马赫：《论柏拉图对话》，黄瑞成译，北京：华夏出版社，2011年版，第22页。

莱尔马赫所谓的正确理解，并不是排除或避免误解，反而意在指出，误解是普遍的，要在误解与理解的一体两面中实现理解的普遍性。而调和误解与理解的方法，就是使随时会产生误解的个人与他者对话，在对话中获得真知。因此，施莱尔马赫的真理观可以说是一种对话真理观，旨在于历史、生命与对话的涌动之中获得一种相互的理解与共识。

施莱尔马赫将语言视为流变的生命源泉，以此将语言作为文本意义的涌动之源。显然，施莱尔马赫将文本意义的讨论建立在语言之中，与20世纪在哲学及文论批评领域均有广泛影响的语言转向有着隐秘却密切的联系。从以施莱尔马赫和索绪尔为代表的语言学派，尤其是经由索绪尔语言学理论发展起来的俄国形式主义、英美新批评等理论的关系来看，施莱尔马赫所强调的文本是语言之产物的"语法的阐释"，与他们对语言形式和技巧的关注有着天然联系。俄国形式主义的代表维克多·什克洛夫斯基在其1917年的论文《作为手段的艺术》（"Art as Device"）中提出建立一种文学文本批评的新方法，这种方法试图将对文本的理解从文本之外的其他影响因素中解放出来，集中到对文本语言形式及文字技巧的关注，以及由此带来的陌生化的体验。与什克洛夫斯基对语言形式和技巧的关注相似，施莱尔马赫在阐释学的讲演中也多次进行了明确的表达。施莱尔马赫曾指出语言的形式要素在理解中的重要性，"语言的所有要素，包括形式的以及实质的，对于理解有着相同的价值"[1]，也曾指出学习语言技巧在理解中的重要性，即"我们必须培养一种理解比喻的本领"[2]。施莱尔马赫与俄国形式主义所强调的陌生化体验也有着相似的思想碰撞，例如施莱尔马赫曾指出，"语言愈纯粹形式化，它就愈少可接近"[3]。这也就是说，越从形式上理解语言，它就越有可能是疏离的与扭曲的，也越能够在这种疏离和扭曲中发现新的意义。此外，安德鲁·鲍伊（Andrew Bowie）从美学的视角为俄国形式主义

---

[1] Schleiermacher, *Hermeneutics and Criticism and Other Writings*, Andrew Bowie, ed. Cambridge: Cambridge University Press, 1998, p. 39.

[2] 洪汉鼎：《理解与解释：诠释学经典文选》，北京：东方出版社，2001年版，第27页。

[3] 洪汉鼎：《理解与解释：诠释学经典文选》，北京：东方出版社，2001年版，第27页。

所强调的陌生化体验以及施莱尔马赫的阐释思想进行了关联，他指出，如果从美学的视角出发，俄国形式主义所强调的陌生化体验可转述为在海德格尔意义上的一种在遮蔽状态中解蔽的新的形式，也就是在由语言形式和技巧所遮蔽的语言世界中揭示出新的意义理解①，这与施莱尔马赫在误解与理解的一体两面中实现一致理解的思想有异曲同工之处。因此，尽管施莱尔马赫在注重语言形式要素的基础上同样重视语言的内容要素，但其与俄国形式主义等理论的关联及补充依然显见。

从施莱尔马赫与结构主义和解构主义的关系来看，他试图在二者之间走一条中间道路。施莱尔马赫与结构主义和解构主义的关联在于三者都是围绕语言及其创作主体的关系展开关于意义是如何产生的讨论。在结构主义者这里，关于意义的形成有两点与施莱尔马赫的阐释思想有着某种亲缘关系：一是结构主义者在意义的解释和说明中注重整体性和系统性的理解；二是在语言与其创作主体的关系的讨论中，认为创作主体是为语言所束缚的，因而创作主体与语言的关系是接受性的，创作主体对语言所传达的意义没有明显的影响力。而解构主义者不仅展开了一种对总体和整体观念的猛烈抨击，而且对创作主体在文本意义构成中的地位和作用也进行了更为猛烈的批判，甚至提出要驱逐和流放主体。在结构主义与解构主义之间，施莱尔马赫同结构主义者一样坚持对语言整体及其有机系统的关注，坚持创作主体与语言的接受性关系，但是与结构主义和解构主义对创作者地位和价值的认知不同，施莱尔马赫坚持创作者在意义构成中的重要价值，既坚持创作主体与语言之间的被动的和接受的关系，也坚持创作主体与语言之间的积极的和自发的关系，并指出二者相互依托，共同作用于文本和话语的解释。

施莱尔马赫在语言的流变与涌动中寻找历史、生命与真理的表达，不仅为以理性为核心的哲学传统带来了朝向更具活力的语言的思考，同时也与 19 世纪末 20 世纪初的语言转向传统及其影响下的文论思想相互回应和影响。尽管语言成为这一时期最为闪耀的中心，但施莱尔马赫对于语言的思

---

① Andrew Bowie, *From Romanticism to Critical Theory: The Philosophy of German Literary Theory*. New York: Routledge, 1997, p. 5.

考并未停留在语言本身，而是进一步展开：如何把握流变的和涌动着的语言？对语言的理解是任意的还是有界限的？对语言的理解是否能够离开其创作者而独立进行？

三、人作为语言的处所：个体创作者作为文本意义之体

　　施莱尔马赫坚持文本的创作者与语言同样享有构建文本意义的作用与价值。施莱尔马赫强调作者在文本意义构成中的阐释方法，这通常被称为心理学的阐释。心理学的阐释认为，语言是个体的产物，作者或说话者的个性是研究文本的风格或言语行为意义的重要依据。但关于施莱尔马赫心理学的阐释，目前较有争议。部分学者认为施莱尔马赫从语言阐释转向对作者个性和心灵的阐释，虽然揭示了其重构作者心理意图在揭示文本意义方面的重要作用，但其心理学阐释有走向心理学分析以及意图主义之嫌，且他能否实现对作者心理和意图的还原尚未可知，因此这种转向未免有舍本逐末之嫌。但是，针对施莱尔马赫受到的此种质疑，仍有大部分学者予以解释和澄清，西奥多·维亚尔（Theodore Vial）在其关于施莱尔马赫的导读著作（*Schleiermacher：A Guide for the Perplexed*，2013）中就学界对施莱尔马赫的质疑予以回应，指出这种质疑实际上源自对施莱尔马赫的一种误读，而对语言以及作者的关注是贯穿施莱尔马赫阐释思想始终的。施莱尔马赫的心理学阐释对作者创作意图在意义构成中的强调，思想核心是追求对个性的和生命的情感表达，这与其语言思想所阐发的对整体生命的尊重是一致的。Tilottama Rajan 在《阅读的补充：浪漫主义理论与实践中的理解形象》（*The Supplement of Reading：Figures of Understanding in Romantic Theory and Practice*，1990）中也认为，施莱尔马赫后期的心理学的阐释是语法的诠释的延伸，它的主要意图仍是表明除了语言所联结的文本意义，仍然存在着由作者所联结的间接的和潜在的文本意义的可能，因此要在语言以及作者的共同作用下思考文本意义的内涵。基于施莱尔马赫对语言以及作者在意义构成中的共同作用的强调，本节将具体探究施莱尔马赫如何以作者的参与来限定和完善流变的语言，并作用于文本意义的理解和解释。

　　施莱尔马赫将作者的个体性维度纳入文本意义的考量，是对其"作为

流变的生命源泉"这一语言思想的延续以及反思。施莱尔马赫流变的语言思想兼具历史性、生命性以及相对的真理性，可以说，在施莱尔马赫的语言思想中，依然潜藏着三个主要问题：一是能否只在语言层面穷尽文本意义的表达？二是面对语言如此的活力与生动性，是否需要划定对语言的理解的界限？三是如何延续以历史的整体生命为核心的语言思想，语言究竟该如何存在？面对在语言层面理解文本意义的这些遗存问题，施莱尔马赫指出要保留和尊重作者作为文本形成的意义载体这一维度，将作者的个体性及创造性作为理解文本意义的一个重要维度。

施莱尔马赫认为从语言层面展开对文本的阐释（语法的阐释）以及从作者的个体性展开对文本的阐释（心理学的阐释）完全是同等重要的。[①] 每一种解释必须以对另一种解释加以处理的同等重要性得到处理。[②] 这不仅从根本上回应了对施莱尔马赫的质疑，而且回答了施莱尔马赫语言思想的遗留问题，即对文本意义的探寻并不能在语言这一维度穷尽。那么应当从何种意义上理解二者的同等重要性呢？事实上，施莱尔马赫所谓的同等重要是有条件的。对施莱尔马赫而言，从语言层面或作者个体心灵层面所展开的阐释方法并没有低级和高级之分，因此并没有比较的必要，只是依据一定的条件，语言或作者个体皆能获得其重要性。

首先，施莱尔马赫指出，从语言层面展开的对文本意义的阐释可以是高级的。当我们指出语言是决定个人思想的东西，而个人是语言的处所的时候，语言阐释的高级性体现出来。[③] 这句话的意思是，施莱尔马赫坚持语言在意义构成中的本源地位，但与此同时，他也认为应当对语言予以限定，语言并非规定人之存在的存在之家，而是人应当作为语言的处所，是在人的发展中语言才获得了其有机变化。可以说，人作为语言的处所，是施莱尔马赫以人性和人的发展作为对语言的限定，以及对语言作为历史的整体

---

① 洪汉鼎：《理解与解释：诠释学经典文选》，北京：东方出版社，2001 年版，第 51 页。

② 洪汉鼎：《理解与解释：诠释学经典文选》，北京：东方出版社，2001 年版，第 52 页。

③ 洪汉鼎：《理解与解释：诠释学经典文选》，北京：东方出版社，2001 年版，第 51 页。

生命之源的延续与发展。根据施莱尔马赫"作为流变的生命源泉"的语言思想可知，施莱尔马赫反对将语言作为存在之家从而固化语言的思想。语言作为存在之家是海德格尔在《人道主义的书信》中提出的，其主要内涵就是在反对语言工具论、语言与人二分的基础上，重新阐释语言与人的关系。在《艺术作品的本源》中，海德格尔也曾指出语言不只是而且并非首先是对要传达的东西的声音表达和文字表达，语言并非仅仅把或明或暗如此这般的意思转运到词语和句子中去；在没有语言的地方，比如，在石头、植物和动物的存在中，便没有存在者的任何敞开性。对海德格尔而言，语言并非只作为交谈和表达的工具而存在，唯语言使存在者作为存在者进入敞开领域之中，也就是说语言是让存在者存在之根源，人只有通过语言才能获得其存在的依据，人是为语言所把握的，因而海德格尔概括称语言是存在之家，人是居住在语言的寓所中的。但是，海德格尔将语言作为人的存在依据，依然隐含着以语言来掌握人从而湮没人性的隐患。对于海德格尔语言作为存在之家的反思，早在施莱尔马赫这里就可发现一些踪迹。施莱尔马赫在肯定语言的基础上，断言个人是语言的处所，要在人的发展中理解语言，这与列维纳斯出离海德格尔的存在视角转而从存在者的视角重新阐释语言与人的关系的思路几近一致。但是，不同于列维纳斯及其他后现代思想家以语言的破碎、晦涩以及延宕来出离语言之家的思想，施莱尔马赫坚信语言中真理的可能性，并力图向人回归而为语言划定阐释的界限。因而，施莱尔马赫将个人作为语言的处所，事实上也并非对语言作为存在之家的全然颠覆，而是试图在语言的存在之家以及语言的碎片化中寻找一条语言阐释的中庸之路，力图通过将人这一维度引入语言之中，来恢复在语言与人的关系中被忽视和湮没的人性及个体独特性。

其次，对施莱尔马赫而言，心理学的阐释也可以是高级的，当且仅当我们认为语言可以作为个人传达其思想的工具。这里需要指出的是，施莱尔马赫并不是在工具论的意义上将语言作为表达的工具，而是将语言视为对思想的传达。施莱尔马赫指出，语言的外在表达必须联系作者的内在思想，这是理解的基本任务，也就是将表达追溯到赋予它生命的意图，追求说话者（作者）想要表达的那个思想。① 因而，对施莱尔马赫而言，心理学的阐释的重要价值就在于它对潜藏在语言背后的思想的挖掘，而语言背后的思想，是与说话者个人心灵及其创作意图密切相关的，正如施莱尔马赫所说："纯粹根据语言的句法观必须被声音真正试图要说的东西所代替，其目标或目的是要理解一个揭示它自身的心灵，一个通过语言表达它自身的灵魂，它是从其内心产生出来的。"② 因此，施莱尔马赫对语言背后的思想的揭示，建立在对文本作者的心灵的重新体验当中，其基本目的是通过重构文本作者的意图揭示文本的意义。那么施莱尔马赫是如何在重构作者意图中揭示文本意义的呢？其一，是要回归作者与作品本质特征的一种前知识。这种前知识主要包含三方面的内容，一是考虑作品体裁与其被写时代之前的发展，二是考虑这种类型在作者工作的地方和临近地区的使用情况，三是要有关于当代文学，尤其是作者可能用作风格样本的著作的知识。其二，就是通过预期以及比较的方法来获得作品的观念，或者作者意图的表现。所谓预期的方法，就是指对作者的直接理解，甚至是成为作者本人，伽达默尔将其概述为"一种把自己置于作者的整个创作中的活动，一种对一部著作撰写的'内在根据'的把握，一种对创造行为的模仿"③。因此，对施莱尔马赫而言，心理学阐释的预期方法，就是在对作者创作行为和创作意图的模仿中，重构和再认识作者的创作过程，从而能够更加贴近作品的原意。施莱尔马赫坚持贴近作品的创作原意，如作者理解其作品一样实现对作品原意的理解，实际上是对自康德以来"比作者更好地理解作品"这一思想主张的反思与限定。康德在《纯粹理性批判》中指出，无论是在日常话语中还是在著作中，通过比较一位作者关于自己的对象所表达的思

---

① Schleiermacher, "Allgemeine Hermeneutik von 1809 – 1810", p. 1276. 转引自让·格朗丹：《哲学解释学导论》，何卫平译，北京：商务印书馆，2009 年版，第 116 页。

② 让·格朗丹：《哲学解释学导论》，何卫平译，北京：商务印书馆，2009 年版，第 117 页。

③ 伽达默尔：《真理与方法》，洪汉鼎译，北京：商务印书馆，2010 年版，第 269 – 270 页。

想，其至比他理解自己还更好地理解他，这根本不是什么非同寻常的事情。① 由康德指出的比作者更好地理解作者的阐释原则成为以伽达默尔理论为核心的阐释学的重要依据，尽管它也在施莱尔马赫的阐释思想中发挥过作用，但施莱尔马赫清晰地认识到如果对此不加以限定，那么势必会出现阐释的不确定性，因此施莱尔马赫转而提出要如作者般理解文本本身，其根本意图是规避阐释的相对主义而更加切合文本的原意。

此外，施莱尔马赫并未将文本意义限于文本作者的心灵构建当中，而是将文本作者的个体生命纳入文本的理解中。施莱尔马赫指出，"心理学解释任务就是把每一所与的思想复合物看成某个确定个人的生命环节（Lebensmoment）"②。这实际上就在作者的个体生命与文本本身之间建立了密切联系，而文本这一思想复合物已然在作者的各个生命环节中发生作用和产生影响。施莱尔马赫在 1832 年的心理学阐释的讲座中曾指出，心理学阐释有两方面任务，其一是理解一个作品的整个基本思想，其二是由作者的生活去把握作品的各个部分，而这两个方面都可以通过作者的个体生命来理解。施莱尔马赫认为，我们理解文本意义的首要的任务是把作品的统一理解为它的作者的生命事实，它探问作者是如何来到这种整个作品由之发展而来的基本思想，即这种思想与作者的整体生命有怎样的关系，以及肇始环节与作者所有其他生命环节的联系。③ 因此可以说，对施莱尔马赫而言，理解文本的意义就要从理解作者的个体生命及其生活世界出发。

因此，正是在这两点意义上，施莱尔马赫将作者维度重新纳入文本意义的阐释之中：一是在坚持语言作为文本意义之源的基础上，强调人是语言的处所，应当在人的发展及其变化中理解语言；二是坚持语言是思想的表达，将对语言的追问追溯到赋予其生命的作者那里。在坚持和尊重语言与作者的双重维度之上，施莱尔马赫展开对文本意义的深入讨论。但与此

---

① 康德：《纯粹理性批判》，李秋零译，北京：中国人民大学出版社，2004 年版，第 241 页。

② 洪汉鼎：《理解与解释：诠释学经典文选》，北京：东方出版社，2001 年版，第 70 页。

③ 洪汉鼎：《理解与解释：诠释学经典文选》，北京：东方出版社，2001 年版，第 72－73 页。

同时，在文本意义的阐释中仍然存在着一些遗存问题，即对文本的理解是否只是对作者创作意图的模仿？它是镜像的直接反映还是融合了阐释者思想的再认识和再创造的过程？在众多的阐释者之间如何达成阐释的一致性与公共性？

四、生命共同体：阐释者作为文本意义之中介

施莱尔马赫认为，读者，尤其是具有悟性的阐释者的理解依然是建构文本意义的一个重要维度。对文本的理解，并非镜像般地模仿作者的创作过程，而是融合了阐释者的理解的再认识和再创作的过程。因此，对文本意义的理解，应当在由文本语言－作者－阐释者所联结的共同体中具体展开。除此之外，阐释者不仅仅是作为文本的读者而存在，他不仅面对着被理解的文本及其作者本身，同时还面对着阅读其批评理论的读者或阐释者（其他他者），以及其他可供阅读和理解的文本的存在，而鉴于阐释者作为读者以及批评家的双重身份，他同时承担着建构文本意义以及将文本意义引向一种社会层面的普遍理解的公共义务。经由阐释者的中介作用，文本最终展现为与他者共在、共享的具有伦理属性的生命共同体。

阐释者的参与是施莱尔马赫建构文本意义的必要环节。对施莱尔马赫而言，推动理解过程的力量，正是阐释者的领悟和理解活动。[①] 施莱尔马赫将阐释者纳入对文本意义的理解中，有其必然依据。首先，它是语言本身所蕴含的伦理性的必然要求，是施莱尔马赫在继承赫尔德以人性为核心的、向他者开放的语言思想基础上，对作为他者存在的阐释者的必然要求，也是保持文本开放性的必然要求。那么，应当如何理解赫尔德以人性为核心的语言思想呢？赫尔德曾指出，语言的本质就在于它对人性的敞开，清楚地呈现人的独特品性、感受和生活，在人的切身发展中揭示自己的动态变化与有机活力。因此，在此基础上，作为文本生命源泉的语言要素要求对文本创作者的个体心灵及其生命环节予以认识和重构。但与此同时，赫尔德也指出，我们本性中越是纯粹和高贵的要素，就越是向他者开放自身，

---

① 潘德荣：《西方诠释学史》，北京：北京大学出版社，2016 年版，第 264 页。

超越自身的狭隘局限，向外展露，变得无限、永恒。① 也就是说，人之为人的核心之处，就在于他并非独自存在的、以自我为中心的单子，而是存在于向他者敞开的伦理关系当中。这也就要求对文本创作者的理解不能局限于其本身，而要将其置放在与他者，即与文本阐释者的关系中，以规避对文本作者创作意图的直接的镜像反映，转而在与阐释者的理解的融合之中实现对文本意义的理解。这是赫尔德所谓的在学习和交流中被塑造和完善的人性思想的具体要求：人性，即便在它最好的时候，也绝非什么独立的神——它必须学习一切东西、不停地被塑造，通过点滴努力求得进步。② 这也是施莱尔马赫在此基础上将阐释者纳入意义理解过程的再认识与再创作的过程，正如伽达默尔在《真理与方法》中所指出的，施莱尔马赫的"理解就是一种对原来生产品的再生产，一种对已认识的东西的再认识（伯克），一种以概念的富有生气的环节、以作为创作组织点的'原始决定'为出发点的重新构造"③。因此，对施莱尔马赫而言，无论是出于文本语言的自身要求，或是重构和再认识作者的创作意图，阐释者的参与都是意义理解中的必要环节。

其次，施莱尔马赫将阐释者纳入意义理解的必要环节，实则是在人与语言的关系基础上对主体思想进行反思的结果。在语言转向之后，消解主体的思想风靡一时。海德格尔将语言视为存在之家，将语言作为把握和理解人的场所；利奥塔也认为人不是语言的主人，人使用语言也不是为了交际和表达自己的思想，因而对他们来说，语言是第一位的，语言成为开启和认识世界的钥匙。不同于以上以语言范式来主导理解的方式，施莱尔马赫仍然坚持以主体范式作为理解与认识世界的方式，即在人的发展中理解语言，并将人作为语言的处所。按照施莱尔马赫所言，人是语言的处所，因而对语言的理解需要认识其创作主体本身，包括其思想及生活本身，但

---

① 赫尔德：《反纯粹理性——论宗教、语言和历史文选》，张晓梅译，北京：商务印书馆，2010 年版，第 31 页。

② 赫尔德：《反纯粹理性——论宗教、语言和历史文选》，张晓梅译，北京：商务印书馆，2010 年版，第 4 页。

③ 伽达默尔：《真理与方法》，洪汉鼎译，北京：商务印书馆，2010 年版，第 269 - 270 页。

人又绝非纯粹建构自我的单子，而是需要朝他者开放，在与他者的关系中实现对语言更为完满的理解。这实际上说明，施莱尔马赫意义上的主体概念并不是单纯的自笛卡尔以来以主客二分为前提的、将外在事物内化为我的一部分的同一过程，而是坚持先异化再同化的对主体思想的重构。换言之，施莱尔马赫坚持理解要先朝向他者开放，创作者的思想要外化为实践活动，也就是要在实用主义的视角下通过与他者的对话和交流重返讲话者和听话者之间的关系，重新审视作者与阐释者、自我与他者之间的关系，在作者与阐释者的对话中实现同一理解的可能。①

对文本意义的理解需要阐释者的参与并发挥其中介作用。首先，在施莱尔马赫看来，在语言层面实现的对文本意义的理解需要在历史性的维度进行展开，是在一种大历史的眼光中对语言的传统认识以及阐释者的当下认识的融合，因此以语言维度展开的看似客观的对文本意义的重构过程，已然隐含着阐释者的理解和领悟。其次，对施莱尔马赫而言，理解文本意义也是重构作者意图以及作者的整体生命的过程，是阐释者进入作者从而重新经验其创作过程，它建立在使自身与作者等同从而重构文本的基础上，但施莱尔马赫指出："解释的主要任务是，人们必须从他自己的观点出发而进入被理解的他者。"② 这也就是说，对文本意义的心理重建的过程，或自身与作者的等同过程，依然是在作者与阐释者的融合中展开的。因此，对施莱尔马赫而言，对文本意义的理解不仅要在语言的层面实现对文本的客观重构，也要在作者意图和生命环节层面实现对文本的主观重构，更重要的是，二者要在阐释者的阐释和解释当中才能使对文本意义的重构趋于完善。③ 因此，阐释者的参与在重构和再认识文本意义中起着重要的中介和调解作用，正是阐释者的参与将文本语言、作者意图与阐释者的理解融合为一个整体，一个生命共同体。

----

① Schleiermacher, *Hermeneutics and Criticism and Other Writings*, Andrew Bowie, eds. Cambridge：Cambridge University Press, 1998, p. xxiii.

② 转引自潘德荣：《西方诠释学史》，北京：北京大学出版社，2016 年版，第 47 页。

③ 洪汉鼎：《理解与解释：诠释学经典文选》，北京：东方出版社，2001 年版，第 61 页。

　　施莱尔马赫的生命共同体思想依旧是与赫尔德尊重个体性与多元性相统一的整体论思想以及人性思想密不可分的。首先，赫尔德指出，理解是在一个有意义的、连贯的统一体或共同体中展开的，它必须避免陷入某个特殊之处或确立一个中心，因此其统一体或共同体概念不是一个没有区别的或同质的整体，而是一个内部差异化的整体，这个整体由其各个成员的个人贡献组成，而这些成员的贡献本身取决于这种统一性。①　也就是说，赫尔德的整体论思想强调一种统一性以及内部的差异性，整体只有在个别中才能被理解，个别也只有依赖整体才能被理解，在此个别与整体的循环之中，理解最终得以实现。这种依托于阐释学循环的整体论思想，深刻影响了施莱尔马赫对文本意义的理解，他将文本意义建立在文本语言、作者和阐释者所构建的共同体中，在作者的原意、语言所构建的文本自身的原意以及阐释者的理解与所悟之义中寻求可达成一致的理解。其次，赫尔德将语言视为"活"的理性和理解能力，指出对语言的研究必须要以人类自身为出发点，这一点为施莱尔马赫以生命思想作为理解语言的起点奠定了基础，正如施莱尔马赫指出的："作品必须被塑造成一个鲜活的生命体，它必须有一个与其精神相适应的躯干，其各个部分也必须协调一致。"②　在赫尔德的整体论和人性思想的影响下，施莱尔马赫发展了他的生命共同体思想，而施莱尔马赫对柏拉图三十余篇对话的翻译与所作引论，可以说正是其生命共同体思想的具体实践。其一，施莱尔马赫在对柏拉图对话的翻译中，最坚持的一点就是重视柏拉图作品的对话艺术形式，在对话的内在和外在关系中回归柏拉图文本的原意。其二，施莱尔马赫强调要柏拉图式地理解柏拉图从而回归作者原意，这是施莱尔马赫理解柏拉图对话的重要原则。伯克（August Boeckh）对此曾发表评论指出，没有谁如此全面地理解了柏拉图，并告诉其他人将柏拉图作为柏拉图来理解。③　其三，施莱尔马赫认

①　Michael Forster & Kristin Gjesdal. *The Cambridge Companion to Hermeneutics.* Cambridge：Cambridge University Press，2019，pp. 46 - 47.

②　施莱尔马赫：《〈斐德若〉引论》，载《论柏拉图对话》，黄瑞成译，北京：华夏出版社，2011 年版，第 94 页。

③　兰姆：《施莱尔马赫作为柏拉图学者》，载《施莱尔马赫的柏拉图》，黄瑞成译，北京：华夏出版社，2009 年版，第 29 页。

为，激发读者自身的思想形成是柏拉图对话哲学的重要教导，因此阐释者的理解也是解释柏拉图对话的重要维度。

施莱尔马赫的生命共同体思想的运作机制是建基于与他者共在、共享的伦理维度之上的。对施莱尔马赫而言，阐释者的双重身份，即同时作为文本的读者与批评家，要求其不仅是承担文本意义建构的中介作用，由于阅读其批评作品的其他读者、阐释者、文本的存在，他同时也应承担将文本意义纳入社会和公众层面的伦理义务，因此通过阐释者的中介作用，在生命共同体思想下对文本意义的理解获得了其伦理属性。对于阐释者的中介作用所带来的伦理要求，施莱尔马赫在对柏拉图对话的翻译中做出了说明，他指出他对柏拉图对话所作的引论与注释不能仅仅成为阐释者的一种评注，更重要的是需要阅读柏拉图的读者以及阅读施莱尔马赫引论和注释的读者，在赞同其观点的基础上，实现对柏拉图对话的内在和外在关系的理解。[①] 这也就是说，阐释者的任务并非仅限于理解和建构文本的意义，而是要面向其他读者，在与其他读者所共享的观念基础上形成对文本原意的整体理解和说明。此外，施莱尔马赫指出，作品往往是对某种人际关系的影射，它不仅包含了作者本人的各个生命环节以及与他者的各个生命环节的关系，同时也包含着阐释者本人及其与其他阐释者的关系，而谁能更好地把握这些主体间的伦理关系，谁就能朝更好的理解更进一步。最后，对施莱尔马赫而言，对某一文本的阐释应当放置于一个更大的整体当中。以柏拉图对话为例，施莱尔马赫认为每一篇对话不仅应当被视为一个独立的整体来理解，同时也应当在与其他对话的相互关系中来理解，由此推论，对某一文本的理解也不应当局限在此文本本身，而是应当在与其他本文的对话和比较中得出更为新颖与整体的理解。可以说，这是施莱尔马赫在其朝向他者开放的主体重构思想基础上，对独白式的文本意义理解的一次重要突破，也就是说，文本同样需要朝向其他文本开放，文本意义需要在文本间的对话、比较和交流中达成可共享的理解。

在对主体思想的反思与重构中，施莱尔马赫将阐释者带入文本意义理

---

① 施莱尔马赫：《论柏拉图对话》，黄瑞成译，北京：华夏出版社，2011年版，第61页。

解的维度，将文本理解建立在以文本语言、作者和阐释者所构建的生命共同体中。通过阐释者的中介作用，施莱尔马赫将此生命共同体导向面向他者和公众的伦理维度，同时也将文本由其自身带向兼具多元而统一的文本间性之中，力图在与其他他者，也就是其他文本、阐释者的伦理关系中实现对文本的理解。

五、结语

　　施莱尔马赫将语言自身视为文本意义的涌动之源，主要便是依托语言自身所蕴含的历史性以及在对话中的真理性。施莱尔马赫对历史性思想的继承与发展，不仅促成了由德罗伊森、狄尔泰、海德格尔等思想家引领的一场被称为"历史主义"的广泛运动的发展，而且为一种以世界史的眼光看待文本意义的方式提供了理论和实践依据。施莱尔马赫在与生命的关联中进行阐释以及在对话中寻求真理的方法，与后来的海德格尔和伽达默尔的本体论阐释学及对话阐释学相互关联又各有侧重，在分析哲学家希拉里·普特南以及唐纳德·戴维森的思想中也有回应，并与法国理论家列维纳斯、福柯的阐释思想遥相呼应。此外，施莱尔马赫将个体的创作者视为文本意义的载体，不仅是基于作者意图对文本原意的切近，而且是在延续其语言思想的基础上，重思语言与人的关系，重申人作为语言的处所，在人的发展中体悟语言的发展与变化。施莱尔马赫以人为本的阐释思想既是在德国浪漫派中发展起来的，又与海德格尔、伽达默尔等人的思想相互激荡。最后，施莱尔马赫将阐释者带入文本意义的理解维度，将文本意义的理解建立在文本语言、作者以及阐释者所构建的生命共同体之中。同时，通过阐释者的中介作用，施莱尔马赫将伦理维度和公共义务纳入此生命共同体中，将独白式的文本理解导向一种文本间的兼具统一与多元的理解。

古希腊修辞学传统的诠释学意义[*]

杨　立① 马新月② 秦明利③

摘　要： 本文主要论述柏拉图、亚里士多德、西塞罗和昆体良修辞学思想的诠释学要素，阐明修辞学与辩证法、认识与实践以及语言与思想统一关系中的诠释学理论基础，探讨修辞学传统的认识论和伦理维度的语言性建构，及其与诠释学语言、真理、实践观发展和主体性批判的理论关联，进而揭示修辞学与诠释学共同的哲学普遍性与方法论要求。本文可为拓展古典诠释学研究论域、丰富诠释学基本概念的词源性研究、推进诠释学整体研究的修辞学转向提供可能思路与借鉴。

关键词： 柏拉图；亚里士多德；西塞罗；昆体良；修辞学；诠释学

引　言

在古希腊修辞学传统语境中，诠释主要意指对话或语言交往，尤其是

＊　本文系国家社科基金重大项目"德国早期诠释学关键文本翻译与研究"（项目编号：19ZDA268）子项目"英美学界德国早期诠释学研究"阶段性成果。

①　作者简介：杨立，大连理工大学哲学系博士研究生，主要研究方向为诠释学。

②　作者简介：马新月，哈尔滨理工大学硕士研究生，主要研究方向为诠释学、文学哲学。

③　作者简介：秦明利，大连理工大学外国语学院教授，博士生导师，主要研究方向为诠释学、文学哲学和外国哲学。

口头话语传达和接受，而非解释。诠释任务在于清晰地传达一种观念或思想，而非阐明语词意义或某个意义整体。在柏拉图对话的修辞学论题中，诠释与表达基本同义。作为表达的诠释，其对象是口头语言及其所讲述的东西。在《斐莱布篇》中，诠释被用于人类交往形式的具体语境，作为外语的翻译而出现；在《法律篇》中，诠释意指阐明、解说和使某物显现。在亚里士多德《诗学》中，诠释即表达、交流或语言交往。古希腊时期的口头阅读风尚向中世纪普遍默读习惯的演变，潜在地疏离了说话和阅读作为发生事件的共时性。

柏拉图修辞学是与其辩证法同域的、以综合与区分为研究方法的哲学。《申辩篇》指出演说者的德性就是说真话，言说可以成为真理的言说和德性的言说，《会饮篇》阐述的爱欲的本质和《斐多篇》中的逻各斯转向，都在一定程度上论证了修辞学自身的真理要求，界定了修辞学认识的居中性。《普罗泰戈拉篇》和《高尔吉亚》论证了修辞学作为政治技艺和政治实践的具体形式表现为公民城邦生活的理智、节制、勇敢和正义等德性。亚里士多德修辞学以全体公民及其政治生活为基本论域，修辞学技艺从统治者的特权转变为最广泛公民的政治权利和义务，城邦议事的修辞性和大众意见的共享性与其理想城邦的统一形态相适应，"共同体的精髓就是大众意见的分享"①。亚里士多德修辞学弱化了意见与真理、具体的善和绝对的善之间的对立关系，表现了修辞学推理作为一种知识形式的合法性和规定性，界定了修辞学隶属于政治学和伦理学的基本立场，修辞学与其城邦共同体理想相辅相成，互为一体。

在希腊化思想和君主帝国斗争的背景中，西塞罗和昆体良的修辞学理论、教育和演说实践与其政治生活密不可分，也继承和发展了古希腊修辞学传统的重要观念。比如强化亚里士多德修辞人格概念与文体风格的关联性，认为修辞人格应具备关于论题、公共事务、民俗习惯的知识，也应关注与具体听众及其情感相适应的文体风格；发展了亚里士多德修辞风格和柏拉图对话体形式，其中，西塞罗的修辞学谈话录属于柏拉图式的戏剧性

---

① 刘小枫：《古希腊修辞学与民主政制》，冯庆、朱琦等译，上海：华东师范大学出版社，2015年版，第25页。

对话文体。值得注意的是，西塞罗和昆体良对古希腊修辞学的继承是批判性、改造性的，其中渗透着罗马共和精神的政治和道德理想，在此修辞学的技艺功能逐渐弱化，修辞学理论和实践的关联性逐渐增强，修辞学内在的道德要求普遍化，修辞学与其政治哲学的研究对象、方法和目的趋同化。

一、柏拉图哲学修辞学的诠释学意义

柏拉图修辞学奠基于事物和灵魂的知识，主张真正的修辞学与辩证法同一。真正的修辞学内含修辞与逻辑、情感相联系的本源性，居于柏拉图式理念世界与经验世界、逻辑命题和神话叙事的中间位置。修辞学与辩证法的哲学同一性使其突破了技艺性、装饰性的实用主义窠臼，表现了修辞学认识论的普遍性和合法性。关于灵魂的知识，主要指演讲者对听众的正确了解（兴趣、情感、倾向、性格等），具有与诠释学认识论的他者性和主体间性概念的理论关联。柏拉图修辞学的理论重心从讲话者转移到了讲话者与听众的中间位置，唯有在此才能就具体的意见达成一致，而只有同时具有事物和灵魂的知识才能通达此中间位置。"在追求公义和其他一切美德中生，在追求公义和其他一切美德中死"[1] 是柏拉图式最好的生活，表现了柏拉图修辞学内在的伦理维度，这是伽达默尔"修辞学是伦理学"[2] 思想的重要理论来源。

首先，柏拉图修辞学以知识或真理为存在的基本要素，初步界定了真理和存在的先在所属关系，修辞学与辩证法的哲学同一性表现了修辞学自身运动的知识生成性。这是本体论诠释学中语言的真理性以及语言和存在关系建构的重要理论基础，构成了讲话、理解和实践的存在论关系的理论生长点。在柏拉图对话辩证法中展开的实践概念表明，任何个体话语实践与实践整体的统一关系优先于每个实践自身的真理意义，也优先于人类实

---

① 柏拉图：《柏拉图全集（第二卷）》，王晓朝译，北京：人民出版社，2003 年版，第 326 页。

② Gadamer, H. G. *A Century of Philosophy—Hans-Georg Gadamer in Conversation with Riccardo Dottori*. Trans., Rod Coltman, Sigrid Koepke. The Continuum International Publishing Group, 2006, p. 53.

践整体存在的所有可能形式。

柏拉图修辞学的语词辩证法主张话语自身既为一也为多的辩证性，以及提问之于意见的优先性。由此发展的本体论诠释学表明了两点，一方面是以话语为单位的部分和整体存在关系的普遍性，以及讲话者与讲话事件的存在论统一性。柏拉图修辞学展开的综合与区分的自我运动，打开了人的语言关系向人的语言性存在发展的可能方向，修辞学的自我运动表明了不受任何对话主体限制的、人与对话事件的共在运动，"交谈作为话语和答话自身构成发生的事件"①。另一方面是对话所在的历史延续性和间断性的辩证关系，以及每个对话者与他者的共在关系。在《斐德若篇》中，柏拉图以爱欲指称真正的修辞学，爱欲的学问是以美本身为对象的学问，美本身是诸存在物的原因和目的，在此意义上，美即存在整体。苏格拉底批驳爱欲的第一篇讲辞以理性判断力、节制和向善的至高性为依据，以"节制"对应斐德若的"理智"概念。"节制"的古希腊词源包含神智正常和节制中庸两种义项，由此而来的快乐和善、欲望和理性的对立使得爱欲被贬斥到真正的快乐之外。苏格拉底的第二篇讲辞是前者的翻案诗，论证爱欲是人之所受的最高恩赐，是统摄诗兴的迷狂、预言的迷狂和宗教的迷狂的源头。通往爱欲之路不仅揭示了形体之美、体制之美和知识之美之间的广泛联系，也体现了以部分和整体无限循环运动为基本特征的对话辩证法。通过比较正义、智慧、美自身及其在可见世界中的摹本，柏拉图论证了爱欲、羽翼和神的同一性。爱欲将自身表现为形体之美、体制之美和知识之美之间的存在论联系。

其次，柏拉图修辞学认识的居中性表明修辞论证及其构思、部目、题材组织与安排的情境化呈现。柏拉图修辞学所体现的真理与意见的区分，不等同于真知与无知的对立性，意见可理解为介于真知与无知两端之间的东西，因为柏拉图的意见概念是对诸存在物的有可能真实的见解，且对存在原因的无知状态。这种意见不以逻辑真命题为前提，也不是纯粹的偶然性和臆想，而是有根据的意见，类似《泰阿泰德》中知识的第四个定义，

---

① 伽达默尔：《美学与诗学：诠释学的实施》，吴建广译，北京：北京大学出版社，2013 年版，第 320 页。

即"知识就是真实的信念加上解释（或伴之以论究的真实判断）"①。柏拉图对灵魂知识的强调表明其修辞学认识重心的转移，也在一定程度上表现了绝对普遍的等级秩序向具体意见一致转化的可能性。

柏拉图修辞学的语言中心倾向与诠释学的语言中介性相关联，即每个个体的语言存在形式都是其自身的存在整体，具体的话语实践表明人与存在的所有可能联系。柏拉图主张真正的修辞学是真知和无知、属神知识和属人知识之间的"居中者"，从可能性前提得到的结论不受制于逻辑真假判断，也不是无条件地向信念和偶然性开放，且修辞学的前提和意见都与想象力不可分离。《会饮篇》狄奥提玛的"居中者"，和《斐多篇》中的逻各斯转向，都从不同方面论述了修辞学认识的居中性。《斐多篇》提出关于直接探究存在物的危险性的喻像，以说明语言对真理的映射关系，且此映射始终伴随着某种成见，没有成见就无所视。"如果不是通过水或其他同类的媒介物观察太阳反射出来的影子，而是直视太阳，那么肉眼真的会受到伤害……由于用肉眼观察对象，试图借助每一种感官去理解它们，我也有可能使自己的灵魂完全变瞎。"② 苏格拉底以水或其他媒介物喻语言，以太阳的投影喻可见可感的存在物，透过水观察太阳的投影就是以语言探求存在本身：一方面，语言以一种当下的、在有限视域中的利害关切遮蔽了存在不可直视的光芒，为人的灵魂和理智提供了一种晦暗而安全的视野；另一方面，正如水的透明特质一样，语言对存在的遮蔽不是一种阻碍，而是一种映射。由诸感觉所激发的关于可感事物的观念，在语言中完成其现实性，语言实际建立了可感世界的运动秩序，语言对真理的遮蔽同时也是一种揭蔽。柏拉图修辞学中语言和存在的映射关系，对于本体论诠释学的修辞学转向以及语言和修辞关系的发展具有重要意义，"语言就是谈话"③，"逻各

---

① 柏拉图：《柏拉图全集（第二卷）》，王晓朝译，北京：人民出版社，2003 年版，第 742 页。

② 柏拉图：《柏拉图全集（第二卷）》，王晓朝译，北京：人民出版社，2002 年版，第 108－109 页。

③ 伽达默尔：《诠释学 II 真理与方法》，洪汉鼎译，北京：商务印书馆，2010 年版，第 458 页。

斯和科学由谈话中诞生"①，修辞学的认识论维度得以与人的语言存在相关联。

最后，是由苏格拉底假设的方法发展而来的诠释学真理标准。苏格拉底假设的方法是指，"在各种场合下首先提出被自己判定为最健全的理论，然后把与这种理论相一致的任何东西，与原因相关的也好，与其他事情相关的也好，都假定为正确，而与之不合的就视作不正确"②。从论证方法和论证要素来看，一方面，"最健全的理论"是相对于具体场合和个体的视域而言的，它不一定是最正确的，而是在人类事务领域中最合理、最适宜、最具成效的。这种理论突显了前提和结论的或然性，部目的搜集和组织都受限于特定的修辞情境和修辞动机，并始终渗透着对话双方的情感、倾向和意图。另一方面，"最健全的理论"的有效性源于自身内部的一致性或不矛盾性，而论证过程的一致和命题之间的不矛盾性是逻辑演绎及其规律的表征，体现了修辞与逻辑的普遍联系。依据"柏拉图的方法都是苏格拉底式的方法"的解释原则③，苏格拉底假设的方法表明了柏拉图将修辞学内化并上升为哲学方法论的重要趋向。

综上所述，柏拉图修辞学的语词辩证法开放了语言与存在、部分与整体以及自我与他者关系的诠释学建构，柏拉图修辞学认识的居中性界定了以知识为存在要素的基本关系，具有发展为诠释学语言中介的理论倾向，并且苏格拉底假设的方法表现了不同于科学客观性的真理意义，在一定程度上削弱了真理与意见的对立性，为认识秩序的普遍性向具体意见的公共性的转化提供可能。由此发展的诠释学真理的客观性可从人的语言经验的公共性来衡量，表现了理性与合理性、认识和实践的辩证统一。

---

① 让·格朗丹：《诠释学真理？——论伽达默尔的真理概念》，洪汉鼎译，北京：商务印书馆，2015年版，第20页。
② 柏拉图：《柏拉图全集（第二卷）》，王晓朝译，北京：人民出版社，2003年版，第109页。
③ 施莱尔马赫：《论柏拉图对话》，黄瑞成译，北京：华夏出版社，2011年版，第18页。

二、亚里士多德修辞学的诠释学意义

亚里士多德修辞学主张以理性、品格和情感为基本要素的修辞推理，以及情感和理性的联结主义的观点。亚里士多德修辞推理与其实践智慧的关联性，既是本体论诠释学真理概念和方法论批判的重要理论基础，也具有发展真理与存在、实践之共在关系的理论可能性，其修辞学的说服体现了某种认识论和伦理学意义的统一要求。从理性与实践的关系看，一方面，亚里士多德修辞学主要在种属关系上论述理性之于实践的隶属性，理性是实践的一种表现形式。另一方面，亚里士多德修辞学以友谊为理性与实践相统一的最高形态，友谊既是人的属性，也是人的实践本身。在此意义上，亚里士多德修辞学表现了语言的理性和实践性相统一的诠释学维度。

首先，亚里士多德修辞推理具有发展诠释学的主体性建构和主客体关系改造的理论可能性。对话主体性表现于亚里士多德的科学知识、技术知识和实践智慧的全部知识形态。一方面，对话主体表明知识之真不完全取自推理前提之真，还取决于前提和结论为之同类的种。修辞学前提的偶然性，应从不依据主体自身的偶然属性来理解，而不指示其结论的非必然性；偶然属性与其主体的隶属关系，不能通过与其种相符的本原来证明，而只能以对某个问题的回答来陈述，此属性仅在特定条件和时间才属于主体，从不必然的前提也有可能得到必然的结论。[①] 亚里士多德的科学知识和技术知识关涉内在逻各斯，而内在逻各斯不等同于理性或知识本身，修辞推理是表现为外在逻各斯的知识形式，不存在论证形式之于功能的独立性。另一方面，诠释学的对话主体性表明一种将亚里士多德修辞学的理性、品格和情感论证相统一的认识模式。说服目的在修辞手段的考虑和选择中得以具体化，讲话者实施论证、协调风格和布局的修辞推理过程，都要求一种置身具体情境中的自我协商。对话主体性并未取消对话者的参与性，而在一定程度上将修辞推理的或然性转化为对话者隶属语言共同体的必然性，

---

① 亚里士多德：《亚里士多德全集》第一卷，苗力田主编，北京：中国人民大学出版社，1990 年版，第 260 页。

可理解为诠释学认识论的主体性批判的理论雏形。

亚里士多德修辞推理不仅涉及事物本质是什么的问题，也关注谁在何种情境中如何说话的伦理要求，情感要素的认识论维度和伦理维度相统一。在此意义上，修辞推理既是一种论证形态，也是一种信仰体系。① 亚里士多德修辞学阐述了诸情感的发生条件、对象、范围和效果，情感的政治属性和社会文化属性内在于其作为论证形式的基本要素。作为修辞推理的基本要素，情感的认识论维度主要在于，情感是对话者自我理解之生成和更新的重要标志，并与情感主体的理智德性相互作用，以表现对话者特定的性格品质、判断力和行动力。事实上，任何情感都关乎对话者在具体情境中的深思熟虑，及其对自身和他者之善的双向期待。② 对话者只有在特定情绪中才能将某物确认为它所呈现的样子。③ 另外，情感的认识论维度还体现为其与风格、布局和修辞手段的普遍联系，"使用适合于表现自己的道德习惯的语言就能表现自己的性格"④。恰当的修辞风格离不开情感表达的适宜性，情感既影响和修正判断，也部分地决定着话语实践的合理性。情感作为幸福生活的修辞学手段而免于外在的道德评价。⑤ "多样化的情感导致的不是一个统一世界的理解，而是一种统一的品格和一种统一的生活的理解，多样化的感觉为接近一个科学普遍的统一世界提供了途径。"⑥ 在某种程度上，亚里士多德修辞学表现了修辞与人的实践有限性的根本一致关系。

其次，亚里士多德实践智慧与德性的非等同关系表明，实践智慧自身

---

① E. Garver, "Aristotle on the Kinds of Rhetoric", *Rhetorica: A Journal of the History of Rhetoric*, 2009, 27 (1), p. 12.

② C. W. Tindale, "Reasoning under Conditions of Uncertainty: Aristotle's Three Rhetorical 'Proofs'", *Studies in Logic*, 2015, 8 (3), pp. 109 - 110.

③ J. Dow, *Passions and Persuasion in Aristotle's Rhetoric*. Oxford: Oxford University Press, 2015, p. 202.

④ 亚里士多德：《修辞学》，罗念生译，上海：上海人民出版社，2005年版，第181页。

⑤ R. Copeland, "Pathos and Pastoralism: Aristotle's Rhetoric in Medieval England", *Speculum*, 2014, Vol. 89 (1).

⑥ 加佛：《品格的技艺：亚里士多德的〈修辞术〉》，马勇译，北京：华夏出版社，2014年版，第181页。

包含讲话者判断、评价和选择的具体可能性，包含一切道德知识和德性，由此改造而来的实践智慧即基本的诠释学德性。① 亚里士多德修辞学区分了道德德性和理智德性，道德德性包含所有使得具体判断和选择具有特定倾向性的品质。实践智慧并非某种德性或品质，而更接近于一种理性认识能力的范畴，具有与科学知识、技术知识共同的道德属性。以亚里士多德的技术知识为例，作为活动的技艺既要求某种程度的理论规则的适用性，并以此与纯粹的科学知识相通，也要求一种个体化的、经验化的具体决策能力，以及技术知识与科学知识和实践智慧具有的某些共通性。亚里士多德以勇敢、诚实和节制等德性来界定道德知识，而这些范畴又对应着演说者的不同品格，主要从人的感觉及其知觉印象层面阐述情感的认知功能。亚里士多德修辞学主张在个体置身的具体情况中思考善的问题，明确反对柏拉图空洞的善的理念。这种关于善的思考内在于其修辞学任务之中，即考察每个修辞学情境对参与者所要求的东西。只有置身自我与他者休戚相关的对话关系，对话者才能在他者中理解自我，并始终将他者确认为他者，同时在通向他者的语言性中返回自身。

最后，亚里士多德修辞学的想象力内在于知觉或认知过程，是人的语言和话语实践的基本结构要素，具有与诠释学语言真理性的隐喻、象征和夸张类似的认识论维度。亚里士多德想象力指作用于人的感官知觉和理性之间的修辞学的心理功能，以修辞学论题为其心理中介的对象，并在此过程中揭示论证前提和结论之间的逻辑学和语用学关系。伽达默尔诠释学将想象力关联于修辞学所依赖的共同语言，想象力的认知性主要表现为对人类共同意识和生活共同体秩序的正确描述，想象力被发展为"对于问题以及问题所要求我们的东西的敏感"②。亚里士多德在讨论修辞学风格和口头表达时提及想象力，修辞学语言形式或风格与人的感官知觉相联系③，其修

---

① H. -G. Gadamer, "Probleme der Praktischen Vernunft", in Wahrheit und Methode, *Ergänzungen*, *Register*. Tübingen: J. C. B. Mohr, 1993, p.328.

② 洪汉鼎：《实践哲学 修辞学 想象力 当代哲学诠释学研究》，北京：中国人民大学出版社，2013年版，第175页。

③ J. M. Gonzalez, "The Meaning and Function of Phantasia in Aristotle's Rhetoric Ⅲ", *Transactions of the American Philological Association*, 2006, 136（1）, p.106.

辞学风格的明晰不应被规范为理性范畴或概念上的明晰，而是表现为一种整体性、心理可接受意义上的明晰，即它能够将修辞理性、讲话者的品格和情感同时传达给听众，这意味着话语明晰与否在一定程度上受制于想象力的作用。这样的明晰正是亚里士多德想象力中介作用的结果。同时，亚里士多德关于对立和现实性等演说形式的讨论也属于想象力的认知范畴，其中包含讲话者如何展现明智、真诚和善意等品格，如何理解听众的期待，如何调动听众特定情绪等。

亚里士多德修辞学的友谊既不指向自我兴趣或利益，也不以物化他者为代价，友谊表明自我与他者之间根本的开放关系，是诠释学对话理论和实践观形成与发展的重要基础。亚里士多德修辞学友谊观的诠释学发展形态可表现为：其一，以真正的友谊与自爱的同一性界定人类的幸福，幸福存在并表现于个体和他者的开放关系中，并因着这种开放性而生成人类实践的自由选择性；其二，在幸福之为理性生活形式层面揭示幸福和友谊的同一性，这不仅指因其自身且享受自身的此在性，更重要的是，此在与他联结于共同语言的相似性，在此意义上，人即对话是对人最好生活形式的本真描述；其三，友谊概念具体化到对话关系中，自爱即一种自我理解，而与他者的友爱对应着个体与传统、个体与共同体之间的共识状态。

三、西塞罗与昆体良修辞学的诠释学意义

西塞罗修辞学前承古希腊智术师、柏拉图和亚里士多德修辞学，后启人文主义时期的修辞学复兴思潮，其与诠释学思想形成和发展的基本关联性为：一方面，西塞罗修辞学理论与实践之统一性的立场，以及修辞学内在的道德要求的规定，即话语实践所具有的普遍道德诉求，与人内在的社会属性和公民情感一致，使得整个人类的团结成为可能；另一方面，西塞罗修辞学与辩证法之统一性的观点，都表现了修辞学阅读和写作原则之于诠释学的适用性，对于方法论诠释学建构及其历史溯源有着重要影响。西塞罗指出雄辩来源于古希腊的演说一词，雄辩家即古希腊修辞学家，希腊文的修辞学一词（rhetorica）源于动词 rheo，即言说或讲话，其拉丁文同义词是雄辩术，故修辞、雄辩和演说在其著述中基本同义。雄辩或者优美的

讲话被视为公民社会的基础。① 西塞罗主张修辞活动能够体现人类理性的本质规定，修辞学揭示了人的语言特有的秩序感和节制感，其修辞学理论和教育实践构成了诠释学基本任务界定的重要思想资源。

首先，西塞罗以人的政治本性以及普遍性和特殊性的相互转化关系为其修辞学的立论基础，并据此主张语言和思想的统一性，以及修辞学和政治实践的统一性。西塞罗修辞学的教化功能主要指实践之善与灵魂和谐，蕴含诠释学实践与教化的统一性发展倾向。西塞罗反对哲学与修辞学之争，认为这种争论导致哲学生活和政治生活、辩证法教育和修辞学教育的分离。他将哲学与修辞学统一于古希腊最高的科学，即理性、讲话技艺和德性相统一的智慧，这种智慧包含正确的行为和优美的说话，表明真正的讲话者"既是生活的导师，又是语言的导师"②。西塞罗修辞学的讲话概念包含两种主要形式：演说和对话，演说见于公众集会、法庭辩护和元老院议事，对话见于正式和非正式的社交集会、交谈，而且关于演说的修辞学规则同样适用于对话。真正的修辞学应实现智慧、德性和语言技艺的辩证统一，可见其修辞学论辩的基础既包含研究事物本质及其整体性的确定知识，也包含研究特殊人物及事件的不确定知识。这些都在一定程度上导向了诠释学理解、解释和应用的统一性思想。

其次，西塞罗修辞学内含的辩证法要素主要表现为：其一，修辞活动组成部分（取证、修饰、安排、记忆和演讲）之间的辩证法联系；其二，演说者在选题和安排论据时对辩证法的具体运用，以及事物类属划分与法律习俗之间的具体联系。西塞罗早期主要在逻辑三段论的推理层面界定辩证法，此时选题及其布局都未被归于推理范畴，而后期的修辞学著作则将选题、范畴和定义等都纳入辩证法。修辞学内在的辩证法要素使其能够区分不同的事物和灵魂，区分不同的论题和论证形式，区分事物的相似和相异，并统筹普遍性与特殊性的关系问题。西塞罗修辞学的论题是指由特殊情况向一般命题转化的修辞学要素，论题不仅指示辩证法意义上的普遍性

---

① L. Samponaro, "The Old is New Again: Cicero, Barack Obama and the Campaign Rhetoric of the 'New Man'", *Rhetorica: A Journal of the History of Rhetoric*, 2018, 36 (4).

② 西塞罗：《论演说家》，王焕生译，北京：中国政法大学出版社，2003年版，第545页。

逻辑论证程序，也包含常识意义上的传统习俗和生活惯例等，其修辞学研究方法包含正反观点间的问答式论辩和某意见的合理性论证。在向元老院和人民的致谢演说中，西塞罗以罗马公民的发言人的身份，描述了喀提林的阴谋和自己被流放的事情原委，事实上，他所传达的是其理解和重新复原后的事件。① 与此同时，西塞罗修辞学强调平等参与和宽容的对话态度，并以之作为公正的道德要求的体现。任何对话参与者都不能垄断或操纵话题论证及其结果，这蕴含对话者之于对话事件的非主体性倾向，表现了诠释学对话的普遍方法论要求。

最后，西塞罗修辞学主张权威和传统的真理意义及其与理性的辩证统一关系，构成了诠释学真理概念发展的理论前提。具体表现为：其一，主张可能性真理的认识论合法性，并且为政治生活中的权威和传统习俗辩护；其二，反对斯多亚学派的纯粹的德性，主张人的道德实践和评价的修辞学方法。西塞罗修辞学主张，演说者的学识比修辞学论证、说服技巧和布局更重要，演说者的学识包含人的本性、习性、历史、国家管理、法律以及激励人的心智的方法等。由于讲演没有任何确定的范围，优秀的演说家必须具备有关各类事物的深刻认识，"说服的艺术完全在于哲学基础，雄辩必须与智慧相结合"②。真正的修辞学应实现智慧、德性和语言技艺的辩证统一，可见其修辞学的认知性既包含研究事物本质及其整体性的确定知识，也包含研究特殊人物及事件的不确定知识。同时，西塞罗认为传统和习俗也是一种可能性真理，它在纯粹理性层面的不完善性符合人的德性中的非理性要求，体现了真正的德性与各种外在善的不可分离性。

昆体良以口头阅读和写作训练为修辞学教育的基础内容，理解、说话和写作相互转化且统一于其修辞学。由这三者组成的修辞学技艺，在很大程度上影响着主体成为一个怎样的人及其所追求的生活。③ 有声阅读在古罗

① G. Manuwald, "The Speeches to the People in Cicero's Oratorical Corpora", *Rhetorica: A Journal of the History of Rhetoric*, 2012, 30 (2).

② 洛朗·白傲诺、王金媛：《古代欧洲文明中的修辞学》，载《国际修辞学研究（第一辑）》2011 年，第 10 页。

③ J. J. Murphy, "Quintilian and Modern Writing", *Advances in the History of Rhetoric*, 2016, 19 (2).

马文化和教育中占有主导地位，而且美洲移民初期的写作理论就源自古典修辞学传统，直至 19 世纪中期才从雄辩术体系中分离而成一门独立学科，当代西方写作教育中仍以论题的发明、布局和风格为基本要素。① 昆体良重视口头阅读技巧，并将得体的说话问题纳入文法教师的教育内容，阅读技巧和理解原则具有互通性：没有正确理解就无法有效阅读，反复阅读使得正确理解得以可能。好的说话技艺离不开好的写作和阅读能力，而好的理解技艺也依赖于好的说话能力，"不仅写的艺术和说的艺术是结合的，对诗歌的讲解又以正确的阅读为前提，而判断力的运用又和这一切都有联系"②。好的口头阅读表明，阅读者理解了作品中的每个词、句、章及其意义停顿和衔接，阅读过程就是与作品的对话过程，口头阅读实际上是对作品意义的再理解、再表达的话语实践。在此意义上，每一场口头阅读都对应着一种新的理解、一种新意义的生成和传达。口头阅读不仅仅是读和理解，也是一种言说。

昆体良修辞学的研究重心由说话行为向说话者转变，初步确立了说话者的道德品格与雄辩才能之间的统一关系。昆体良的"好人讲好话"观念表现出理论与教育实践的双重维度，真正的雄辩家既是修辞学的教师，也是美德的践行者。昆体良修辞学的善良与明智相关，主要指在美德与罪恶中做出正确判断和选择的能力。昆体良修辞学主张的"好人"和"好话"之"好"，取决于人们的信仰、观念、传统习俗中的具体的善，具有社会政治属性，且与当时的罗马文化价值观相适应。昆体良对讲话者品格的强调，在一定程度上揭示了"好人"与"好话"之间的一种共生关系。好生活由人与人之间的语言交往来界定，呈现出一种扩充了的交际自我的发展过程，偶然的与理念的、个体的与公共的、理性的和超理性的力量不断作用于人类社会关系之网中。③ 在某种程度上，这种讲好话的道德价值取代了说服而

---

① S. E. Lucas, "Quintilian's Institutes of Oratory：Classical Rhetoric and English Language Education in China", *Chinese Journal of Applied Linguistics*, 2019, 42（4）.

② 北京师联教育科学研究所：《昆体良雄辩教育思想与〈雄辩术原理〉选读》，中国环境科学出版社，2006 年版，第 43 页。

③ G. Ballacci, *Political Theory Between Philosophy and Rhetoric*. London：Palgrave Macmillan, 2018, pp. 68 - 69.

成为昆体良修辞学的主要任务，即使未在辩论、诉讼或其他演讲中取胜，得体而优美的讲话已达成其修辞学的实践性要求，与诠释学的基本伦理维度具有理论延续性。

由此可知，昆体良修辞学理论研究与其演说家培养的实践统一性表明了修辞学作为科学、艺术和美德的教化意义，及其对于人类共同生活的根本构成性。昆体良修辞学的重要诠释学意义主要体现于"好人讲好话"的伦理观念，以及关于说话、写作和阅读之共生关系的论断；具体则表现为：昆体良的说话式阅读向理解和说话之统一关系的发展，修辞学原则之于写作的适用性向理解和应用相统一的实践观的发展，重说话者向重对话主体的诠释学伦理观的发展。

结　语

柏拉图修辞学的辩证法特征，以及语词内在的一与多的辩证运动，初步呈现了以综合与区分为对象和方法的哲学修辞学论题。柏拉图修辞学内含真理之于存在的构成性、语言与存在的镜像关系，表现了修辞学与理解的发生、传达和接受的普遍联系，也在一定程度上开放了认识秩序的绝对性向具体意见的公共性发展的诠释学认识论形态。柏拉图修辞学认识的居中性与诠释学语言的中介性具有理论延续性，并且苏格拉底假设的方法构成了诠释学认识的合法性与客观性的重要理论基础。亚里士多德修辞学确立了人的情感、品格或习俗作为论证形式的合法性，修辞学表明自身作为一种德性和知识形式的哲学统一性，且与其城邦共同体政治理想相一致。亚里士多德修辞学推理中的偶然性与必然性、内在逻各斯与外在逻各斯的区分，是诠释学主体性批判和主体间性概念发展的重要理论前提。情感要素的认识论维度既成于与人的理智德性的相互作用关系，也与修辞学风格、布局和修辞手段普遍联系，表明人的理解的根本有限性与历史性，以及据此有限性而得以可能的理解形式，集中体现了诠释学基本问题指向。亚里士多德的实践智慧也可发展为一种包含所有道德知识及其具体可能性的诠释学德性。亚里士多德修辞学的想象力概念具有认知性，想象力表明修辞学语言形式或风格与人的感官知觉的关联性，其中包含讲话者如何展现明智、真诚和善意等品格，如何理解听众的期待，如何调动听众特定情绪等，表现了与诠释学语言观的隐喻和象征共同的认识论意义。亚里士多德友谊范畴表明自我与他者之间根本的开放关系，是诠释学对话理论和实践观发展的重要思想奠基，友谊或自爱可发展为诠释学自我理解的基本形式。如何更好地思考、讲话和行动是西塞罗和昆体良修辞学的基本论域，其修辞学旨在让社会生活始终运行于特定的道德和法律基础之上。在一定程度上，西塞罗和昆体良修辞学克服了知识理性与实践理性、言与行的僵化对立，推进了主体与客体、主动与被动的共在关系构建。西塞罗和昆体良为修辞学所作的哲学辩护，突出了修辞学内在的教化功能，揭示了修辞学阅读、写作与讲话原则之于理解问题的适用性，表现了理解、解释和应用的统一性关系，以及理论性教化与实践性教化相统一的诠释学任务。

作为具身存在的诠释学[*]

作为具身存在的诠释学[*]

〔瑞典〕玛丽亚·舒斯特① 撰

田雨祁② 秦明利③ 译

摘 要: 本文探索了在世诠释学方式的可能性和局限性,更具体地说,探讨了研究者作为人类整体的一部分的具身存在。理解存在为具身,凸显了研究者的主体性。这种主体性对于诠释学研究者来说,既是诠释的先决条件,也可能给科学研究造成影响。在这篇文章中,我考察了将伽达默尔移情诠释学与保罗·利科批判诠释学相结合的可能性,将其作为既承认,又在某种程度上控制我在研究过程中的主体性的手段。我与加布里埃尔·马塞尔一样,主张诠释学是一种具身经验。文章以我对护理专业存在维度的研究作为例证。第一部分介绍马塞尔和他的哲学人类学,涉及我们具身存在作为与他者共同

---

* 本文系国家社科基金重大项目"德国早期诠释学关键文本翻译与研究"(项目编号:19ZDA268)子课题"英美学界德国早期诠释学研究"阶段性成果。本文原载于《国际定性方法杂志》(*International Journal of Qualitative Methods*) 2013 年第 12 卷第 1 期。翻译得到作者授权。

① 作者简介:玛丽亚·舒斯特 (Marja Schuster),注册护士,斯德哥尔摩大学博士,红十字会大学健康科学副教授。

② 译者简介:田雨祁,大连理工大学哲学系博士研究生,主要研究方向为诠释学、文学哲学。

③ 译者简介:秦明利,大连理工大学外国语学院教授,博士生导师,主要研究方向为诠释学、文学哲学和外国哲学。

生活的基础。第二部分认为这种对自身和他者的理解，通过伽达默尔和利科的诠释学又向前进行了推进。第三部分，我提出了访谈、访谈的书面转化和数据分析可以作为诠释学应用的方法的主张。

关键词：具身存在；诠释学；马塞尔；利科；伽达默尔；诗性书面转化

身体与科学有什么关系？长久以来，西方学界在传统上都认为身体与科学思维无关。自笛卡尔（René Descartes，1596—1650）以降，一个客观科学家的形象影响了不同范式下的研究人员。在这位 17 世纪的哲学家看来，"我思"是唯一可以确定的事实，笛卡尔由此为科学中理性思维的首要地位奠定了基础，从而将身体简化为一个物体。对人类存在的简化由此对科学所理解的事物以及可以用科学、客观的方法进行研究的问题产生了影响。科学因此被等同于自然科学。20 世纪初，埃德蒙·胡塞尔（Edmund Hussell，1859—1938）展开了对自然科学的批判，他在科学客观化的倾向中看到了我们丧失之所以成为人类的规范和价值观的风险。为此胡塞尔引入"生活世界"的概念，用于研究我们日常生活中的现象。胡塞尔的现象学使人们有可能就主观的、有意的人类经验和对世界的理解提出问题。其他人追随胡塞尔发展了现象学思维，也有涉及存在作为具身的概念。这其中对现象学思维的发展最著名的可能是莫里斯·梅洛－庞蒂（Maurice Merleau-Ponty，1908—1961）。然而，在下文中，我将介绍的是加布里埃尔·马塞尔（Gabriel Marcel，1889—1973）和他的具身存在（embodied existence）概念，我认为他对情感在人类交往中作用的探索对我自身的研究很有效。

具身存在

感受与思考

一旦我们离开自然科学领域，开始提出有关人类经验和理解的问题，我们就必须承认人的身体是首要存在的。当我们面对生活中的不同现象时，我们的体验总是表现为身体的情感反应和感受。理解总是从体验开始；否则就没有什么可理解的了。我们的生活也与其他人的生活交织在一起。这种共享生活的理念意味着我们相互依赖，这使得交流成为人类生活中必不可少的东西。梅洛－庞蒂发展了胡塞尔关于人类心灵的意向性的哲学思想，其中就包括身体这一概念。对梅洛－庞蒂来说，沟通是一种有意的身体行为，经验先于分析和理解。

加布里埃尔·马塞尔将这种体验描述为感受的神秘性。① 我们几乎做不到"思考感觉"而不简化感觉。思考我们的感受是将身体感觉客观化，或者像马塞尔所说的那样，在自己周围建立防御，在我和他人之间筑起围墙。② 对马塞尔来说，这意味着失去沟通，从而失去人与人之间活生生的联系。情感的直接性在与他人的接触中创造了互惠，并向我们自己和世界敞开大门。这种对情感的接触有着使我们打破隔阂并在一起的力量。对马塞尔来说，在世主要被理解为参与。从这个直接的理解中，我们可以进一步诠释；换言之，我们使自己与直接的情感拉开间距。直到那时，我们才从参与转向交流，并处在与他者的联系之中。

这其中是否存在悖论？如果这种间距化与对象化不同，那么它是什么？如果不同，对主观情感的着重强调是否使马塞尔成为极端主观哲学的推动者？马塞尔通过引入身体主体和身体客体的概念解决了这些问题。③ 感受的直接性构成了对作为身体主体的人类存在的理解。我将这种理解描述为预先反思。通过身体对象的概念，马塞尔将直接性感受的间距化与对人类存在的理解结合起来。直到那时，我们才思考、感受并试图寻求更具反思性的理解。然而对感受的思考并不指向客观思维。我把这种对感受的思考理解为富有同情心的思考，这种思考把存在整合为身体主体和身体客体。马塞尔认为，感受对于我们理解自身和他者至关重要。感受是诠释的中介。将理解简化为理性思考意味着忽略感受作为传达重要信息的使者身份。但是，对于研究者来说其存在是成问题的主观哲学又如何呢？唯我论认为世界仅仅是作为一种主观表象而构建的，正是身体客体的概念将马塞尔的哲学从唯我论中拯救出来，其指向的是一个与唯我论截然不同的，在互相交流和相互关系中分享的共同世界。

---

① Marcel, G., *Creative Fidelity*. New York: Fordham University Press, 2002, p. 24.
② Marcel, G., *Creative Fidelity*. New York: Fordham University Press, 2002, p. 33.
③ Marcel, G., *Creative Fidelity*. New York: Fordham University Press, 2002, p. 26.

诠释学存在

马塞尔对存在主义身体、主体性和共享存在的哲学基础将我们引向伽达默尔和利科的诠释学。我接下来要做的是把他们讨论诠释学的不同方式联系起来。在下文中，我将诠释学主题化为不同种类的诠释运动。诠释学的这种理解方式强调我们存在的动态特征，包括及时与他者遭遇。在我们的现实生活中，我们被历史拥抱，被未来挑战。

自身与他者

一种诠释学的在世方式是让我们的生活有意义，并在一个共同的世界中努力理解自身和他者。当我们试图理解某事时，我们实际上是在做什么？理解不是解决一个问题，而是帮助我们看到正在面对的现象可能存在的问题。如此一来，我们就有了在世界上定位彼此的先决条件。我们理解的意愿和需要是由我们不理解的情况、不熟悉的思维和行为方式引发的。在这种"他者性"中隐藏着一种威胁，一种质疑我如何理解自身存在的威胁。在对本文其后提到的一项研究的实证材料诠释过程的一开始，我就遇到了这个问题。部分文本以一种我没有预料到的方式影响了我。在一段时间里，负面的、批判性的感受使我很难在这个过程中走得更远。不同的思维方式和行为方式的威胁可以有力地否定对方，从而抑制人类的成长和学习。伽达默尔呼吁对这种他者性以及其他人如何使他们的生活获得意义保持开放态度。

但是只关注他者性是不够的。对利科来说，如果不了解共同生活和我们对彼此的依赖，是不可能理解这种他者性的。① 以这种方式理解的开放指向它的辩证性质，不仅包括对他者开放，还包括对自身和自身理解方式的开放。他者的他者性可以被看作一种在互惠中达成团结的邀请，在其中，我拿自己和我武断的、想当然的理解冒险一试。我在这里描述的是于一致性和他者性之间来回的诠释学运动。在这种运动中，理解是以诠释活动为

---

① P. Ricoeur, *Oneself as Another.* Chicago：The University of Chicago Press，1992，p. 317.

中介的，这种诠释活动体现为由问题和答案组成的反思。① 它发生在真正希望了解一种现象以及它如何影响自我和他者的相遇中。在处理数据的过程中，只有当我开始质疑自己对文本的情感反应时，我才可以进入另一个层面的诠释。

前义与理解

直面我的判断性的感觉就像打开了一间密室的门，我这里指的是存在于过去、现在和未来之间的另一场诠释学运动。我们继承的思维结构影响到我们在与他者遭遇时的行为。② 伽达默尔称这些结构为"前义""前理解"或"偏见"。它们既可以是破坏性的，也可以是建设性的，而我们在日常生活中并没有意识到它们的存在。在研究中也是如此。我的前义根植于我对他者和自身的概念和看法中。利科将这些概念和观念定义为过去在当下的再现。这样，缺席的过去变得可见，因为它存在于我的思想中，影响着我对自身的理解和对他者的理解，并影响着我如何行动和如何被指引到我的未来。

在研究中，就我的立场而言则是在诠释文本时，隐藏的前义可能会导致一种基于未经反思的概念的肤浅解释。我只看到了我想看到的，从而忽略了文本提供给我的其他可能性。伽达默尔称这种解释为"任意的幻想"③。作为一名研究者，我冒着违背文本的风险，也就是说，在没有真正遭遇文本的情况下展开了对我正在研究的现象含义的诠释。这种诠释仅仅是我通过文本实现的一种自我投射。然而，研究者的主体性也是为诠释指明方向的前提。没有它，我们将迷失在虚无之中。伽达默尔与这一悖论进行了斗争，他指出，文本需要受到保护，以免因诠释者的任意性而产生误解。④ 在

---

① H. -G. Gadamer, *Truth and Method* (2nd ed.). New York：Continuum, 2003, p. 299.

② P. Ricoeur, *Minne，historia，glömska* ［*Memory，History，Oblivion*］. Gothenburg, Sweden：Daidalos AB, 2005, pp. 244 – 245, p. 255.

③ H. -G. Gadamer, *Truth and Method* (2nd ed.). New York：Continuum. 2003, p. 266.

④ H. -G. Gadamer, *Truth and Method* (2nd ed.). New York：Continuum, 2003, pp. 268 – 269.

这里，至关重要的是永远不要忘记文本代表着它自身的意义。作为一名诠释者，我必须努力理解文本的可能含义，同时对自身保持敏感。文本以其熟悉性吸引着我，又以它的他者性刺激着我。我对文本的回应正包含着我的前理解，当我的前理解对我的诠释产生的影响得到曝光，那么我对文本的诠释就是可以被质疑的。对我来说，这意味着可以接触到其他研究者——包括护理研究者的"眼睛"和"耳朵"。一旦我的前理解被建设性的质疑揭开面纱，我就能够进化出在研究过程中至关重要的批判性思维。

前义和理解之间的时间诠释运动是一条回到过去的道路，回到我们传统中的结构，这些结构指引着我们对现在的理解和我们对未来的努力。通过这种方式，诠释学项目可以被描述为通过揭示传统的基本偏见来理解和更新传统。这种未被揭示的、破坏性的前义实际上是富有成效的，因为我们现在更清楚地看到了我们目前生活中的问题。"属于历史"的洞见也意味着我们不可避免地被牵连到解释的情境中。① 我永远无法将自己从我的前义中完全解放出来，或者将自己置身事外，成为一个全然客观的观察者。

理解与诠释

诠释学是对人类相遇的介入。作为一名研究者，我不断与我的主体性作斗争。这种斗争是一个努力去理解作为人类意味着什么的动态的、非线性的过程。到目前为止，在这篇文章中我已经探索了诠释的两种运动，即一致性和他者性之间的运动，以及过去、现在和未来之间的时间运动。第三种理解诠释学复杂性的方法是把它解释为亲近（proximity）和间距（distance）之间的运动。

意识到过去的集体思想是我们现在自我理解的组成部分，这有助于对未反思的思考和行动采取批判性的方法。换句话说，在诠释学的视域下，仅保持敏感和开放是不够的。利科认为，仅仅基于共情的诠释会导致过分天真的理解。② 在更加具备反思性的理解中我们需要在他者和自身之间保留

---

① H. -G. Gadamer, *Truth and Method* (2nd ed.). New York: Continuum, 2003, p. 276.

② P. Ricoeur, *Från text till handling: En antologi om hermeneutik* [*From Text to Action: An Anthology on Hermeneutics*] (4th ed.), M. Fatton, B. Kristensson Uggla, & P. Kemp (Eds.). Stockholm, Sweden: Symposium, 1993, p. 149.

一定空间，于我作为一个研究者来说则是保留文本和我自身之间的空间，而这个空间则是由亲近和间距之间的诠释学运动所创造的。

亲近性实现了主体在试图理解另一个人的过程中感知其感受的能力，但亲近也意味着在遭遇中意识到自己的感受，并亲近自己。没有意识到自己感受的亲近是有问题的，甚至是具有破坏性的，因为武断的、投射性的诠释可能会冒犯对方。诠释学的在世要求一种保持间距的能力，但这与客观性所提出的要求是不一样的。这就是解释在诠释学中所起到的拯救性的作用。利科认为理解需要解释来维持文本的完整性，从而抵抗任意的诠释。①

对解释的需求保证了文本不受研究者主体性的干扰。理解必须以解释为中介，在亲近和间距之间进行反思运动。诠释学的这个批判维度随着对语言的进一步关注而在读者和文本的遭遇中变得愈发明显。语言对于自我理解的意义基于对词语的一个假设，这个假设认为词语不仅使符号更具有意义；通过解释来理解一篇文本涉及系统的分析和论证，其中文本的部分是根据文本的整体来解释的，反之亦然，这意味着词语要与其他词语、句子整体和文本整体相对照。② 解释文本是诠释学方法论思维的一个方面，它系统地和分析地发展对文本的理解。

诠释学涉及我们的过去和继承的传统，这对我们现在和未来的生活有一定影响。迄今为止，作为一名研究者，我一直致力理解和解释文本中所描述的个人生活。在这一点上展开解释可能会引起关于我作为一名研究者的责任所在的伦理问题。我有责任深入挖掘，让我的受访者有可能继续描述他们的个人生活。这种更深层次的挖掘被利科描述为"在文本之前展开

---

① P. Ricoeur, *Från text till handling：En antologi om hermeneutik* ［*From Text to Action：An Anthology on Hermeneutics*］ (4th ed.), M. Fatton, B. Kristensson Uggla, & P. Kemp (Eds.). Stockholm, Sweden：Symposium, 1993, pp. 73 - 74.

② P. Ricoeur, *Från text till handling：En antologi om hermeneutik* ［*From Text to Action：An Anthology on Hermeneutics*］ (4th ed.), M. Fatton, B. Kristensson Uggla, & P. Kemp (Eds.). Stockholm, Sweden：Symposium, 1993, p. 61, p. 50.

世界"①。这里利科所指的世界是我们共同的、共享的世界。尽管我们如何体验世界是一种私人的行为，然而体验的可能含义又可以与他人进行公开的分享。这种对共同生活的洞察使我们有可能从现实走向可能，在不同于文本产生的原始语境的视域下将文本重新置于新的语境之中。在我的案例中，这意味着将护理的专业背景与关于人类生活共同条件的哲学思考联系起来。对于作为研究者的我来说，这提供了一条从指责到和解的途径，让我深刻理解护理工作中存在的挑战。

诠释学的努力

我已经在上文概述了主体性在我们理解自身和他者中的作用。在上文中，我还进一步描述了如何将这种主体性理解为具体化的存在，具体化为与他人遭遇时的情感反应和感受。此外，我阐明了主体性与文本阐释的共在关系。在下文中，我将以我对护理专业存在维度的研究为例描述这些哲学基础的应用。②

访　谈

我研究的总体目的是探索护士的自我理解和他们对他者即病人的理解。实证资料包括 14 个与从事重症病人护理工作的注册护士的深度访谈。对受访者的选择是基于我自己与癌症患者打交道的经历。基于诠释学研究的开放性，我在访谈中仅预先准备了几个特殊提问。这并不意味着我没有为访谈任务做好充足的准备，而是我的注意力集中在我研究的主要问题上且专注于其中一个方面③，这个重点方面则是了解护士遇到重病患者时的体验。

---

① P. Ricoeur, *Från text till handling: En antologi om hermeneutik* [*From Text to Action: An Anthology on Hermeneutics*] (4th ed.), M. Fatton, B. Kristensson Uggla, & P. Kemp (Eds.). Stockholm, Sweden: Symposium, 1993, p. 77.

② M. Schuster, *Profession och existence. En hermeneutisk studie av asymmetri och ömsesidighet i sjuksköterskors möten med svårt sjuka patienter* [*Profession and Existence. A Hermeneutical Study of Asymmetry and Reciprocity in Nurses' Encounters with Severely Ill Patients*]. Gothenburg, Sweden: Daidalos AB, 2006.

③ M. van Manen, *Researching Lived Experience: Human Science for Action Sensitive Pedagogy.* Albany, New York: SUNY Press, 1990.

我的观点是，这个职业的生存维度是从护士的自我理解和他们对病人的理解演变而来的。

这些访谈具有强烈的生存维度倾向，而这种强倾向性是通过使用具有实存意义的特定词语获得的。基于我作为一名护士的经验以及我过去所接受的护理教育，我选择了这些特定的词语，而我的经验和我的教育则可被理解为我的前理解。这些词语被视为可能打开过去记忆的钥匙，它们包括："艰难的对话""希望""安慰""痛苦""死亡""爱""遭遇"和"意义"。与此同时，对这一现象和受访者保持开放的态度至关重要。

在问了一些关于他们工作的一般性问题后，我让护士们对特定词语做出反馈并进一步讲述与病人的实际接触。护士们通常从对特定词语的一般描述开始，直到他们进一步描述与病人的实际接触，叙述才得到更深入的展开。我的目标是给他们时间和空间来叙述，因此我大部分时间都保持沉默。访谈的焦点是受访者产生的意义。① 当我需要更具体的描述和思考时，我会通过三个开放式问题打破沉默：在遭遇中你是怎么想的？你感觉到了什么？你是如何行动的？

不提出确切的问题，这是在访谈的对话性质和对特定主题的关注之间找到平衡的一种方式，也是在访谈期间的开放性和导向性之间找到平衡的一种方式。使用关键词也是为了鼓励叙述。作为我诠释起点的叙事将人类的声音作为访谈的焦点。叙事的意义创造活动旨在理解自身和他者、我们的关系、我们的世界。聚焦护士的思想、感情和行动是实现他们职业自我理解和对他者也即病人理解的一种方式。鼓励护士将思考和行动与情感联系起来也是在他们的叙述中阐明具身存在的一种方式。此外，这些个体的叙事也可以被视为一种职业故事，他们在当下具体的境遇和从过去继承的护理知识基础之间建立了联系。

书面转化：作为存在的文本

诠释文本就是进入语言的世界。在诠释学的研究中，重要的不仅是要

---

① M. B. Tappan, & M. L. Brown, "Stories told and Lessons Learned: Toward a Narrative Approach to Moral Development and Moral Education." *Harvard Educational Review*, 1989, 59 (2), pp. 182 – 205.

涵盖文本是关于什么的，也要涵盖是如何对这些文本进行描述的。对如何描述的涵盖正是需要诠释的地方。这里的问题是，当受访者用特定的方式描述一种现象时，这意味着什么？对语言的关注强调了书面转化在诠释学研究中的作用，当口语转化为书面语时，对语言的关注就发生了。我第一次誊写想要达成的效果是逐字记录采访。除了单词，还可以记录停顿、笑声、哭声等。其他类型的非语言交流，如手势、面部和身体表情，都在书面转化的过程中消失了。第一次书面转化的结果如下所示（双点表示文本中的停顿）：

> 所以当涉及工作和……病人等等……这往往是很小的事情，因为你永远不能承诺的大事情，并保持它，但……你可以希望……有……一个转折点或一个改善，或者在小变化的帮助下。因为很明显……无论是患者还是家庭，都极度依赖希望的感觉。当他们感觉不到的时候.. 那就真的很难了……作为一名护士，我也注意到了这一点……我觉得有必要，也许，必须努力为他们寻找一些希望，让他们继续下去。

我发现分析这篇文本很难。表格本身迫使我读得太快了。它迫使我继续前进，却没有鼓励我停下来反思。有没有其他方法来将采访内容进行书面转化？我怎样才能让它进化得更慢？文字的缓慢是为了给文字时间和空间来表达它们的意义。正是在这里，以在受访者讲话停顿时换行的形式来对采访进行书面转化的想法诞生了。第二个书面转化结果如下：

> 所以当涉及工作和
> 病人时
> 通常都是很小的事情
> 因为你永远不能承诺大事情
> 并保持它
> 但你可以希望
> 有
> 一个转折点或改善
> 或者在小变化的帮助下
> 因为很明显

　　病人和家人都非常依赖希望的感觉

　　当他们感觉不到的时候

　　那就真的很难了

　　作为一名护士

　　我也注意到了这一点

　　我觉得有必要也许必须努力为他们寻找一些希望让他们继续下去

　　这段引文是以诗的形式出现的。其他研究人员使用不同形式的诗作为表示数据的手段。① 像这样书面转化的语言照亮了有时比言语更响亮的沉默，这些沉默在预测语言之外的意义时变得很重要。它们可以表达我们觉得难以表达或难以谈论的事情，当沉默被理解为一种存在的方式，我们的言语从中发出又回到原地，这就使得叙述中的沉默和说出口的言语一样重要。② 说话和沉默的辩证关系是我们叙事同一性的一个方面。

　　诗性的书面转化成为诠释的一部分，因为这种结构以多种方式影响了文本的处理。不仅沉默被表达得更加清晰，就连文字也变得更加重要。沉默和言语都充满了意义。诗歌形式的书面转化成为一种审美体验，因为它能够向作为读者的我传达意义。它表达了"……一种罕见的在诠释和语言中的反思游戏的感觉"③。以这种形式经过书面转化后的文字开始呼吸，换句话说，它变得活生生的。这对我和文字的遭遇产生了一定影响，文字的

---

　　① 此处是指以下文献：J. M. Carr, "Poetic Expressions of Vigilance", *Qualitative Health Research*, 2003, 13, pp. 1324 – 1331; R. Furman, "Poetic Forms and Structures in Qualitative Health Research", *Qualitative Health Research*, 2006, 16 (4), pp. 560 – 566; J. P. Gee, "The Narrativization of Experience in the Oral Style", *Journal of Education*, 1985, 167 (1), pp. 9 – 35; C. Glesne, "That Rare Feeling: Re-presenting Research through Poetic Transcription", *Qualitative Inquiry*, 1997, 3 (2), pp. 202 – 221; C. C. Pointdexter, "Meaning from Methods: Re-presenting Narratives of an HIV-affected Caregiver", *Qualitative Social Work*, 2002, 1 (1), pp. 59 – 78; P. Willis, "Poetry and Poetics in Phenomenological Research", *Indo-Pacific Journal of Phenomenology*, 2002, 3 (1), pp. 1 – 19.

　　② M. van Manen, *Researching Lived Experience: Human Science for Action Sensitive Pedagogy*. Albany, New York: SUNY Press, 1990.

　　③ C. Glesne, That Rare Feeling: Re-presenting Research through Poetic Transcription", *Qualitative Inquiry*, 1997, 3 (2), p. 218.

实存气息让我想起人类的脆弱，我常深受触动。你可以称之为诠释活动的具身体验。Willis 将与文本的遭遇描述为"沉思的参与"时类似的东西。Pointdexter 称其为"更深层次的同理心"，Furman 谈到通过诗性书面转化获得的"多感官洞察力"。诗的形式邀请我基于互惠的共同存在并作为读者接近，进入马塞尔的"参与"。同时，它创造了诠释所需的距离，因为这种形式允许文本的某些部分、单独的单词和句子更加清晰地呈现出来。

诠释：文本与存在

对文本的诠释是在不同类型的阅读之间的辩证运动中发展起来的。对文本天真的阅读意味着，作为一个读者，我对文本有一个直接的、不经反思的理解。① 这可以用投影的方式来描述，阅读只证实了我已经知道的东西。② 尽管如此，这种与文本的接触方式还是至关重要的。结合马塞尔的观点，我认为天真地阅读是作为一个诠释主体来接近文本，这种接近文本的方式意味着全然进入文本的世界。同时，天真的阅读也是我作为一个读者所隐藏的前理解不被暴露的关键。这种未经反思的阅读方式可以被描述为受影响的阅读，这种阅读单纯基于我与文本遭遇时被唤起的感觉。以这种方式保持敏感是伽达默尔认为文本开放的先决条件。这样看来，对伽达默尔来说如此重要的文本的他者性在其中又如何？这种他者性就嵌在我的感受之中，诸如不熟悉、惊讶和怨恨等感受。此外，通过利科及其对互惠原则的思考，我可以专注于我分享和认同的感觉。在做诠释学的时候，陌生和熟悉两者都应该被质疑，因为诠释的任务不仅仅是理解另一个人、另一段文本，更是理解作为诠释者的自身。这就需要一种批判性的方法，或者说是一种间距化的阅读。③

间距化阅读是一种旨在于研究者和文本之间创造一个空间的阅读形式。与天真的、未经思考的阅读相比，它更有系统性和分析性。用马塞尔的话

---

① P. Ricoeur, *Time and Narrative* (Vol. 3). Trans., K. Blamey & D. Pellauer. Chicago：The University of Chicago Press, 1988.

② H. -G. Gadamer, *Truth and Method* (2nd ed.). New York, NY：Continuum, 2003.

③ P. Ricoeur, *Time and Narrative* (Vol. 3). Trans., K. Blamey & D. Pellauer. Chicago：The University of Chicago Press, 1988.

来说，这可以被描述为努力成一个身体客体。① 然而，我的阅读仍然受到天真的阅读方式的影响，我沿着我和文本之间的情感遭遇所创造的路径前进。远离对文本的接近性，扩大与文本的间距是诠释活动的重要一环。这种批判性的方法意味着允许不同的解释不断发展并相互对抗，但前提是它们必须总是在与实际文本相关的情况下得到讨论和验证。以这种方式进行诠释意味着将与文本中单词和短语相关的其他单词和短语之间的关联问题化，将文本的部分内容与整个文本相对，反之亦然。因此，对文本的更多反思和批判性理解是通过解释文本来实现的。

　　从天真性阅读到批判性阅读的转变也意味着自己作为诠释主体的转变。我通过质疑对文本的最初的情绪反应，实现了从身体主体到身体客体的转变。也正是在这时，我的前理解被揭开。我在此向自己提出的问题如下：为什么面对文本时我会做出这样的反应？马塞尔的思维感受是从我的研究课题的角度理解我是如何在与文本的遭遇中构成一个主体的关键。在我的诠释学任务中，这是最困难的部分，这意味着抛弃"亲近"并成为一个局外人。这是困难的，因为不仅我的受访者的理解被暴露，我自己的自我理解也被暴露了。海德格尔将这种可能很痛苦的冒险描述为"以反对自己的方式思考"②。一个人如何反对自己？就我自身的经验而言，这非常困难，而且几乎是不可能的。为了做到这一点，我需要一个批判性的共同阅读者，他能够根据未反省的前理解来诠释。对我来说，共同读者代表了一个完全不同的职业，这一点是至关重要的。她可以揭示我对护理行业的习以为常的想法，而这些习以为常的想法对我来说是完全被遮蔽的。突然间，我通过她的视角审视到了我的诠释。

　　这两种阅读方式之间的关系可以说是相互交织的。我不仅在部分文本和整个文本之间来回穿梭，而且在接近性和间距性之间交替，在身体主体和身体客体之间交替。换句话说，基于经验的阅读和结构化的分析性阅读相得益彰。虽然把文本留在这里就意味着远离它，然而我自己仍被揭开甚

---

① G. Marcel, *Creative Fidelity*. New York：Fordham University Press, 2002.
② M. Heidegger, *Poetry*, *Language*, *Thought*. New York：Harper & Row, 1971, p. 8.

至受伤。仅仅寻求互文性解释来理解一个现象是不够的。到目前为止，你只了解并解释了个人经验。诠释学中意义建构的深刻意义要求一种利科式的在文本之前对世界的展开①。为了使这种展开成功，利科引入了第三种阅读方式。对描述个人经验的独立文本的诠释需要进一步解释才能更深入地理解。在这里，互文性的诠释面临着与来自文本之外的解释的结合。就我而言，这意味着通过使用利科、伽达默尔、马塞尔甚至其他哲学家，例如伊曼努尔·列维纳斯的哲学、人类学视角②来发展和深化诠释。人类过去的个人经历与我们现在的共同世界和共同存在联系在一起。这种在互惠中共享生活的想法并不否认人类的独特性。但是，一个完全基于个人的世界使我们无法相互理解。为了使世界更具有可栖居性，我们还需要对人类生活的共同条件的洞见。在人类生活的共同性前提下，以过去和当下相互交织的视角进行理解，有助于我们走向未来。直到那时，诠释学的基本任务才能完成，我们的生活在某些方面才会发生变化。

结　语

在本文中，我认为收集数据、书面转化数据和诠释数据可以被理解为一种具身活动。最初当我计划如何采访护士时，我完全依靠我自身接触重病患者的经验。换句话说，这意味着认识和使用我的前理解，并在接触中全然相信我对重要主题的感觉。自然地，我所接受的护理教育及其理论基础也促成了这些前理解。因此，我选择的这些词可以被理解为一个集体的、教育的传统代表，以及作为一名护士的含义。

在我与文本的遭遇中，访谈的诗性书面转化促进了亲密与反思之间罕见的游戏。马塞尔的具身存在概念侧重于作为诠释中介的感觉，有助于理解利科关于文本的天真阅读的意义。这也解释了伽达默尔和利科所描述的

---

① P. Ricoeur, *Från Text till Handling：En Antologi om hermeneutik*［*From Text to Action：An Anthology on Hermeneutics*］（4th ed.），M. Fatton, B. Kristensson Uggla, & P. Kemp（Eds.）. Stockholm, Sweden：Symposium, 1993, p. 77.

② E. Lévinas, *Otherwise than Being or beyond Essence*. Pittsburgh：Duquesne University Press, 1981；*Time and the Other*. Pittsburgh：Duquesne University Press, 1987.

对他者（文本）和自身的开放。因此，认识到一个研究者的具身存在开启了揭示隐藏的前义的可能性，尤其是那些影响研究过程的破坏性的前理解。将研究者的主体性作为分析文本的出发点，可以在一定程度上对其加以控制，这有助于形成更具有可信度的诠释。我在这里所说的主体性指向的并不是一个自足的自我，即使作为一个研究者，"我是谁并将成为谁"的问题也是依赖于他者的。对研究人员不可避免地卷入研究过程这一点的认识和注意，实际上挑战了科学工作中身心二分、自身和他者的二分的二元倾向。

诗性的书面转化又有何风险呢？在我看来，风险之一是被文本吸引。与文本愈发亲密的诱惑让我们很难远离它。你可能会在情感上体验到文本的意义"大于生活"，这一点在实际上是无法解释的。这种深刻的移情阻碍了对文本意义更具批判性的理解。自然地，作为一名研究者，你也可能被文本的亲密性吸引，这会引起一种强烈的不满情绪，从而阻止进一步的提问。换句话说，研究者的主体性削弱了诠释的可信度。

诠释学关注的是理解我们人类生活中面临的现象的意愿和需要。依据马塞尔的具身存在概念，诠释学成为一种存在于世的方式。这不仅仅是方法上的问题，更是贯穿整个存在的东西。当伽达默尔说理解和诠释属于一般世界的人类经验时，他也暗示了这一点。对于伽达默尔来说，将诠释学简化为方法将是一项傲慢的事业，是一种基于研究者否认其历史和人类归属的虚假优越感的技巧手段。将伽达默尔和利科的诠释学与马塞尔的哲学人类学相结合，可以在不放弃人类归属感的前提下，在定性研究中发展关于诠释的方法论思维。

读来读往

蒐米民任

儒家思想与英国文化研究的跨时空表接
——评金惠敏《积极受众：一个新唯物主义的阐释》①

〔加拿大〕罗伯·希尔兹② 撰

高丽萍③ 译

中国学者为什么会关注"积极受众"这个可追溯到 20 世纪八九十年代的理论？在《积极受众：一个新唯物主义的阐释》（简称《积极受众》）所收录的一篇访谈中，英国文化理论家戴维·莫利对该书作者、中国社会科学院资深研究员金惠敏先生说：

> 据我理解，你在暗示我们正面临从"生产社会"到"消费社会"的转变，"大众"这个概念（在法兰克福学派的意义上）是生产社会的特征，与之相对，流行文化则与消费社会相关。基于这一前提，如果我理解得不错的话，你认为"积极受众论"在某种程度上与人们在所谓的"消费社会"中可以有更多选择有关……我认为这是一种有问题的历史分期而且具有某一特定类型的社会学方法的特征。

积极受众这一概念来源于从事马克思主义文化研究的英国伯明翰学派，

---

① Huimin Jin, *Active Audience：A New Materialistic Interpretation of a Key Concept of Cultural Studies*. Bielefeld：Transcript Verlag，2012.

② 作者简介：罗伯·希尔兹，国际著名文化理论家，《空间与文化》杂志主编，加拿大阿尔伯塔大学亨利·马歇尔·托里讲席教授、城市区域研究中心主任。

③ 译者简介：高丽萍，文学博士，济南大学外国语学院教授。

其核心观念强调文本、图像和电影等在不同语境中被接收和再解读时，脱离作者原有意图而产生意义独立性。这就是著名的由伯明翰学派领袖斯图亚特·霍尔所提出的"编码/解码"模式。霍尔的这一思想来自雷蒙德·鲍尔于20世纪60年代提出的社会心理学概念"顽固的受众"，他提出这一概念的目的是取代简单的发出者－接收者模式。一方面，积极受众是一个独立的集体，能够反思、评价和阐释大众媒介的明确信息，而不仅仅局限于机械反应。他们对信息和意义进行积极的解码。但另一方面，积极受众所提供的反抗在针对帝国的和商业的野心方面来说又收效甚微。

和戴维·莫利一样，金惠敏既批判技术和媒介决定论的假设，也不承认法兰克福学派在批判纳粹政治宣传时所描述的那种被动的和容易被愚弄的受众。《积极受众》这本书最引人入胜的部分是抛弃传播理论而考察日常语境，因为日常语境决定着对信息的接收。但在与莫利的相同点之外，这本书的独到之处在于运用胡塞尔现象学的"生活世界"和海德格尔"在世之在"的方法，强调人们反思他们所在世界的不同方式以及他们如何使各自的生活具有独特意义。金惠敏基于其广博的德国思想史知识，将其研究由主要涉及抽象再现的话语理论转向扎根于现实生活的讨论。在我看来，这种日常生活的现实性，既包括当下具体的生活结构，也包括诸如信任、共同体和社会这些制约我们如何理解交往活动的虚拟的和无形的元素。离开纯粹文本的语境，而转向日常世界，如电视传播，反映了金教授作为中国当今儒家思想之杰出阐释者的地位。

我在文章开头所提问题的关键和答案是积极受众论体现了孔子的名言："视其所以，观其所由，查其所安，人焉廋哉？人焉廋哉？"（《论语·为政》）孔子的意思是：要了解一个人，要看他交什么样的朋友，做事的动机如何，以及他的喜好。这一现象体现了当今中国学者以西方理论重新发掘中国古代思想的时代大趋势：对儒家思想进行文化研究。金惠敏决不声称对某些被认为代表永恒中华性的思想拥有专享权，他避免像一些学者那样落入对知识无益的民族主义窠臼。他通过将这些中华思想与其多元基础及其在不同时空中的种种延伸相连接，复兴了这些思想并使它们焕发新的生机，这一贡献值得称道。

与之相反，英语世界关于积极受众的讨论仍然局限于广告等领域，致力在广告受众中创造积极反应的经验。电视观众和受众为网络和媒介生产者所利用，他们通过制造与媒体事件、表演和性格相关的身份感，通过制造"噱头"稳定传媒产品并提高传媒产业的声誉和利润。戈兰·博林（Goran Bolin）已经注意到，随着第二代互联网（web 2.0）所发动的交互性的来临，这种身份创造和为稳定产品所做的努力将变得更加明显。即使如此，积极受众有些时候仍然能够注意到信息传达中的谬误，比如加拿大跨山管道计划曾鼓吹："我们着眼于环境保护，将管道埋于河床、小溪和河流之下。"在恩桥管道于密歇根的达摩镇小溪和卡拉马左河发生臭名昭著的泄漏事件之后，这一广告被反对基斯顿输油管发展计划的环境保护主义者抓住，当作丑闻。他们不接受埋藏管道会保护环境这一直接信息，而是回应说："是的，那是放管道的好地方。输油管道在河床下会有什么问题？""很明显，你们也在把头埋在沙子里。""就像英国石油公司在下面钻油那样保护墨西哥海湾？"

在什么情况下受众能够批判信息？格拉格·菲罗（Greg Philo）和戴维·冈特利特（David Gauntlett）举出的例子有：逻辑上的不一致，含糊其辞，前面说到的加拿大跨山管道事例，以及新的信息，等等。另外，艾伦·戴维斯（Aeron Davis）通过研究那些可能具有批判精神的精英投资受众对经常导致股灾的恐慌的敏感性，暗示了媒体的强大影响及其同时提供令人头脑清醒的诠释的能力。毕欧科（Bioca）将积极受众理论分解为：对关注点和功用的选择性，或曰理性选择，诸如暗中决定消费文化和消费模式的前图式，对演示的介入或兴趣，对信息或信息提供者的怀疑和习惯性反感。毕欧科反对那种以19世纪理性主义的、具有独立意志的，因而对媒介魅力无动于衷的个人为其形象的强形式。有研究发现，存在能够发生影响的前意识过程或基础性阐释。根据这一发现，毕欧科提出不能将个体作为中心点的理论：

> 放弃"积极受众"的元结构。
> 建议理论化传播者的目标和意义时刻与受众的阅读一致。
> 理解文本的本质和它们的丰富性。
> 考察媒介的力量及其形式结构。
> 定义媒介社会化及其程序。

被定义为认知独立、个体自由和不受影响的"积极受众"这一概念，看上去既极度浮肿，又好像贫血和羸弱。力图将受众成员所做的一切都涵盖在内的做法，将导致一方面无所限定，而另一方面又无所排除。每一阵骚动，每一缕思绪，每一次选择——有意的或无意的——都被记录为积极性的证据。

简而言之，批判性思维、经验和多方面的资源是形成积极受众的关键因素。莫利强调文化研究历史和地理方面的特殊性，也注意到观念的传播问题。《积极受众》这本书为在某一语境中被发现、在另一语境被检验的观念的积极接受提供了完美例证。这种观念的旅行既跨越了空间，从莫利的英国到金惠敏的中国，也跨越了时间，从孔子的公元前5世纪到我们的今天。

重谈电视：作为一种文化科技
——雷蒙·威廉斯《电视》① 阅读札记

陈振鹏②

摘　要：雷蒙·威廉斯以文化研究著名，然关于其传播学思想却鲜有讨论。《电视》是威廉斯少有的、以技术与文化的双重视角透视电视发展的著作，其蕴含了丰富的传播学与媒介学思想。本文在围绕其核心观点——"电视作为一种文化科技"展开论述的同时，也立足当前数字化时代展开学理化的反思实践。"电视作为一种文化科技"在总体上启发我们：技术不单是其自身，更是技术之人文后果，具体来说则是科学与人文对话互动之结果。

关键词：雷蒙·威廉斯；传播学思想；电视；文化科技

传播学家彼得斯（John Durham Peters）曾借用威廉·詹姆斯的话说道："个人经验之私密性使人与人之间不可能像通过电线那样相互连接，交流之

---

① 英文原著参见 Raymond Williams, *Television：Technology and Cultural Form*. Taylor & Francis：Routledge, 1974。中文译本参见雷蒙·威廉斯：《电视：科技与文化形式》，冯建三译，源流出版事业股份有限公司，1992 年版。为简化表达，本文统一称为《电视》，下文不再说明。

② 作者简介：陈振鹏，四川大学文学与新闻学院传播学专业博士研究生，研究方向为媒介理论。

问题由此而是。"① 进一步说，交流或传播离不开媒介的参与。而电视，这一作为前互联网时代能够实现声画共享的重要媒介技术，深刻改变了媒介历史的演化进程。② 雷蒙·威廉斯就在《电视》一书中毫不讳言地赞叹道："电视改变了世界。"③ 不过，不同于诸如麦克卢汉等学者颇为电视技术之效果感到自豪骄傲，威廉斯并未止步于此，他以哲学的方式继续追问道：

> 我们经常讨论电视造成的效果，然而可曾退一步想，把科技当作引发变化的原因，这是否恰当？就算我们承认科技是变因，它与其他因素之间又是什么关系？……因果概念的把持，对于我们提出问题的方式很重要，这决定了我们将会找到怎样的答案。④

在这个意义上，威廉斯试图反驳两种成熟的科技论调，一是科技决定论（as technological determinism），即认为"蒸汽引擎、汽车、电视与原子弹创造了现代环境"；二是科技边缘论（as symptoms of change of some other kind)⑤，与第一种观点相比，它更强调其他社会因素对社会变迁的决定性作用，科技只是社会过程的副产品，必须在各种框架下才能发挥作用。⑥ 针对这两种把科技孤立化的看法，威廉斯把"技术""文化"等社会因素并置、综合考虑，同时将电视看成"一种特殊的文化科技"（a particular cultural technology），来研究电视的发展沿革、不同制度与形式等问题。

接下来，我们以威廉斯所处时代为时间坐标，围绕"电视作为一种文化科技"的核心观点展开论述。其一，作为文化唯物主义代表人物，威廉

---

① 约翰·杜翰姆·彼得斯：《对空言说：传播的观念史》，邓建国译，上海：上海译文出版社，2017 年，序论第 7 页。

② 1963 年，"电视总统"肯尼迪遇刺身亡让人们充分认识到了电视传播的潜力。

③ Raymond Williams, *Television：Technology and Cultural Form*. Taylor & Francis：Routledge，1974，p. 17.

④ Raymond Williams, *Television：Technology and Cultural Form*. Taylor & Francis：Routledge，1974，p. 17.

⑤ 冯建三将"symptoms"译为"表征"，本文结合上下文语境，将"as symptoms of change of some other kind"整体译为"科技边缘论"，意在与"科技决定论"形成鲜明对比。

⑥ Raymond Williams, *Television：Technology and Cultural Form*. Taylor & Francis：Routledge，1974，pp. 20 – 21.

斯以文化研究著名，然关于其传播学思想却鲜有讨论，本文旨在探察、发掘散落在《电视》中的传播学与媒介学思想；其二，研究历史的目的不仅是重温历史，而是以史为鉴，以效当代，我们希望汲取威廉斯电视考古研究以及文化科技之辩证法中的学术营养，以更好地观照当下的元宇宙或数字时代。

在威廉斯看来，电视这种科技所产生的社会历史是复杂、非线性的，而不是单一、孤立的技术创新史。"电视技术并非一蹴而就的"，而是有其自身之规律：首先，电视技术仰仗于各种子技术的集成，用威廉斯的话说，"电视的发明不是单一事件或一系列不相干的活动，它取决于电力、电报、摄影和电影以及无线电方面的综合发明和发展"①。故而，威廉斯索隐钩沉地考究了电报、摄影、无线广播、电信技术等各个科技子单元以及诸如法拉第电磁感应等物理学知识背景的演化历史，他认为，正是这些有关电视的技术子单元间接促成了电视技术的问世。其次，如果这些子技术各自为战、不成一体，电视也就很难产生，问题随之而来：是什么促成了最后的技术整合？威廉斯的回答是：意向（intention）。"这种解释（文化科技论）与技术决定论不同，它将致力恢复研究和发展过程中的意向。也就是说，人们先有了某种期望，进而才会发展出电视这样的科技。"② 而且，与科技边缘论不同的是，在逼近或达成这些社会需求的过程中，科技从来都拥有着核心地位，而非只是边缘角色。于是，威廉斯从文化与科技的双重辩证视角矫正了电视乃至科技在促进世界发展中的位置。威廉斯进一步解释道："这些通信系统，其主要元件尚未发明或尚未改良之前，就已经为人们所预见，这不是乌托邦式的想象，而是有技术之依据。"③ 他举例说，摄影乃是绘画的延伸，都用于识别与记录，但在急速流动的时代，摄影很好地维系了时空隔绝下的联系，相片更让"瞬间成为永恒，人事闪烁终成静默"，因而在某种程度上前者替代或升级了绘画形式；再比如，早在16—17世纪的

----

① 译文参考冯建三译本，基于原著有改动。

② Raymond Williams, *Television: Technology and Cultural Form*. Taylor & Francis: Routledge, 1974, p. 22.

③ Raymond Williams, *Television: Technology and Cultural Form*. Taylor & Francis: Routledge, 1974, p. 28.

航海与海战时代，旗语系统已经隐含了对电信的需求；报纸源于对信息感知的迫切，电影目的在于迎合娱乐，收音机成为政治控制大众的手段，电话导向商情传播……社会的意向先在或潜在地决定了技术何时出现、如何出现。概言之，在文化科技观视野下，技术有其存生之理，亦有其归宿之由。

无论如何，这也引发了另一问题：到底是什么驱使社会大众产生了使用电视技术的必然性需求或意向？威廉斯认为，现代都会工业呈现出一种深深的矛盾：一方面处于工业社会之中的人们往往需要四处流动；另一方面，人们足不出户，也可满足自身之需要。人们置身新的时空环境，呼唤一种新型生活方式，它是以家庭作为生活中心，且能够满足人们对新事物需求的"电视文化"，威廉斯称为"流动之藏私"（a moile privatisation）①。从传播学的视角来看，"流动之藏私"这一提法揭示了当时社会生活与大众传播之间的深刻关系，也暗含了两种关于传播的时空逻辑：一是基于运输技术革新的个体物理空间之变动，二是工业改革下社会交往更为密切后的个体思想观念之互动。② 综合来看，流动之藏私，作为当代技术与日常生活互动的例证，作为科技与文化互动的结果，照应了威廉斯"电视作为文化科技"的总体观点。然而，我们必须要指出：倘若在电视时代流动尚且仍"有私可藏"，那么，来到数字信息与元宇宙时代，伴随物理身体与精神符号的高速"流动"，大众其实已"私无可藏"③。

---

① 此处参照了冯建三译本第39页。

② 事实上这一传播思想早在威廉斯《传播》（1962）一书中就有详细说明，书中对如计算机、广播、电视、印刷、摄影、电影等各种交流（communication）形式进行了调查与介绍。"当我们说交流的时候通常意味着什么？"作者认为其不仅暗含人与人之间的信息、想法、态度的传递过程，也指从一个地方到另一个地方的一条线路或渠道（p.12）。就后者而言，铁路、蒸汽船，或是汽车、飞机等工业革命技术的出现大大改善此交流方式。然而随着现代化的发展，诸如蒸汽印刷、电报、摄影、无线、胶卷、电视等技术的出现，另一种旨在人际传递信息、想法、态度的交流形式产生了。参见Raymond Williams, *Communication*. London: Chatto & Windus, 1962.

③ 郭小平、李晓两人认为，由于数据挖掘、人工智能等技术的开发利用，流动的"藏而不私"已成为可见性的风险。参见郭小平、李晓：《流动社会的智能新媒介、移动连接与个人隐私——雷蒙德·威廉斯"流动的藏私"理论再阐释》，载《现代传播（中国传媒大学学报）》2018年第10期，第19-24页。

回到正题，我们继续沿着威廉斯的电视考古路线小心探索：既然关于电视的各种技术早在 20 世纪初期乃至之前便已成熟，为何它并未在当时就被广泛运用？（一个例证是：1939 年电视机才首次出现在纽约世博会上）威廉斯自问自答："社会需求出现后，并不一定就有科技予以满足。"他指出："这并不取决于需求本身，而是取决于该需求在当时的社会形构（formation）中占据了怎样的位置。"① 在第二次世界大战结束后，美国政府大力投资建设卫星广播体系，以伸展其*禄山之爪*，实现军事与商业的垄断。这在一定程度上促进了电视技术的全球商业化、普及化、日常化。进一步说，作为文化科技的电视技术，其出现受到了政治、文化、军事、工业化等诸多因素的掣肘。换言之，任何单一的因素都无法自弹自唱地界定社会需求，进而引发科技文化的变革与实践。

以上，我们粗略地整理、爬梳了威廉斯对电视的研究脉络。然而，从更深层次的角度剖析，威廉斯对电视研究的贡献还不止于此：

> 就电视效果研究而言，此倾向还会受到强化。主流效果研究要么是在探讨大众媒介运作的表面现象，要么把大众媒介当作自主运行的系统……极端言之，部分学者竟然认为其自身之研究对象乃是一种媒介、一种科技，然其内在规律却与社会系统无涉。②

在此意义上，威廉斯批判了传播学家拉斯韦尔等人"只重视效果研究"，而"不重视意向性"的问题。威廉斯敏锐地察觉到效果研究的问题所在，他更为难能可贵地注意到电视产业下游的受众。可惜的是，他并没有继续深入思考：究竟这种"表面的效果研究"是怎样造成的？在《积极受众论：从霍尔到莫利的伯明翰范式》一书中，金惠敏在批判霍尔观点的同时，回答了这一问题。所谓关于"电视效果研究的表面现象"，即是我们的研究始终没有冲破电视作为一种话语建构的"铁屋子"——"在其中，无论怎样强调其开放性、多义性，并不能使霍尔多么地走出法兰克福学派的

---

① Raymond Williams, *Television: Technology and Cultural Form*. Taylor & Francis: Routledge, 1974, p. 29.

② Raymond Williams, *Television: Technology and Cultural Form*. Taylor & Francis: Routledge, 1974, pp. 130 – 131.

'文化工业'或者鲍德里亚的'拟像'，因为他们都处在电视媒介文本的绝对力量之中"①。

不过，正如尼尔·波兹曼的三部曲所提醒我们的，技术在惠泽大众的同时，也埋下了危险的"炸药"，或是娱乐至死、文化消亡抑或技术垄断。对此，威廉斯自然再清楚不过：

> 势力较弱的小国家，不得不承认开放的天空（the open sky）这一事实。这是因为，他们无力独自承担创建全国电视网的费用成本，所以只能把卫星看成是天赐的甘霖来接受。②

由此可见，威廉斯认为，随着各种卫星系统、接收器的发展，科技会导致数字鸿沟的出现，全球传播的失衡加剧，乃至产生技术垄断。在波兹曼看来，技术垄断是一种文化状态，是指文化要从技术那里谋求满足，等待技术的指令。③ 由此看来，开放的天空乃是假象，未来笼罩在人们头顶上方的将不仅仅是威廉斯所谓的电视这一"家庭机器"，而是无时无刻不在运转、窥视人类生活的智能监控机器。因此，威廉斯忧心忡忡地发出警告："我们真的在共享同一片天空吗？""当地球村的村民失语，我们是否只有等待被说教的资格？"现在来看，威廉斯的担心似乎不是多余的，大国军事技术垄断已成定式，如何处理、协调技术与文化之间的关系，成为摆在全球化面前的庞然巨石。不过，威廉斯总体上仍然对电视乃至技术秉承了保罗·莱文森所谓"重返伊甸园"④的信念："这些传播科技，都是走向教育和参与性民主的长期革命的工具，也是在复杂的城市和工业社会中恢复有

① 金惠敏：《积极受众论：从霍尔到莫利的伯明翰范式》，北京：中国社会出版社，2010年版，第11页。
② Raymond Williams, *Television: Technology and Cultural Form*. Taylor & Francis: Routledge, 1974, p.150.
③ 尼尔·波兹曼：《技术垄断：文化向技术投降》，何道宽译，北京：中信出版集团，2019年版，第72页。
④ 莱文森将"人性化趋势"的理论模型概括为"重返伊甸园"，他认为媒介总是朝着有利于人性化发展的方向演化。参见保罗·莱文森：《人类历程回放：媒介进化论》，邬建中译，重庆：西南师范大学出版社，2017年版，引言第5页。

效交流的工具。"①

　　无论如何，对于威廉斯的文化科技观我们并非立刻就拍手叫好，而是仔细思之、虑之，愈发体会其奥义：技术必定源自某种自然理念，加之人类的"需求"与"妙手"，才得以发明并运用到日常生活中。也就是说，技术无法脱离人或文化的意向性实践而独立发挥作用。易晓明指出，尽管技术有其程序、物质之非人文方面，但归根结底在范式上遵循人文知识范型。② 这与威廉斯的"电视作为一种文化科技"的观点便不谋而合了。质言之，电视之出现、发展与运用仍然要遵从电视人文（威廉斯也说"意向"）的逻辑范式。元宇宙也是如此。物联网、大数据等技术的涌现，使得元宇宙视角下的人不再只是"物理人"，而是将可能变成翟振明所谓的穿梭于"虚拟与实在"③ 之间的"符号人"！就此而论，与其说我们焦虑或期待"技术奇点"到来，倒不如说要真正筹划或盘算"技术人文之奇点"的到来，这便是易晓明所洞察到的"技术人文的旧邦新命"。在这个意义上，威廉斯以独特的媒介考古方式，把技术与文化并置结合、相向而思，为我们提供了一种基于跨学科对话式的综合的媒介研究范式。当代媒介学家黄旦在批评《媒介考古学》这本书时指出，其问题恰在于未能提供一种媒介分析工具，而只是沉浸在如同小孩捉迷藏般旨在发现旧媒介的游戏中。④ 且不论黄旦之论点是否客观，从某种角度说威廉斯应当是完成了"媒介考古"的学科使命的，因为其没有停留在电视技术之表层，而是从历时角度为我们勾勒、呈现了电视技术与人文日常生活互动的研究新思路！

　　比如，在时兴的元宇宙问题上，威廉斯之于电视的媒介分析框架是否能够帮助乘学术之舟而行的我们发现并激荡起思想的美丽浪花？元宇宙并

　　① Raymond Williams, *Television：Technology and Cultural Form*. Taylor & Francis：Routledge，1974，p. 158.

　　② 易晓明：《技术人文：人文主义的旧邦新命》，载《湘潭大学学报（哲学社会科学版）》2022 年第 1 期，第 104 – 110 页。

　　③ 翟振明：《有无之间：虚拟实在的哲学探险》，北京：北京大学出版社，2007 年版。

　　④ 黄旦：《媒介考古：与小人儿捉迷藏？——读〈媒介考古学：方法、路径与意涵〉》，载《国际新闻界》2021 年第 8 期，第 90 – 104 页。

不简单地是一个网络数字现象，也不是指我们多么频繁地使用数字媒介，而是它已经作为我们日常生活中无意识的部分，并随媒介技术发展而程度愈深，直到就像麦克卢汉所说的如同鱼儿入水那般，我们身处元宇宙却无法意识到"反环境"的存在。这就是威廉斯在《电视》一书中想要告诉我们的，电视或关于电视的综合技术早已经在 20 世纪 30 年代出现，然而电视的大众化应用却在第二次世界大战后的 20 世纪中期才开始。元宇宙呢？实际上，尽管元宇宙在喻国明①看来是一种未来的新型社会，但它的各种子技术系统其实早已初具形态。为何我们还在为元宇宙之出现而争吵不休？退一步讲，按照威廉斯的文化科技观，技术既不是自发的，也不是完全被决定的，而是与其他因素如军事、政治、文化等协同作用，从而影响社会。因此，我们需要重新思考的是：元宇宙这种互文性的文化符号图景，与各种技术、文化之间的关系是怎样的？它与社会的意向之间存在怎样微妙的联系？要言之，问题的关键不在于简单地拒绝或接受元宇宙，而在于真正理解它的复杂性、规律特点及技术文化全貌，从中发现通过阐释元宇宙而认识现代社会的方法，以此找到更好的生存进路。

当我们把意向、技术、文化等关键词整合在一起，即是说，技术乃是技术的后果，而不仅仅是技术本身。元宇宙首先可以看作各种自然科学技术交织、合作与爆发的结果，而在威廉斯，元宇宙乃是一种"元宇宙文化"。具体而言，衡量元宇宙出现或发展的标准至少有三点：第一，各种技术子单元是否满足社会需求？第二，是否符合日常生活的文化期待和大众意向？第三，是否具备诸如军事、商业等促使其涌现的社会动力？对此，也许有读者会有疑问：倘若电视最终之出现是得益于第二次世界大战后各国家尤其是美国对军事宣传的无比看重（之后是商业化、全球化、跨国化，电视由此更加体系化、专业化、日常化），那么元宇宙的爆发临界点在哪？实际上，所谓军事也并非火力之拼，反观当下人类与疫情之间的博弈，岂不也是一场"军事火拼"，面对疫情的侵扰，人类聪明地将各种智能技术、大数据技术快速运用到生活中，这就是技术与文化互动的结果。而在此之

---

① 参见喻国明、耿晓梦：《元宇宙：媒介化社会的未来生态图景》，载《新疆师范大学学报（哲学社会科学版）》2022 年第 3 期，第 110 – 118 页。

前，大学校园、社区等公共场所中并没有这些新场景。照此看来，元宇宙或许已经在路上了。只是我们不甚体察而已。因而，问题不是我们要不要元宇宙，而是元宇宙根本就内嵌于我们的日常生活了，自数字互联网时代起步，它就与我们的主体性紧紧地绑定在一起。

"媒介是当代人的运命"①，这句话道出了媒介技术的人文本质。威廉斯以其所创的文化科技观洞悉了电视的命运，而如今身处元宇宙的我们也要以此把握好自身之命运。这就是说，技术之出现，一定要审慎其后果。前几年闹得沸沸扬扬的"基因编辑婴儿"即是前鉴。基因编辑作为上帝伊甸园送给人类的鲜艳诱人的苹果，为何科学界视若不见甚至人人喊打？毋庸置疑，抛开伦理学意义不谈，其一旦应用开来，科学的后果是无法想象的。毕竟，核辐射的阴云还在上空徘徊飘荡，切尔诺贝利发电站要直到两万四千年后才能迎来重生……实践证明，电视技术不是核技术②，它高昂地推动了上代人的运命持续往前。元宇宙呢？

此外，"电视作为一种文化科技"的视角体现了科学与人文的对话精神。照威廉斯所言，技术乃是一种面向文化大众的技术，而不仅仅是其自身。技术与文化不可分，从某种意义上也说明了自然科学与人文科学或许并无严格界限，因为自然科学最终是面向人文生活对象的学科。曾经，"索卡尔"事件③引发了人们对科学与人文之间如何对话的辩论。人文学者使用自然科学术语，其标准或许应当不在自然科学，而在这一术语是否与人文日常具有水乳交融的内在联系。自然科学术语若用来隐喻人文场景或概念，虽有缺少严谨数理化推论之嫌，但只要它牵涉文化，便是虽冒险却有意义的跨学科尝试。

也许，"文化科技"并非威廉斯独创之新词，但无论如何其绝对是威廉

---

① 金惠敏：《理解媒介的延伸——纪念麦克卢汉〈理解媒介：人的延伸〉发表50周年》，载《中国图书评论》2014年第11期，第29-31页。

② 这并非玩笑。"火星人入侵地球"的传播学案例告诉我们，人们对媒介的恐慌并不总是显示我们的幼稚，而是体现了人类对新技术、新事物的自然而朴素的恐惧之情。

③ 具体请参见艾伦·索卡尔、让·布里克蒙：《时髦的空话：后现代知识分子对科学的滥用》，蔡佩君译，杭州：浙江大学出版社，2021年版，导言第2页。

斯基于时代体验与天才洞察留给我们的最为珍贵的思想遗产。尤其在索卡尔所批判的将"科学主义"（scientism）奉为圭臬的当今科学界，进一步说则是在科学界深陷后现代主义知识相对论①泥潭的背景下，威廉斯对电视的剖析或许为我们找到了寻求人文与自然科技之间意义交织或可对话共通的例证、途径。解释学鼻祖狄尔泰曾以精神科学立志为人文科学找到立身之本，然而时至今日自然科学的"霸权"犹在，也许未来更在，建构一种科学与人文的对话范式无疑迫在眉睫、任重道远。谢谢威廉斯，我们能够取其文化科技观，以观澜时代风云而游刃有余。

---

① 艾伦·索卡尔指出，所谓"后现代主义"的哲学，其特点在于公然拒绝启蒙的理性传统，采取知识及文化上的相对主义，把科学等同于一种"叙事""神话"或社会建构。参见艾伦·索卡尔、让·布里克蒙：《时髦的空话：后现代知识分子对科学的滥用》，蔡佩君译，杭州：浙江大学出版社，2021年版，导言第1页。

文本、形式与情感

——从《哀吊》中的难题说起

赵华飞①

摘　要：哀文与吊文创作难易程度的不同，既显示出各自文体的差异，也同时显示出形式之于文学创作的重要性。文本、形式与情感的复杂表接关系，实际上是从文学形式功能的角度重新说明了文学特殊性及其构成。

关键词：形式；情感；表接

《文心雕龙》中有两种表达哀情的文体被刘勰分别命名为"哀"与"吊"。② 哀、吊被作者并列为第十三篇文体论《哀吊》，是因为它们写作主题相近，抒发情思相类，创作目的相仿，一般都为悼念故旧。单凭文体名称，相信读者已对两者之近似了然于胸。然而实际上，当我们细究下去，便会发现其中有些问题非常值得关注与讨论。我们不妨从这样一个问题谈起：哀、吊虽相近，但论写作形式，究竟孰难孰易？

回到文本，我们发现，刘勰认为"吊文"虽是"宾之慰主"的"问终"之辞，但"吊"之理由，并不仅仅只有"问终"一种。比如发生天灾

---

① 作者简介：赵华飞，四川大学文学与新闻学院文艺学专业博士研究生，研究方向为文化与文论。

② 文中所引《哀吊》原文均出自周振甫：《文心雕龙今译》，北京：中华书局，1986 年版，第 115 - 121 页。以下不再逐一详注。

人祸，诸侯君主行为失检导致物议、民怨，乃至个人怀才不遇、"有志无时"等，都可为之写作"吊文"。与之相比，"哀文"的题材同样广泛，刘勰将幼儿夭亡、臣属枉死之类，都归诸"哀文"类别。"哀文"与"吊文"的区别也就此明朗：前者往往忿于"不平处"，因此强调"批判"，而后者则为"夭亡""夭枉"之类表达"惋惜"。就此来看，这两种文体除却我们已经提到的相近之处，情绪侧重不同，取材有异。但即便如此，好像仍然无法判断创作难易。

但刘勰也早在文中为我们做了提醒："原夫哀辞大体，情主于痛伤，而辞穷乎爱惜。幼未成德，故誉止于察惠；弱不胜务，故悼加乎肤色。"也就是说，"哀"的对象往往都是幼儿、年轻人，他们涉世未深，也没有建树。虽然其夭亡令人"痛伤"，但人们致哀时往往也只能概括性地说一说亡者的聪敏与样貌，别的无法知道更多了。这就是说，尽管吊文与哀文有如此多相似之处，但相比于后者，前者却并不存在"无话可说"的情形。因为不管是"宋国发生水灾"（"宋水"）还是"郑国起了大火"（"郑火"），不管是真心批判，还是有目的地"翻贺为吊"，论者、说者总都是有据可依、有凭可据，乃至"知无不言而言无不尽"。相较而言，哀文却无法在"聪慧""容色"之外知道更多，于是出现了说无可说的困境。

另一方面，在刘勰看来，哀文与吊文又都必须达到"情洞悲苦"的境界。不管是问终吊辞还是赋哀之作，说者与闻者（读者）都应深刻共情。那么，问题自然也就出现了：在大量事实的铺陈之下，我们或者看到民不聊生，或者看到屈子沉江，因而与吊文共情实不难为；但转眼再看哀文，作者如果仅仅强调"这个孩子很善良啊""这个孩子长得好啊"，闻者与读者出于同情的立场，没有理由怀疑夭亡之人的品质，却无法对之产生更多认同。两相比较之下，我们发现，哀文的创作难度实际比吊文大了许多。照此，哀文何以令人感到情真意切呢？

实际上，刘勰并没有回避这个难题。他认为，如果赋哀之人只是一味强调自己很伤心，其哀文当属"下流之悼"。而如何真地做到"情洞悲苦"呢？在刘勰所提供的创作策略中，最为重要的有两条。一则"发其情华而极其心实"。刘勰强调赋哀之人必须"心口合一"，如果只是口头述哀，就免不了空洞、虚伪的毛病。但又如何做到这一条呢？于是，雕龙者又指导人们必须"叙事如传"，简单说，就是要在故事中呈现那个人、那次意外、那场死亡。

　　为什么要讲故事？因为不管是什么故事，它在时间特征上都体现为"进行时"：它正在发生。就算童话作者们在故事开头讲多少遍"很久以前"，都改变不了故事正在文字中展开与发生的状态。因此，讲故事就是"邀人同往"。这种邀约往往是突破时空隔阻的，因为它正在发生，"我"正在观看，那么，我与故事之间的时空、文化距离便被无限制地缩小了，乃至"我"也成为故事中的人。虽然刘勰提出"叙事如传"是为了说明哀文创作的难点，但笔者认为，这对于几乎所有文学作品而言，都同样重要。如果文学之形式与人类之生命要形成一种同频率的共振，它就必须在"叙事如传"中"发其情华而极其心实"。我们以下不妨以文本互证的方式来对此进行说明。

　　王维有一首《杂诗》，这么写道：

　　　　君自故乡来，应知故乡事。
　　　　来日绮窗前，寒梅著花未。①

　　诗歌开门见山地写道：既然是"我"同乡，那便不好意思，免去客套，"我"要开始——提问了。这边，同乡煞有介事等着问题，没料到诗人开口道："你"从故乡来这儿的时候，看没看到窗前的寒梅，它开了还是没开？原本无须费思量的事，经此一问却让人犯了难。来人本意或等着被问及家乡亲朋，却不料被问及花事，答案突然像是来到了两可之间。其实转瞬间，来人便会清楚：寒梅是否著花并不重要；重要的是，两个离家之人在这奇怪的一问间，好像借由心中的寒梅一同温顾了故乡的形貌，显出同在异乡的处境，从而拉近了彼此间的距离。诗人离家经年的寂寞他人未可知，但如今"君自故乡来"，理应知晓离乡人的心绪。这一番问所非问，使得那一番寂寞心事终得慰藉。可见，在唐人心里，有着同乡亲朋的"人间"多么重要。《杂诗》如此，崔颢《长干行》如此，王绩《在京思故园见乡人问》亦然。

---

①　金性尧：《唐诗三百首新注》，上海：上海古籍出版社，1993年版，第308页。

再看一首，孟郊《游子吟》：

> 慈母手中线，游子身上衣。
> 临行密密缝，意恐迟迟归。
> 谁言寸草心，报得三春晖。①

　　母亲手中如缕的丝线正被密密织缝，越是针脚绵密，越显出母亲这番缝补的投入、凝神。因此，由线到衣、由临行到迟归的时空想象，是作为一个秘密在游子内心织就的。然而，他是从静静缝衣的母亲那里领会到这些的。因此，这秘密便是公开的，就像手中线化作身上衣一般，这一秘密的分享并不需要言语的参与。此诗的巨大张力也在这份安静中悄然酝酿，其间由三个层次构成，或显或隐。显在的是，亲子间饱满的爱意与彼此克制的静谧；隐然的是，现下安好的陪伴与即将别离的远景。诗中那一个"恐"字，不仅是母亲的，也是儿子的。做母亲的年轻时出嫁便要告别双亲，为人妻母后又难免经历久盼，与其说她担心儿子"迟迟归"，不如说更担心儿子在外能否无恙。同样，作为久居异乡的游子，客居的忧愁一添，人生的经历一长，便懂得了离乡与归乡间的距离，更懂久盼的煎熬如同人生的其他风霜一般无异。因此，令母亲"意恐"的事情，同样令自己忧心。虽不愿母亲牵挂，却又并无他法。"寸草心"里透露出既温柔又无可奈何的天机——儿女的心与母亲的心，哪里会有什么"寸草"与"春晖"的不同？只有同样被牵挂的人，内心才会起这牵挂。只是母亲对于子女的牵挂更显专一。年轻的儿女却要为累积的世事、人生的经营、岁月的风霜分散更多精力。因此，即便自己再牵挂父母，也无法两全。虽然母亲不会计较其间牵挂的多寡，但她懂得儿子此番离家后，要独自面对世事，其中或许有几分喜悦，也或许有几多愁苦、辛酸乃至凶险，自己却一概无法得知，只能留待儿子自己去经历。于是"意恐迟迟归"一句不仅表现出一母一子间的情感羁绊，更让一户安宁在与广阔天地的对比中显示出不安的面貌，从而突显出一家一户在伦理世界中的社会尺度。虽然忧心牵挂，但该等的还是要等，该去的还是得去。两相忧心与体谅之下，一个低头缝衣，一个安静

---

① 马茂元：《唐诗选》，上海：上海古籍出版社，2017年版，第408页。

作陪，默默无人语。因此，《游子吟》全诗虽然只在于针脚、衣裳、寸草，极尽琐碎，却在极为通俗的空间里铺陈了一场绵密的对话与守望。这场情感强烈的对话只是通过静静领会与无声作答得以完成。最终，唐代母子的日常生活作为一种典型的伦理景观再现了一个血肉丰满的人间——因为这个人间非但自然圆满，并且不自限于一母一子之间，而以天伦为纽带激活了人们对于家庭背后作为土壤与背景的社会空间的想象。

不管是"他乡遇故知"还是"辞亲远别离"，这样的故事在全球化的今天发生得越来越多了。英国文化理论家斯图亚特·霍尔（Stuart Hall）对类似情形用"流散"一词进行了阐述与概括。实际上，漂泊流散的故事或许并不需要借助真实的时空迁转。霍尔将去国离乡看成是一场"单程票旅程"①。而如果从精神分析学的角度来理解霍尔的说法，几乎可以认为，每一个人自其最初离开母怀起，便已经开启了这一旅程。因此，当我们阅读那些漂泊的故事，聆听那些嘶哑的游子吟时，便总会心有戚戚而泪眼盈盈。当然，这并不是说文学只需要讲故事就好，所有故事都可以随便写，任意杜撰。

让我们再次回到雕龙者的论述。刘勰在申述哀文的写作要求时，举了一个例子，他说后汉时，汝阳王身故，一个叫崔瑗的人为其赋哀。但崔氏哀辞一改前人体例，讲起了"驾龙乘云"的故事，刘勰因此评价其创作"怪而不辞""仙而不哀"。可见，要抒发特定的感情，不是讲出了一个完整的故事就大功告成，必须进一步研究如何讲的问题。

刘勰在《文心雕龙·明诗》中延续《诗纬·含神雾》的观点认为"诗者，持也"，以其能够"持人情性"②。从表面来看，刘勰的解释与《毛诗序》将诗解释为思想情感的抒发（"志之所之"）并不相同。因为，"志"

---

① 参见 Stuart Hall，"Encountering Oxford：The Makings of a Diasporic Self"，in Stuart Hall，Bill Schwarz，*Familiar Stranger：A Life between Two Islands*. Durham and London：Duke University Press，2017，p. 170.

② 周振甫：《文心雕龙今译》，北京：中华书局，1986 年版，第 55 页。《诗纬·含神雾》亦训"诗"为"持"，参见《纬书集成》，安居香山、中村璋八（辑），石家庄：河北人民出版社，1994 年版，第 464 页。

在发抒，强调"情动于中而形于言"①；而"持"在克制，钱锺书便将《诗纬·含神雾》中"诗者，持也"的"持"释为"止乎礼义"之"止"，并认为"'志'与'持'，皆未尽底蕴"②。刘勰在论及文体的多篇文章中不断强调作者在发其情华之余更要极其心实。他固然重视文章义理的中正，但仍强调真情实感的抒发。因此，他所强调的诗歌之"持"，其中已有对"志"与"发"的侧重，并非仅仅突出"止"，而在强调"发而能止"。真情之发是自然的，是所谓最初一念之本心的发动；但仅有自然发心并不成诗，关键在于"发而能止"。这一"止"的要求显然来自"发心"之外对于他者生命存在的爱与敬，导源于一般意义上的社会现实对于人的要求。因此，这一"止"看似规定甚至禁锢了自然之心的表达尺度，实际上是为它找到了社会历史的容身之所，助其扎根社会现实，为其从茫茫的时空荒野中寻获人类文明的坐标，进而有可能促使其完成从自然生命（个体主体）向社会生命（社会个体）的过渡。可见，由"发"到"止"，不仅是诗歌生命的表达，更是诗中"人间"的形成路径之一。这一路径规定了诗中"人间"的伦理结构，是"讲故事"的一种章法。

于是我们看到，文学在这个意义上就不仅仅是讲故事的，更是如何讲故事的。英国学者特里·伊格尔顿（Terry Eagleton）在《如何阅读文学》中这样说道：

> 文学关乎对语言的感受与体验，并不只是对语言的实际运用。它可以让我们注意到我们通常对之习焉不察之物的丰富性。诗歌并不仅仅只是关于某一体验的意义，也是关于这一意义的体验。③

首先，伊格尔顿的观点再一次明确了文学形式的重要性。需要注意的是，这里的文学形式不仅仅是一种静态的组织构成，更应被视为文学的运作方式：它以形式实现了对自身的经营。这一经营本身的形式化，是它言

---

① 李学勤主编：《十三经注疏·毛诗正义》（上），北京：北京大学出版社，1999年版，第6页。

② 钱钟书：《管锥编》（第一册），北京：中华书局，1979年版，第57页。

③ Terry Eagleton, *How to Read Literature*. New Haven and London: Yale University Press, 2013, p. 192.

说自身重要性与特殊性的理由。其次，伊格尔顿强调了文学语言的生产功能，那个可以强化人们感受"习焉不察之物的丰富性"的能力。

但这种语言并不封闭，并非自绝于一己之"形式王国"的内部。如前所述，如果没有漂泊的体验或经历，王维笔下的故事再动人，我们也无法共情。反之，不管作家的神思如何跌宕，只要它并非谬论妄语，就有获得同情的可能。所以当李白写"高堂明镜悲白发"时，我们分明看到了那个广阔明亮地带的"暗点"，它悲戚无声地潜滋暗长在一种开阔、庄严的境界中。尽管堂奥深阔、明镜如洗，这一明亮、开放、典雅之地具足了一切荣光，最终却难敌一个略显突兀的"悲"字。也正是那么具体、私密的一己之悲，冲击了高堂明镜的轩昂器宇。于是，我们便理所当然地相信了那个"朝如青丝暮成雪"的故事。因为，极乐中亦有隐忧，繁华处仍见凋零。人类对于生活的忧患亘古长存。这些体验，让我们理解文学，理解诗心。因此，有论者将文学看作一场交谈。① 既是交谈，也就说明虽然文学语言有其特殊性，但其特殊的程度乃以一种理解、对话的可能为其存在限度。也正是在这个意义上，我们便理解了为何美国文论家德里克·阿特里奇（Derek Attridge）会将文学的奇异性（singularity）理解为一种"纽带"。他提出：

> 奇异性……不是由我们使用的文化框架无法穿透的、不可还原的物质性核心或纯粹的偶然性脉络产生的，而是由一般属性的配置产生的。②

也就是说，文学奇异性，同样诞生于柴米油盐，以及我们对于柴米油盐的使用与理解。作为一种纽带，它与日常生活紧密相关，但又毕竟出现了形式与组织特征方面的差异。因此，作为纽带的文学特殊性便保证了两件事：文学语言对于"故事"的生产遵循其形式化规则。同时，这些规则需要有条件地保障人们对"故事"的理解。也就是说，文学形式，不仅仅是文学的内在之物，也不仅是神秘的自在之物，而是文学之内与文学之外

---

① 参见罗伯特·伊戈尔斯通：《文学为什么重要》，修佳明译，北京：北京大学出版社，2020 年版，第 14－16 页。

② Derek Attridge, *The Singularity of Literature*. London and New York：Routledge, 2004，p. 63.

两种世界的具体表接关系或过程。因此，同样是听雨，"少年听雨歌楼上"与"壮年听雨客舟中"才如此不同。

我们从《哀吊》的文体之别中，看到了文学对于自身形式特征的凸显。又从它不仅注重故事，更加注重如何讲故事的方面，再次确认了形式的重要性：制造"对话"与"他者"。文学的生产能力，使其重新组织了文本、形式与情感在不同历史条件下的具体分配与构成方式。作为一种特殊表接，它具有"不作保证"的灵活性。而在这种灵活的表接中，草木虫鱼、人我诸君虽各行其是、各安其分，但世界对于个体及其各自行动而言，却总在这同一瞬间一整个儿地生发而出。在这个意义上，或许可以说，文学对其自身的袒露，即是对世界的袒露。这是文学与世界共同的秘密。

编后记

在为《差异》请稿时，朋友们总会自然地询问需要什么样的稿件，我也总是回答：无他，唯"言之有物"尔。"言之有物"的意思首先是不拘形式。现在论文写作是越来越规范，越来越正儿八经，好的评价是"科学性"越来越强，而作为另一面的訾议则是八股腔，面目可憎。论文究竟应该怎么写，我们在前辈大师那里是找不到今天的学术规范的，尼采、本雅明、德里达、波德里亚、麦克卢汉、钱钟书，等等，他们的论文绝不会顺利通过如今迹近冷血、残酷的同行匿名评审，因为匿审专家无论其本人怎么写作，一旦审读起别人的文章，就必然是要求面面俱到、四平八稳、甲乙丙丁、各色齐备。所以时常会看到编辑部提醒专家不要"求全责备"云云，不然可真的就要稿荒了。本人匿审过当代著名社会学家乌尔里希·贝克（代表作有《风险社会》等）的论文，若不是编辑部破例告诉我作者信息，那基本上也就是随手毙掉了，因为此文没有新意，都是贝克早已发表过的观点，改头换面而已，更加通俗易懂而已。大师们的论文可能挥洒自如，可能行其所当行，止其所当止，不拘一格，甚至不拘理路，挂一漏万，但谁也不能否认，他们的著论言之有物，读来总有所获，总能引发进一步的思索。称读其文如沐春风，亦不为夸张。因此形式并不怎么重要，关键要看是否言之有物。

所谓"言之有物"，更具体言之，是有新材料、新视野、新论证。能有其中一新即是好文章。而且人文科学的新也不同于自然科学之新，不一定非要造出前人未曾讲过、世上未曾有过的新东西。人文科学之新，我以为主要在于所言是否具有当代针对性，是否能够在一种变化了的当代语境中重申、维护和维修一些基本价值和理念，或者更保守地说，人文科学的任务在于守护我们的精神家园，在于发扬光大我们的文化传统，因而人文科学一定是"接着讲"，即在与传统的对接（Anschluss）、表接（articulation）和对话中赓续传统。不是说传统不能更新，而是说所有的更新一定是在传统轨道上的更新，不可能另起炉灶。孔老夫子所谓"述而不作"大约隐含的就是如此的道理。这当然也是伽达默尔基础解释学的信息：任何新视野一定是在某一具体位置上所看到的新视野。这一位置就是我们的前有、前见、前摄，即我们的立足点，即构成我们之环境、之所"是（Being）"的文化传统。

《差异》用稿不搞非此即彼，科学的，人文的，高头讲章的，风趣幽默的，体大而虑周的，即兴而随笔的，凡能给人一定的新鲜感觉的，即在欢迎之列。求取真理确实很难，那我们就退而求其次吧，求新知，相信真理将在新知之间、新知与旧闻之间的互文互释中显现出来。如尼采所谓，根据古高地德语，真理就是互辩（Aus-einander-setzung），即多视角形成的交互探照、摩挲和摩擦。对此，中国人的说法是"真理越辩越明"。多视角，从而交互视角，乃人类通向真理的必由之路也。

是之为所期、所待、所持！

金惠敏
2022 年 12 月 15 日

著作权使用声明